– 추석특집 – KBS TV 「한국이 보인다」

2000년 9월 10일 방영
본 교육원 속독 기억 수료생

SBS TV 기쁜 우리 토요일

2001년 10월 21일 방영
본 교육원 속독 기억 수료생

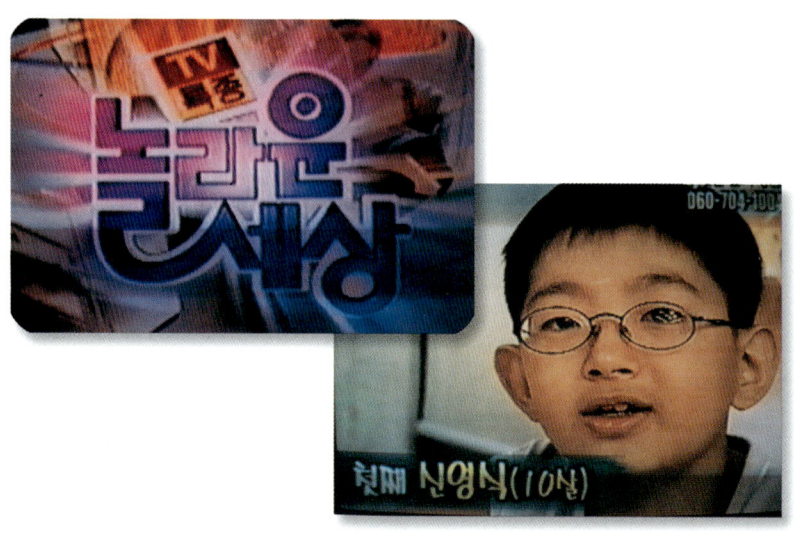

MBC TV 특종 놀라운 세상

2002년 8월 20일 방영
본 교육원 속독 기억 수료생

속독 실전 연습하는 모습

본 교육원 학생

부산 공개 세미나

2003년 4월 19일

생방송 KBS TV 세상의 아침

매의 눈을 찾아라
2002년 4월 5일 방영
엄청난 속도의 이해와 암기력! 속독 소녀!

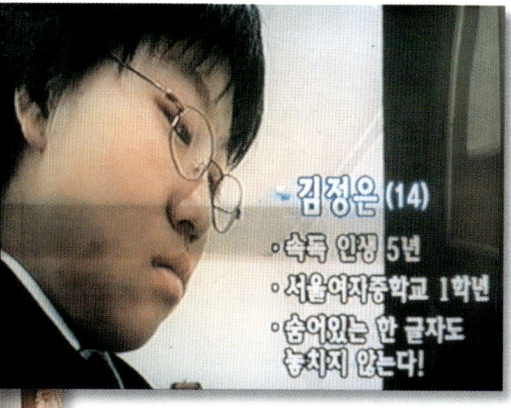

기호 인지 훈련은 뇌신경 세포에 자극을 주어 빨리 보고 인지할 수 있는 적응 훈련이다. 글자 인지 훈련 단계에서도 이와 똑같은 속도로 글자를 보고 즉시 이해하고 기억할 수 있게 되는 기본 훈련인 것이다.

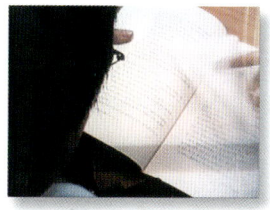

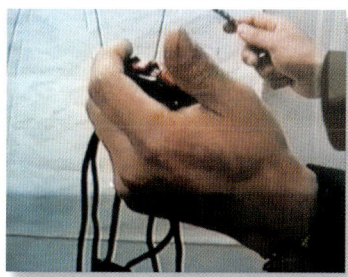

실전 속독 훈련을 통해 시신경을 발달시켜 많은 글자를 한번에 보는 순간 필독으로 인지할 수 있는 능력이 생긴다.

실전 속독 모습
속독 훈련 실전 단계
1분에 10,000자 이상 독파 훈련(속독 소녀, 속독 왕)

속독 실전 독파 훈련
본원 교육생
한국두뇌개발속독교육원 속독왕(여중생)

속독 실전 훈련

눈 체조 훈련

한국두뇌개발속독교육원/저자 손동조 원장

저자 공개 세미나

서울 공개 세미나 2003년 5월 10일

대전 공개 세미나 2003년 4월 26일

본 교육생 속독 강의

저자 강의 모습

The Super Speed Reading

속독 실제 훈련 시스템의 연습법 가이드
수능점수 100배 따라잡기

마인드 속독법

한국두뇌개발속독교육원 | 손 동 조 원장 저

- 집중력 향상
- 기억력 증진
- 이해력 향상
- 학습효과 증가
- 글자인지능력 훈련
- 독해력 향상
- 우등생 비법
- 이해력을 높여 주는 눈의 움직임 비법 훈련

지문 빨리읽기

up to 도서출판 업투

　그 동안「초스피드 속독법」을 아끼고 사랑해 주신 독자 여러분께 진심으로 감사를 드립니다. 저는 독자 여러분께 더 빨리 속독의 기술을 터득시켜 드리기 위해서 꾸준히 연구에 몰두하여 왔으며, 이어서 「마인드 속독법」이란 책을 또 출간하게 되었습니다.

　이「마인드 속독법」은「초스피드 속독법」의 훈련을 마치고 그 다음 단계인 정밀 훈련 단계라 보시면 되겠습니다. 연구를 거듭한 끝에 더욱 발전된 속독법을 개발하였으며, 보다 쉽고 빨리 습득할 수 있는 모든 훈련 방법을 동원하여 이 속독법 책에 담아냈습니다.

　「초스피드 속독법」책에서는 특정 기호로써 안구 운동 및 시야 확대 훈련을 통하여 시야(視野)가 넓어졌으며, 또 활자가 큰 글자 인지(認知) 능력 훈련에서부터 작은 글자까지 어느 정도의 속독 습득이 되었으리라 믿습니다.

　「초스피드 속독법」으로 열심히 훈련하신 분에게 다음 단계로 이「마인드 속독법」에서는 글자가 쉽게 시야에 들어올 수 있도록 사각 안에 활자를 넣어서 글자 정밀 훈련 기호로 나열하였습니다. 이 활자 인지 능력 훈련을 통하여 작은 글자의 책도 빨리 이해하며 한눈에 독파할 수 있도록 특정(特定) 기호로 선정하였으므로 이 훈련이야말로 과학적인 두뇌 속독 훈련 방법이라 할 수 있겠습니다.

　이 새로운 속독법 훈련을 마치면 놀랍게도 한 줄의 내용을 인지하는 순간 세네 줄의 내용이 연이어서 시야에 들어오기 때문에 보다 많은 글자를 한번에 엮어서 인지하게 됩니다. 누구나 이 속독 기술을 터득한다면 모든 공부에 자신감(自信感)이 생기며, 자기 자신(自己自身)에게 주어진 생활의 목적을 이루면서, 빠른 시일 내에 성공할 수 있고, 인생 목표에 있어서도 남보다 먼저 정상에 도달하게 될 것입니다.

저자 손동조

contents

7	머리말
10	속독의 이해와 방법
21	제1편 기호 및 글자 뭉쳐보기 훈련
23	제 1장 기본 안구 운동
31	제 2장 추종 안구 훈련 및 집중력 안구 훈련
37	제 3장 시력 향상을 위한 눈 체조법
53	제 4장 묵상과 심상 수련
	1. 얀트라(yantra) 묵상 훈련
	2. 뇌로 보는 집중력 심상 훈련
61	제 5장 경혈 및 숫자 인지
	1. 경혈 지압법
	2. 숫자 인지 능력 훈련
71	제 6장 글자 및 기호 인지 훈련
81	제 7장 글자 한 줄 인지 훈련 1단계
95	제 8장 글자 두 줄 인지 훈련 2단계
109	제 9장 글자 세 줄 인지 훈련 3단계
123	제10장 글자 네 줄 인지 훈련 4단계
137	제11장 글자 다섯 줄 인지 훈련 5단계
151	제12장 글자 아홉 줄 인지 훈련 6단계
165	제13장 글자 예비 학습 훈련 7단계
179	제2편 횡 건너뛰기 훈련 및 글자 인지 실전 훈련
181	제14장 횡 뛰어넘기 훈련
	1. 한 줄 횡 뛰어넘기 훈련
	2. 두 줄 횡 뛰어넘기 훈련

contents

207	제15장	기호 및 글자 인지 정밀 훈련
		1. 기호 및 글자 인지 정밀 훈련
		2. 한 자 인지 정밀 훈련
		3. 두 자 인지 정밀 훈련
		4. 세 자 인지 정밀 훈련
		5. 네 자 인지 정밀 훈련
		6. 다섯 자 인지 정밀 훈련
235	제16장	기호 세 줄 뭉쳐보기 훈련
249	제17장	네 글자 인지 능력 훈련
263	제18장	종합 글자 습득 훈련
287	제19장	단어 회생 훈련
		1. 세 번 정류 훈련
		2. 두 번 정류 훈련
		3. 한 번 정류 훈련
297	제20장	실전 속독 이해도 측정 훈련
		1. 성황당
		2. 목넘이 마을의 개
352	[부 록]	1. 속독 숙달 훈련 기록표
353		1) 읽은 책 목록
356		2) 독후감 쓰기
358		2. 속독 검정 인증 급수

본 교재가 좋은 점

The Super Speed Reading

❶ 마인드 속독법은 안구 운동 및 시야 확대 훈련을 통하여 글자 인지 능력과 동시에 속독 능력이 향상되고 이론적 설명보다 실전 중심의 훈련으로 보다 빨리 실효를 거둘 수 있는 것이 장점이다.

❷ 본 교재는 단계별로 훈련 내용이 되어 있어 누구나 설명대로 연습한다면 속독 능력을 더욱 더 빠른 시일 내에 습득할 수 있을 것이다. 마인드 속독 교재는 타 속독 교재와 달리 면밀히 연구 분석하여 발전된 속독 교재라 볼 수 있다.

❸ 속독법을 지도해 보고 연구한 기호를 토대로 교육생을 지도 체험한 결과 지루한 감이 없이 여러 교육생이 재미있게 열심히 훈련을 했고, 단시일 내에 본인의 능력보다 10배 이상 향상된 것을 알았다.

❹ 그 동안 속독법에 관심이 있으신 분은 특별한 훈련용 교재가 없어서 속독 훈련을 하는 데 큰 어려움이 있었겠지만 이제는 본 교재로 인하여 모든 문제가 해결될 것이다. 속독법을 지도하는 모든 분들에게도 좋은 참고 자료로 활용할 수 있도록 자세히 설명하였으므로 충분히 지도할 수 있을 것이다.

❺ 속독법을 꼭 배우고 싶었는데 여러 번 실패하셨던 이들께 조금이나마 속독 훈련에 도움을 주고자 최선을 다해 한 쪽씩 정리한 것인데 본 교재가 많은 분들에게 속독의 길잡이가 되기를 바란다.

The Super Speed Reading
속독의 필요성

　세계는 급속도로 변화하면서 발전하고 있다. 현대 사회는 지식과 정보의 바다이며 우리는 그 수많은 정보의 물결 속에 살아가고 있다.
　인간들이 살아남기 위해서는 많은 정보들을 접하여야 되고, 그것들을 받기 위해서는 인터넷을 통해서 정보를 얻고 책을 많이 읽어서 숨어 있는 정보와 지식들을 모두 찾아내야 하는 시대가 되었다.
　꼭꼭 숨어 있는 그 정보와 지식들을 어떻게 하면 빨리 내 것으로 습득할 수 있을까 많은 사람들이 고민하고 있다. 그것을 해결하기 위해서는 무엇보다도 글을 빨리 독파할 수 있는 속독 능력을 키우는 것이 급선무라 하겠다. 아무리 과학 문명이 발달된다 하여도 나 대신 독서를 하고, 그 내용을 내가 읽은 것처럼 똑같이 내 두뇌 속에 그대로 입력시킬 수는 없는 것이다.
　남들이 뛰어갈 때 나는 걸어간다면 상대적으로 나는 뒷걸음치는 것과 같다. 내가 경쟁 사회에서 살아남기 위해서는 남보다 많은 책을 읽고, 빠른 시간 내에 모두 내 것으로 만들어야 하고, 그러기 위해서 우리는 속독 능력을 키우기 위해 노력하여야 한다. 무엇보다도 속독법이 독서 문제를 풀 수 있는 유일한 해결의 열쇠가 될 것이라 생각한다.
　누구나 고정 관념을 버리고 속독 훈련에 임하면서 책 읽는 방법을 습득한다면 남보다 빨리 먼저 앞서나갈 수 있는 지름길이 되는 것이다.
　특히 고시를 준비하는 분이나 다양한 국가 자격시험 공부를 위해 많은 책을 보아야 하는 분도 꼭 필요할 것이며 수험생 및 초, 중, 고, 일반 주부에 이르기까지 만인이 배워야 할 것이 바로 속독법인 것이다.
　또, 회사의 중역이나 간부급은 결재 서류나 회의록, 보고서, 기타 서류 등 신속하게 업무 처리를 하기 위해서 독파능력이 필요한 것이다.
　세계를 움직이는 정치인, CEO, 변호사 등등 여러 분야의 사람들이 속독 능력을 두루 갖추고 있다는 것이 사실이다.

The Super Speed Reading

　속독법은 누구에게나 꼭 필요한 필수적인 것이라 확신하며, 이 속독의 방법을 터득하려면 단계적으로 꾸준히 훈련하는 습관을 길러야 하겠다.

　이 시간 이후부터 나도 속독을 할 수 있다는 굳은 신념을 가지고 훈련에 임하길 바란다. "나의 사전에 불가능이란 없다." 모든 것을 가능하게 하는 이 말은 그 유명한 영웅 나폴레옹이 남긴 말임을 우리는 잘 알고 있다. 그는 전쟁터에서도 책을 읽으면서 싸웠고, 그러한 열정은 평소 독서하는 습관이 몸에 배어 있었기에 가능한 것이었다.

　누구나 어려서부터 책을 가까이 하면 자신도 모르는 사이에 책과 친숙해지고 평생 책과 더불어 살아가게 될 것이다. 독서는 내가 인생을 살아가는 데 있어서 사고(思考)할 수 있는 정신의 에너지이며 교양과 지식을 축적(蓄積)하는 원동력이 된다.

　서점에서는 매일 매일 새로운 책들이 쏟아져 나오고 있는데 이 많은 책을 다 읽는 다는 것은 먹지도 않고 잠도 자지 않는 상태에서 평생 동안 책만 읽는다 해도 불가능할 것이다. 그러나, 최소한 내가 읽고 싶어하는 책을 속독함으로써 지식의 갈증을 해소하고 마음의 양식을 충족시키며, 다독(多讀)할 수 있는 능력을 지니게 되면, 시간과 공간에 구애 받지 않고 짧은 시간에도 책 한 권쯤 간단히 소화해 낼 것이다.

　간혹 서점을 둘러보면 서서 간단히 책 한권을 읽는 사람을 가끔 보게 되는데 누구나 한번쯤 나도 저렇게 읽었으면 하고 부러운 눈으로 쳐다보게 된다. 속독법을 익히고 나면 최소한 내가 지금 책 읽는 속도보다 3배에서 10배 이상 독서 능력이 향상될 것이다. 바로 지금부터 속독 훈련에 임하기를 바란다.

The Super Speed Reading
속독의 기술과 방법

보통, 사람들은 책을 읽을 때 한 자 한 자의 글자를 응시하면서 읽어 나간다. 문장을 읽을 때 여러 글자를 한번에 뭉쳐서 응시하였을 때 안구가 순간적으로 左·右로 도약 운동을 하게 된다.

응시하는 시간을 최대한 줄여서 신속하게 글의 내용을 인지하고 다음 글의 내용을 연결하여 이어 나가게 된다.

속독에서 가장 기본이 되는 훈련은 눈 체조, 기본 안구 운동, 시야 확대 훈련이 최초 기본이 되므로 이를 바탕으로 집중력과 지각(知覺) 능력이 향상되면 그 다음 글자 인지(認知) 능력 훈련을 하는 것이 매우 중요하다.

속독 훈련에 있어서 시폭(視幅) 확대 훈련과 단어 인지 능력 훈련을 게을리해서는 안 되며 단순하게 빨리 하겠다고 요령을 부려서는 더욱 안 된다. 이처럼 기본 훈련이 부족한 상태에서는 독파 능력을 기대할 수 없게 되므로 속독이란 자기 발전을 위해 꾸준히 노력해야 하는 것이다.

한 권의 책을 빠른 속도로 읽고 문장의 구성과 내용을 파악하고 줄거리와 소설의 주제가 무엇인지 또는 글쓴이가 무엇을 말하려고 하였는가, 등장 인물과 성격, 작품의 배경, 나의 생각을 독후감 형식으로 기록해 두면 자신의 독서 능력이 날로 발전될 것이다.

이와 같은 방법으로 계속 독서 연습을 해 나가면 속독능력과 독서 능력이 매우 향상될 것이다.

The Super Speed Reading
속독의 이해와 방법

우리는 사회 생활을 하면서 남보다 많은 지식을 얻으려고 노력한다. 그러기 위해서는 무수히 많은 책을 접하게 되는데, 이 많은 책들이 지식의 경쟁 속에서 살아 남기 위해서 누구보다 앞서 나갈 방법을 알려 주게 될 것이다.

논문을 준비하든가 학과 공부를 위해서 교과서나 참고서를 읽어야 하고, 또는 리포트 작성을 위해서도 속독은 필요한 것이다. 시간에 쫓기는 직장인들은 결재 서류와 매일같이 씨름을 한다. 이와 같이 많은 사람들이 속독의 필요성을 느끼며 살아간다.

속독의 방법을 습득하면 매사에 일처리가 빨리 되고 독서의 능력이 크게 향상될 뿐 아니라 지문을 빨리 읽고 재검토를 할 수 있으므로 답안 작성을 정확히 하게 된다. 읽고자 하는 책을 속독으로 읽었다 하여도 그 내용을 이해하지 못한다면 그것은 난독(亂讀)을 했기 때문이다.

속독은 짧은 시간에 최대의 효과를 얻을 수 있는 경제적인 방법이므로 누구나 독파능력과 이해능력을 길러야 한다.

성급한 마음으로 속독의 기본 단계를 뛰어넘어 훈련을 한다면 고깃덩어리를 씹지도 않고 삼키는 것과 같으므로 역효과를 초래할 수 있다.

그러므로 단계별로 차근차근 속독 훈련에 임하는 자세가 필요한 것이다.

속독 기술을 완전 습득하게 되면 독파력과 동시에 이해력이 향상되고, 최고의 실력을 키우기 위해서는 실전 책읽기 훈련을 게을리해서는 안 된다.

처음 책읽기 연습은 활자가 크고 이해하기 쉬운 책부터 하고, 차츰 활자가 작은 책으로 이어 나가야 한다.

속독 훈련시 초시계를 준비하여 소요 시간을 측정하고 기록해야 하며, 단 1초라도 단축시키는 훈련이 필요하다.

속독을 잘 하려면 집중력, 사고력, 어휘력, 기억력을 향상시켜야 하고, 뇌의 자율 반사 신경을 발달시켜 글자 인지 능력을 길러야 한다.

스킵 앤드 스캐닝 (Skip & Scanning)

현대의 경영자들은 지식경제 속에 살아간다 해도 과언이 아니다. 최고의 자리에 오르려면 스스로 학습하고 책 읽는 방법을 익히고 독서를 습관화하여야 한다. 매일 매일 수많은 업무에 시달려 지내다 보면 자신의 생활로부터 점점 멀어지게 마련이다.

지식경제 경영에서 독서는 어떤 의미를 차지하는가? 그것은 경영 아이디어나 비즈니스 아이디어를 만들어 낼 수 있는 원천이 되는 것이다.

또한 독서는 시장의 원리나 고객을 읽어내는 능력을 갖게 해 준다.

짧은 시간 안에 지식 충전을 하려면 스킵 앤드 스캐닝(Skip & Scanning) 방법으로 필요한 부분을 뽑아서 읽는 것이 매우 유리한 방법이다. 스킵 앤드 스캐닝 방법은 시간과 에너지를 절약시키기 때문에 미래를 위해 사업의 정보나 일에 시간을 더 투자하게 될 것이다. 그리고, 자신이 가지고 있는 지식과 모든 재능을 바탕으로 현 시대의 흐름에 맞게 대처할 수 있는 능력을 지니게 될 것이다.

학생들은 학교에서 독서하는 방법을 통하여 새로운 지식을 습득하고, 속독으로는 필요한 부분을 함축하여 분석해 내게 된다. 책을 빨리 읽는 것은 타고난 능력보다 훈련을 통해서 만들어지는 것이며, 시간적 여유가 없을 때에는 스킵하여 스캐닝한다.

The Super Speed Reading
스키마(Schema) 기법

(개요, 윤곽, 도해, 도식)

　속독법에서 스키마(Schema)는 글의 내용을 압축하여 중요 정보를 인지하고 기억하게 되며, 글 내용의 개요를 알면 글 전체의 윤곽이 나타나게 되며, 눈을 통하여 들어오는 핵심정보들이 뇌로 입력되어 그 정보를 토대로 분석하여 글 전체의 내용을 파악하게 되는 기법이다.

　문장의 느낌과 요점을 스키마하여 인지하고, 그 외의 나머지 글은 주변시야(周邊視野)를 통하여 들어온 내용을 이해하게 되며 모두 입력된다. 뇌로 들어온 정보와 함께 기억된 것을 다시 회생 출력하여 글 전체의 내용을 영상화(映像化)하여 도해(圖解), 도식(圖式) 표출하게 된다.

　이미 알고 있는 내용은 횡을 건너 뛰어 읽고, 중요하지 않은 부분은 빨리 지나가면서도 핵심 내용은 꼭 놓치지 말고 읽어야 한다. 이때 필요한 부분을 구별해 내는 능력이 필요하다. 이 방법은 개략(槪略)을 파악할 수 있고 다시 한번 읽을 때 이해가 빨리 된다. 특히 결재서류, 잡지, 팜플렛, 신문 등을 읽는 데 매우 효과적이다.

The Super Speed Reading
속독서(速讀書)의 방법

　책을 속독으로 인지하여 읽었을 때 그 내용을 제대로 이해하지 못하면서 아무런 생각 없이 안구만 빠르게 움직여서 글자만 따라간다면 책을 빨리 읽었어도 읽고난 후에 아무 것도 생각이 나지 않을 것이다.
　글자 군(群)을 형성하여 문장 속에 글의 의미를 파악하면서 문장의 핵심에 마음에 느낌을 주어 내용의 본뜻을 이해하며 이어 달릴 때 속독의 진가를 발휘하게 되는 것이다.

❶ 정신을 집중한다.
❷ 요점을 따라 함축성(含蓄性) 있게 요약해 읽는다.
❸ 문장의 구성을 정렬(整列)하여 생각한다.
❹ 정경(情景)을 영상화하여 읽는다.
❺ 인물의 성격과 심정(心情)을 생각하여 읽는다.
❻ 주제와 요지를 독해(讀解)한다.
❼ 글쓴이의 의도가 무엇인지 생각한다.
❽ 눈으로 문장을 보고 내용은 마음의 느낌으로 전한다.

　실전 속독을 연습하기 위해서는 활자가 크고 내용이 쉬운 책으로부터 훈련을 시작하고, 먼저 읽고 싶은 책을 선정하여 읽다가 점차적으로 다양한 책으로 전환하여 읽어 나간다.
　책을 의도적으로 빨리 읽다보면 속독 능력이 점진(漸進)적으로 향상되며 독파 능력이 생기게 된다. 인간의 능력은 무한계(無限界)이며 얼마든지 자기를 발전시킬 수 있으므로 남보다 빨리 앞서 나갈 수 있는 계기(契機)가 된다.

The Super Speed Reading
책 읽는 바른 자세와 방법

- 다리는 가지런한 상태에서 양 발 사이를 약 10 cm 정도 간격을 유지한다.
- 바닥으로부터 무릎이 수평인 상태에서 발을 약 10 cm 정도 올려놓는다.
- 의자를 약간 앞으로 당긴 상태에서 허리를 곧게 편다.
- 가슴을 편 상태에서 상체를 약간 앞으로 숙인다.
- 머리는 고정시키고 어깨와 목에 힘을 빼고 편안한 상태에서 자세를 취한다.
- 책의 각도는 약 45°를 유지한 상태에서 독서대 위에 올려 놓는다.
- 책상에 앉아서 책을 읽을 때 스탠드의 빛이 눈에 직접 들어오지 않게 갓을 내리고 공부하는 것이 바람직하다.

The Super Speed Reading

- 턱을 약간 목 안쪽에서 당긴 상태에서 책을 주시한다.
- 책과 머리의 각도가 일치한 상태에서 시선이 수평이 되도록 한다.
- 책과 눈의 거리는 약 30 cm ~ 50 cm 정도 유지한다.
- 시선은 각 페이지 중심 위치에 둔 상태에서 맨 윗줄을 본다.
- 호흡은 조용하고 느리게 하며 편안한 자세를 유지한다.
- 글을 읽어갈 때 입은 다물고 절대로 혀는 움직이지 말아야 한다.
- 문장의 내용을 마음의 느낌으로 읽어나간다.
- 독서할 때 직사광선은 눈에 자극을 주어 시력을 악화시키며 햇볕이 강하게 내리 쬐는 곳에서는 가급적 독서를 삼가해야 한다.

Click & Memo

The Super Speed Reading

기호 및 글자 뭉쳐보기 훈련

제 1 장 | 기본 안구 운동
제 2 장 | 추종 안구 훈련 및 집중력 안구 훈련
제 3 장 | 시력 향상을 위한 눈 체조법
제 4 장 | 묵상과 신상 수련
제 5 장 | 경혈 및 숫자 인지
제 6 장 | 글자 및 기호 인지 훈련
제 7 장 | 글자 한 줄 인지 훈련 1단계
제 8 장 | 글자 두 줄 인지 훈련 2단계
제 9 장 | 글자 세 줄 인지 훈련 3단계
제 10 장 | 글자 네 줄 인지 훈련 4단계
제 11 장 | 글자 다섯 줄 인지 훈련 5단계
제 12 장 | 글자 아홉 줄 인지 훈련 6단계
제 13 장 | 글자 예비 학습 훈련 7단계

기본 안구 운동

1. 빠르게 인지 하기

2. 머리 고정 하기

기본 안구 운동 ①호

The Super Speed Reading

시야 확대 훈련

> 설명

❶ 시점을 책의 제본선에 두고 左·右의 기호를 빠르게 인지한다.
❷ 자세는 바르게 평정 상태를 유지한다.

시야 확대 훈련

❸ 턱을 아래로 당긴 상태에서 머리를 고정시킨다.
❹ 눈에 힘을 넣어 안구를 이동시킨다.
❺ 1분씩 3회 실시한다.

기본 안구 운동 ②호 시야 확대 훈련

> 설명 ※ 초시계를 준비한다.
> ❶ 左·右 page를 반복하여 1분 단위로 훈련한다.
> ❷ 1분 훈련이 끝나면 눈의 경혈을 지압하여 피로를 푼다.
> ❸ 시점을 화살표 위치에 두고 左·右로 기호를 빠르게 인지한다.

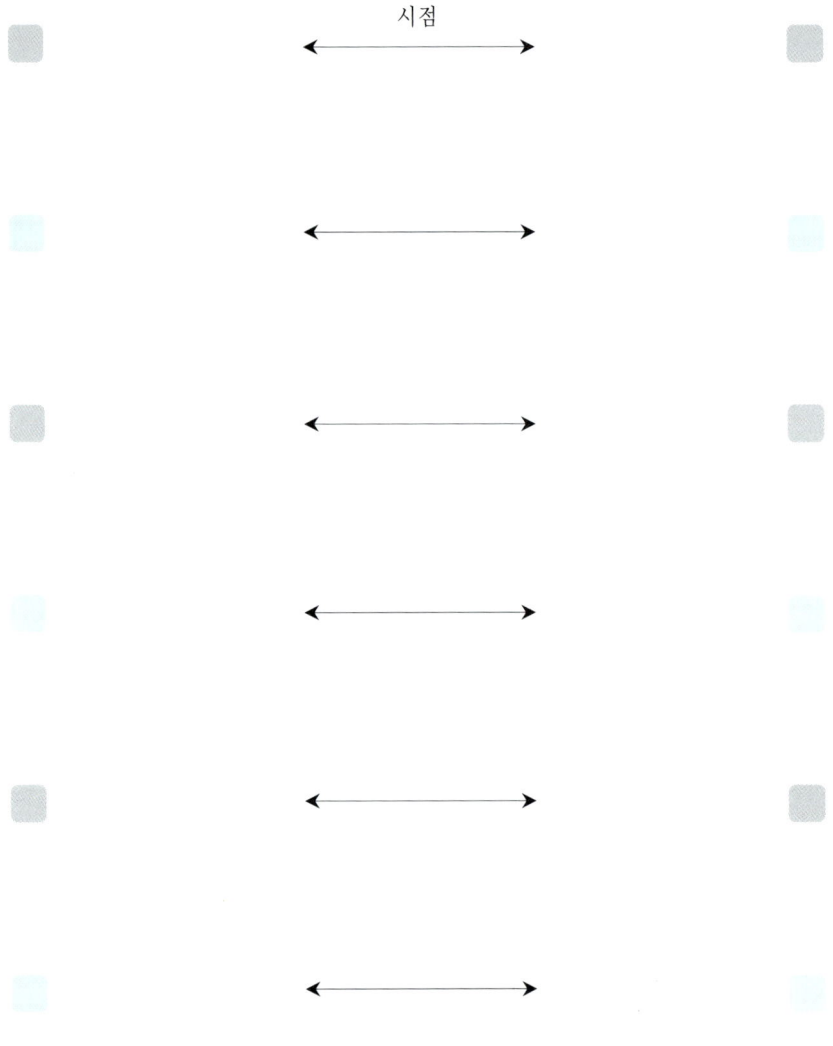

시야 확대 훈련

> **설 명**
> ❹ 자세는 바르게 평정 상태를 유지한다.
> ❺ 턱을 아래로 당긴 상태에서 머리를 고정시킨다.
> ❻ 눈에 힘을 넣어 안구를 이동시킨다.
> ❼ 1분씩 3회 실시한다.

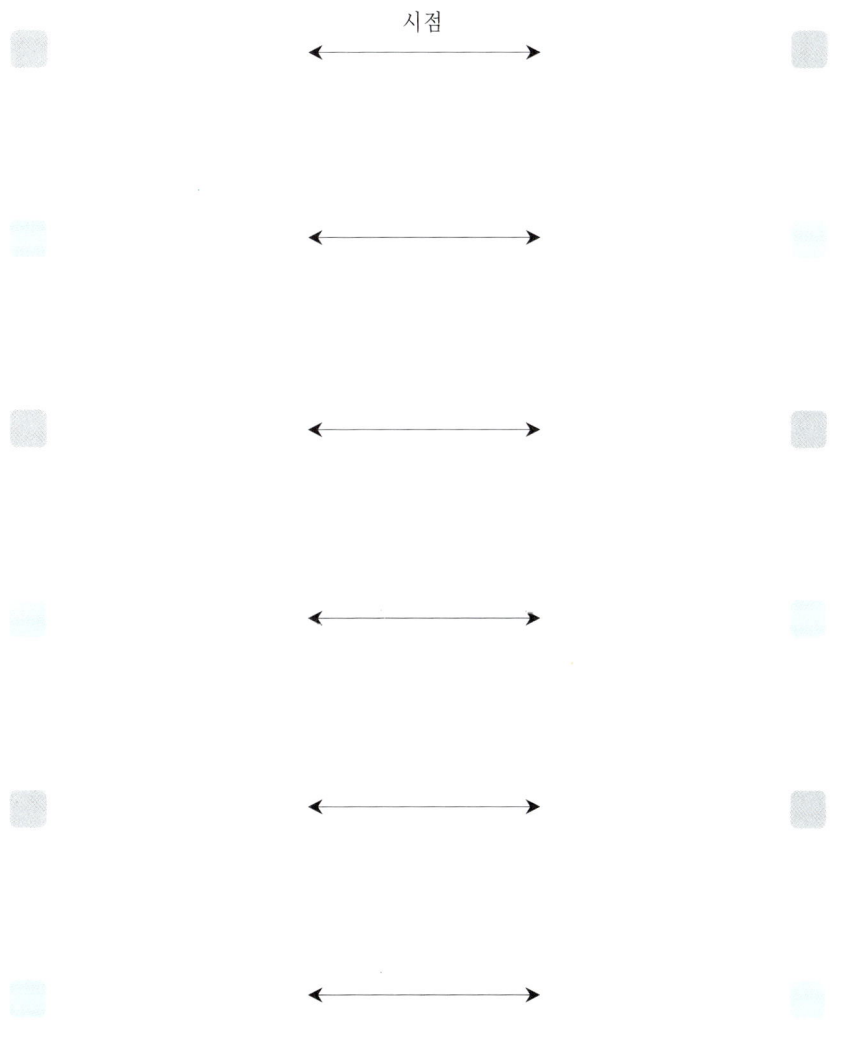

기본 안구 운동 ③호 上·下 시야 확대 훈련

설 명

❶ 시점을 책의 제본선에 두고 上·下로 기호를 빠르게 인지한다.
❷ 자세는 바르게 평정 상태를 유지한다.
❸ 턱을 아래로 당긴 상태에서 머리를 고정시킨다.

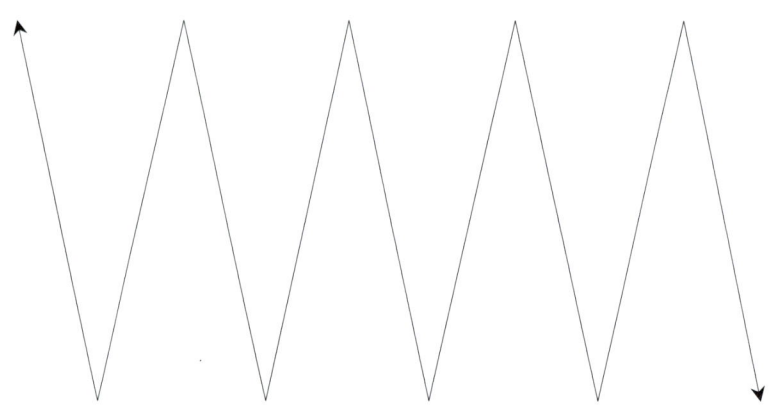

上·下 시야 확대 훈련

❹ 눈에 힘을 넣어 안구를 이동시킨다.
❺ 1분씩 3회 실시한다.
❻ 두 쪽을 左~右로 연결하여 전진 다시 후진한다.

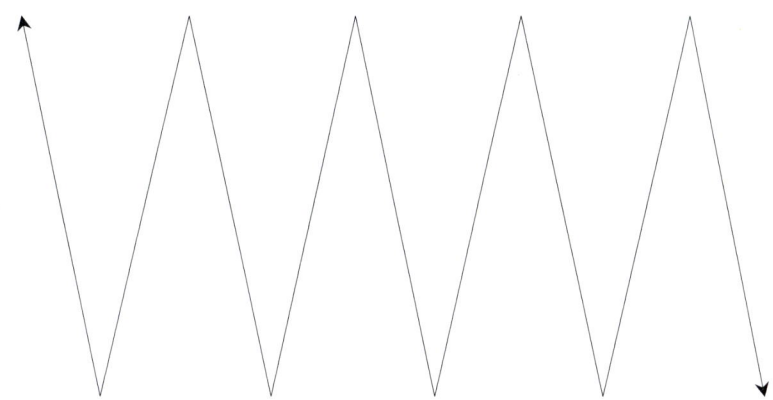

Click & Memo

추종 안구 훈련 및
집중력 안구 훈련

추종 (追從) 안구 운동

> 설 명

❶ 물체가 선을 따라 이동한다고 가정할 때, 그 물체를 따라서 안구를 빠르게 움직여 이동하는 것이 추종성 안구 운동(追從性眼球運動)이다.
❷ 이 운동을 따라하면 시야의 흐름이 빨라진다.

출발

| 소요 시간 | 1회 : | 2회 : | 3회 : | 4회 : | 5회 : |

마음의 느낌으로 이어 나간다

❸ 시점을 책 제본선 위치에 두고 출발지점을 본다.
❹ 어느 각도에서도 고개를 돌리지 않고도 글자를 인지할 수 있다.
❺ 출발선을 따라 左·右쪽을 연결하여 3회 실시(소요 시간 : 15초 내 주파)

| 소요 시간 | 6회 : | 7회 : | 8회 : | 9회 : | 10회 : |

집중력 안구 운동

> 설명 ❶ 시점을 책 제본선 중심에 두고 출발점에서 시작하여 화살표를 따라 빠르게 이동한다.
> ❷ 머리는 고정시킨 상태에서 안구를 움직여 연속적으로 이어 나간다.

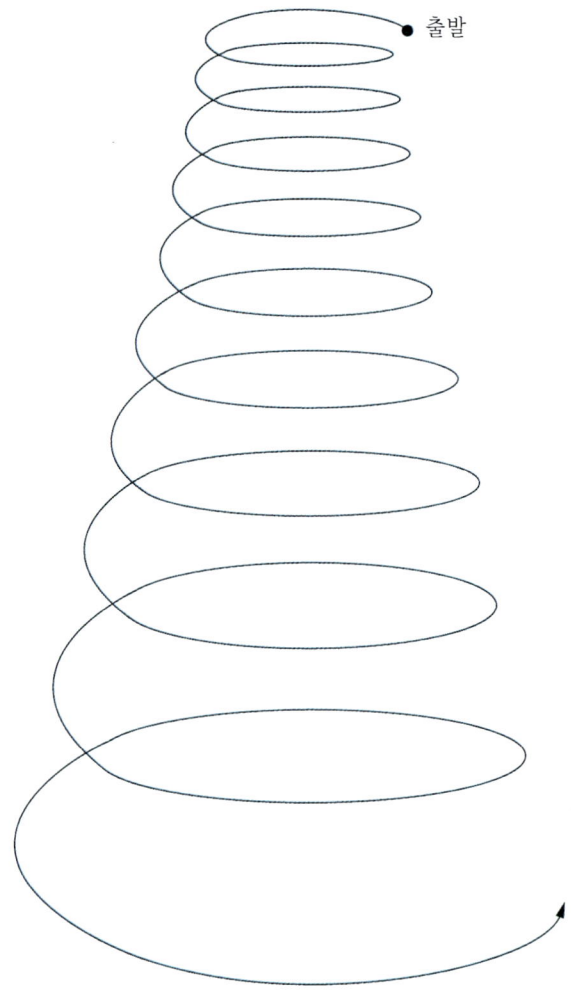

| 소요 시간 | 1회 : | 2회 : | 3회 : | 4회 : | 5회 : |

마음의 느낌으로 이어 나간다

❸ 시야의 흐름이 원숙해진다.
❹ 左·右쪽 연결하여 3회 실시(소요 시간 : 15초 내 주파)

소요 시간	6회 :	7회 :	8회 :	9회 :	10회 :

훈련 기록표
▶ 1 분씩 측정하여 자수를 기록한다.

1차		2차		3차	
4차		5차		6차	
7차		8차		9차	
10차		11차		12차	
13차		14차		15차	
16차		17차		18차	
19차		20차		21차	
22차		23차		24차	
25차		26차		27차	
28차		29차		30차	

시력 향상을 위한 눈 체조법

훈련 기록표

▶ 1 분씩 측정하여 자수를 기록한다.

1차	2차	3차
4차	5차	6차
7차	8차	9차
10차	11차	12차
13차	14차	15차
16차	17차	18차
19차	20차	21차
22차	23차	24차
25차	26차	27차
28차	29차	30차

훈련 기록표

▶ 1분씩 측정하여 자수를 기록한다.

1차	2차	3차
4차	5차	6차
7차	8차	9차
10차	11차	12차
13차	14차	15차
16차	17차	18차
19차	20차	21차
22차	23차	24차
25차	26차	27차
28차	29차	30차

훈련 기록표

▶ 1 분씩 측정하여 자수를 기록한다.

1차	2차	3차
4차	5차	6차
7차	8차	9차
10차	11차	12차
13차	14차	15차
16차	17차	18차
19차	20차	21차
22차	23차	24차
25차	26차	27차
28차	29차	30차

시력을 향상시키는 눈 체조법

1. 시점을 중심에 두고 눈 체조 준비를 한다.
2. 눈을 크게 뜨고 안구에 힘을 넣어 기호에 시점을 맞춘다.
3. 자세는 편안한 상태에서 안구를 움직여 화살표 방향으로 이동해 나간다.
4. 안구에 시점이 이동하는 동안 머리가 움직여서는 안 된다.
5. 속도는 빠르고 정확하게 안구를 이동한다.
6. 눈 체조 기호에 따라 上, 下, 左, 右, 또는 삼각 구도로 이동한다.
7. 눈 체조 시에 되도록 눈을 깜박이지 말고 이동한다.
8. 체조가 끝나면 창 밖의 풍경이나 실내의 가장 먼 곳을 이리저리 둘러본다.
9. 경직된 눈의 근육이 풀리면서 안구에 힘이 생긴다.
10. 눈에 피로가 느껴지면 운동을 멈추고 경혈지압으로 눈의 피로를 풀어 준다.
11. 무리한 안구 운동은 피하고 매일 시간을 정하여 적당히 반복 실시한다.
12. 눈의 조절력이 좋아지고 모양체의 근육이 원활하여 원·근거리 조절 능력을 모두 갖추게 된다.
13. 차츰 시야가 넓어지고 수축력이 좋아져 수정체의 움직임이 활발해지며 시력이 향상된다.

눈 체조 기호 ①호

> **설 명** 눈에 힘을 넣어 안구를 화살표 방향으로 이동한다.

4

2

10회 실시 10초 내

눈 체조 기호 ②호

> **설 명** 눈에 힘을 넣어 안구를 화살표 방향으로 이동한다.

10회 실시 10초 내

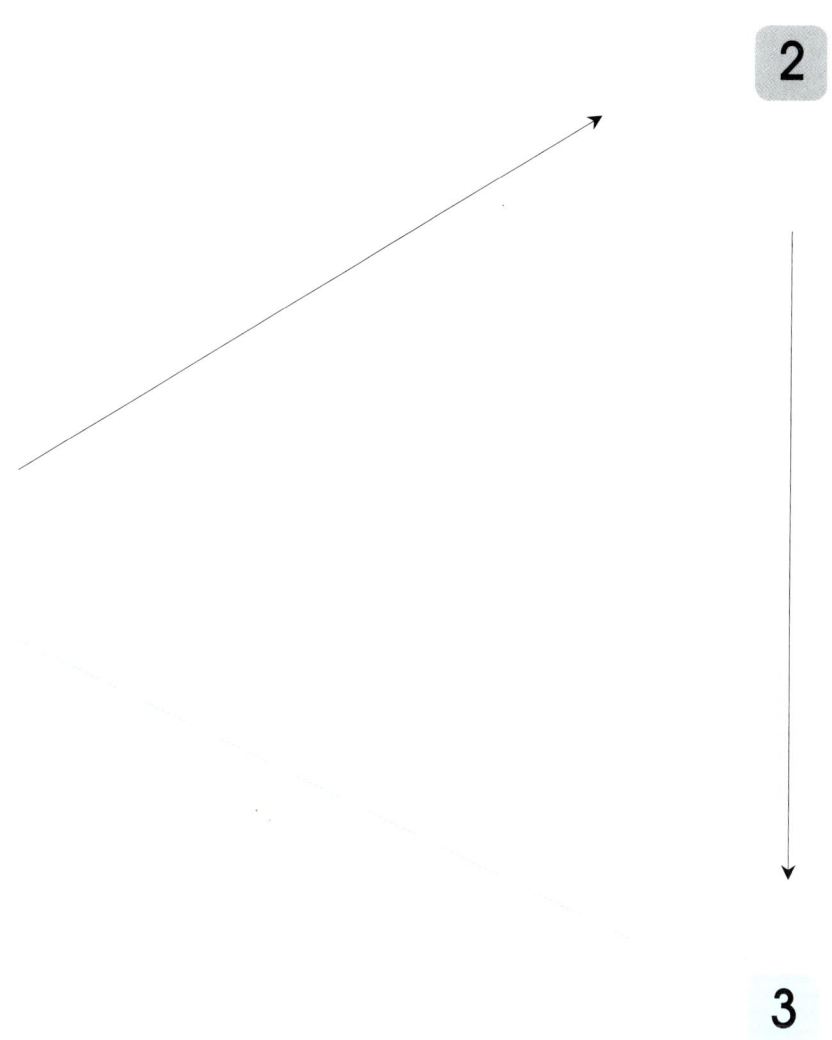

눈 체조 기호 ③호

> **설명** 눈에 힘을 넣어 안구를 화살표 방향으로 이동한다.

10회 실시 10초 내

제3장 시력 향상을 위한 눈 체조법

눈 체조 기호 ④호

> **설 명** 눈에 힘을 넣어 안구를 화살표 방향으로 이동한다.

4

3 ←

10회 실시 10초 내

눈 체조 기호 ⑤호   10회 실시 7초 내

> 설명   눈에 힘을 넣어 안구를 화살표 방향으로 이동한다.

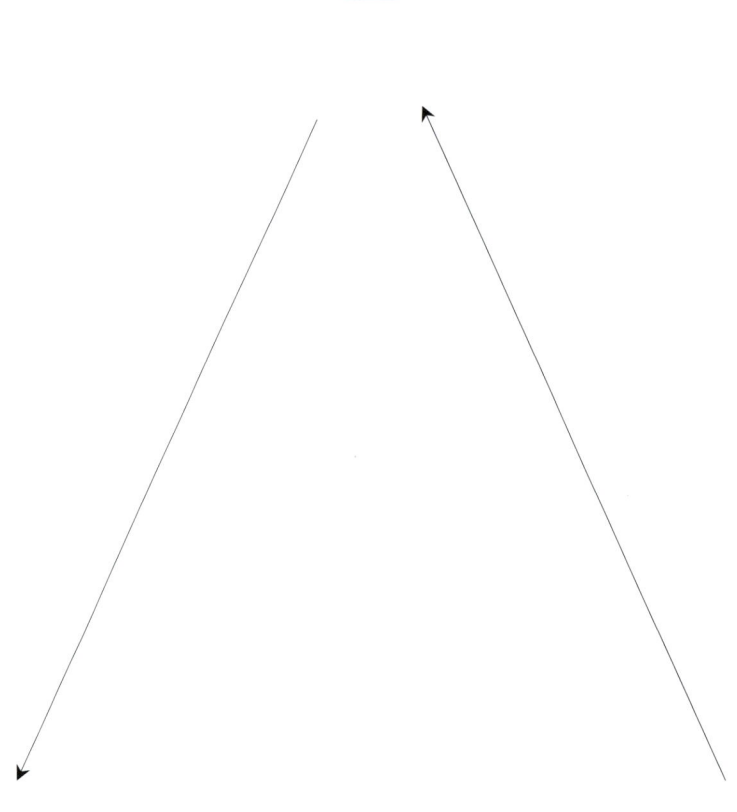

눈 체조 기호 ⑥호 10회 실시 7초 내

> 설 명 눈에 힘을 넣어 안구를 화살표 방향으로 이동한다.

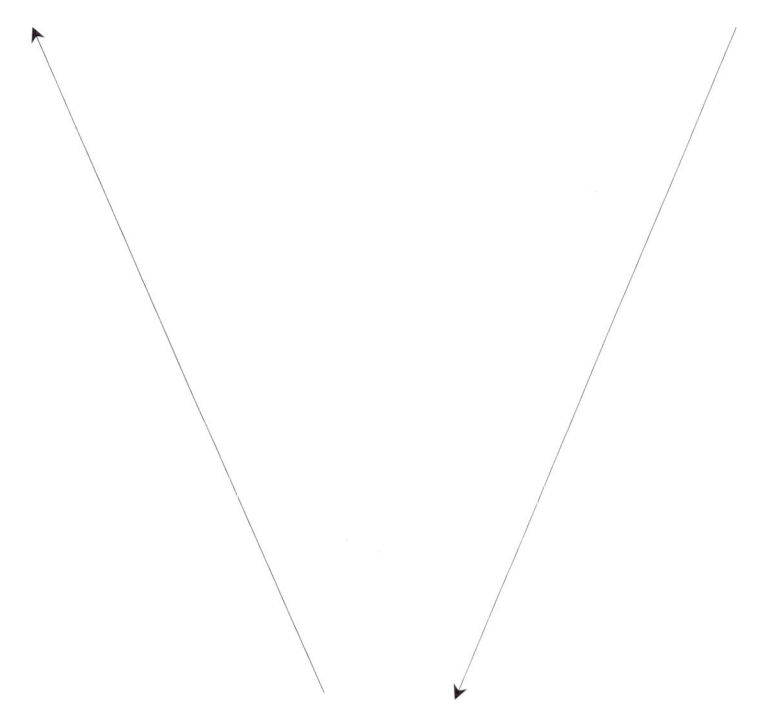

Click & Memo

묵상과 심상 훈련

1. 얀트라(yantra) 묵상 훈련

2. 뇌로 보는 집중력 심상 훈련

눈(目)이 아니고 뇌(腦)가 본다

사람의 뇌는 눈을 통하여 색을 인식하고 명암을 식별하는 것이 뇌이다.

원추 세포가 눈으로 들어오는 색의 정보를 받아들여 식별하는 것은 송곳 같은 모양의 원추 세포가 망막에 연결되어 있어서 여러 색의 파장의 차이로 색을 인식하여 뇌로 전달하게 되는 것이다.

또한, 간상 세포는 명암을 담당하고 식별하는 막대 모양의 간상 세포가 망막에 연결되어 있다. 간상 세포는 빛에 대한 감도가 뛰어나서 어두운 곳에서도 작용할 수 있으므로 명암의 차이를 감지하게 되는 것이다.

청소년 학생의 공부방에는 파란색이나 녹색 계통의 화분으로 꾸미고 장식하면 공부하는 시간이 짧게 느껴져 오랫동안 공부하여도 지루하지 않게 된다. 이것은 사람의 몸이 느끼는 체감 시간 때문인 것이다.

여러 가지의 색체들은 생체 리듬에 영향을 주며 색상에 따라서 호흡과 맥박, 뇌 세포의 활동이 달라지며 눈의 피로를 덜어 주게 된다.

뇌는 상대성을 지니고 있다

　명암에 따라 주변의 배경이 다르게 나타나기도 하고 색에 따라 그 색깔이 다르게 보이기도 한다. 어떤 색을 뚫어지게 바라보다가 갑자기 다른 곳이나 흰 종이 위에 눈을 옮겼을 때 먼저 보던 색의 보색이 잔상으로 나타나는 현상이 보색 잔상(補色殘像)이다.

　집중력 심상 수련 도표의 태극 마크를 보면 위는 녹색이고 아래는 노랑색이다. 그러나 태극 마크를 주시하다가 수련판 위에 시점을 옮기면 신기할 정도로 녹색은 적색으로 보이고 노랑색은 청색으로 보여 태극 모양이 정상적으로 나타나게 된다.

　이러한 현상은 눈의 망막에 있는 신경 세포의 작용으로 상이 생기는 현상이므로 그 망막은 뇌로 연결되어 있어서 뇌의 일부분이라고 볼 수 있다. 그만큼 망막은 뇌와 밀접하게 연관이 되어 있다.

　뇌의 신경 세포는 상대적인 방법으로 신경 정보를 처리하게 되는데 색의 정보를 맡아보는 세포에 따라, 어느 색의 정보에 반응이 더 우세하느냐에 따라, 빨강 또는 녹색 하나만 지각하도록 되어 있으므로, 따라서 노란색을 오래 보면 청색을 맡아보는 세포는 아무 이상 없는 반면에 노란색을 맡고 있는 세포는 지속되는 반응으로 쉽게 피로해지므로 청색으로 보이게 되는 것이다.

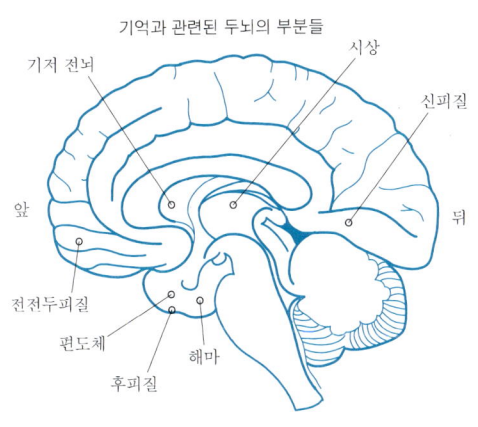

기억과 관련된 두뇌의 부분들

The Super Speed Reading
뇌(腦)로 보는 정신 집중 심상(心想)과 묵상(默想) 훈련

집 중 력

➡ 설 명 얀트라(yantra) 집중력 수련법

❶ 얀트라(yantra)를 약 1m 정도 거리를 두고 눈 높이와 일정하게 책을 세운다.
❷ 마음을 이완시키고 편안한 자세로 앉아서 눈을 살며시 감고 따뜻하고 부드럽게 정신력으로 도형에 배경의 막을 형성한다.
❸ 그리고 정신의 눈으로 약 1분간 지속시킨다.
❹ 눈을 뜬 상태로 얀트라를 약 1분간 쳐다보면 하얀 원형 주위에 색채 가장자리를 볼 수 있을 때까지 눈을 깜박이지 말고 계속 응시점을 주시한다.
❺ 그리고 천천히 시점을 아래로 이동한다. 그러면 도형의 색상이 반대 현상으로 잔상이 나타날 것이다. 되도록 잔상을 오래 유지시키고 잔상이 사라질 때까지 주시한다.
❻ 잔상이 완전히 사라지면 눈을 감고 정신의 눈으로 얀트라를 다시 회생시키면 이마 앞쪽에 다시 그 형상이 나타날 것이다.
❼ 도형이 모두 사라지게 되면 눈을 뜬다.

뇌(腦)로 보는 집중력 심상(心象) 수련 도표 ①호 태극 마크

> 설 명

❶ 아래 도형을 약 1분간 집중하여 시각(視覺)한다.
❷ 응시점(凝視鮎)을 수련판 아래로 이동하여 주시한다.
❸ 눈의 망막(網膜)에 의해 도형의 형상이 다시 나타나게 된다.
❹ 색이 변하는 것을 집중 주시(注視)한다.
❺ 형상(形象)이 완전히 사라질 때까지 주시한다.
❻ 눈을 감고 색이 변한 도형(圖形)을 깊게 생각하면 그 도형과 색이 이마 앞에 나타나게 된다.

수련판

제4장 묵상과 심상 수련

뇌(腦)로 보는 집중력 심상(心象) 수련 도표 ②호　원형

> 설 명

❶ 아래 도형을 약 1 분간 집중하여 시각(視覺)한다.
❷ 응시점(凝視鮎)을 수련판 아래로 이동하여 주시한다.
❸ 눈의 망막(網膜)에 의해 도형의 형상이 다시 나타나게 된다.
❹ 색이 변하는 것을 집중 주시(注視)한다.
❺ 형상(形象)이 완전히 사라질 때까지 주시한다.
❻ 눈을 감고 색이 변한 도형(圖形)을 깊게 생각하면 그 도형과 색이 이마 앞에 나타나게 된다.

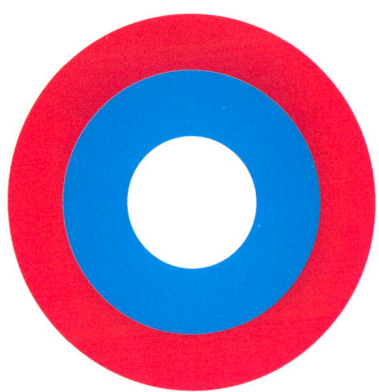

수련판

마인드 속독법

뇌(腦)로 보는 집중력 심상(心象) 수련 도표 ③호 삼각형

> 설 명

❶ 아래 도형을 약 1분간 집중하여 시각(視覺)한다.
❷ 응시점(凝視點)을 수련판 아래로 이동하여 주시한다.
❸ 눈의 망막(網膜)에 의해 도형의 형상이 다시 나타나게 된다.
❹ 색이 변하는 것을 집중 주시(注視)한다.
❺ 형상(形象)이 완전히 사라질 때까지 주시한다.
❻ 눈을 감고 색이 변한 도형(圖形)을 깊게 생각하면 그 도형과 색이 이마 앞에 나타나게 된다.

수련판

제4장 묵상과 심상 수련

뇌(腦)로 보는 집중력 심상(心象) 수련 도표 ④호 사각형

> 설 명

❶ 아래 도형을 약 1분간 집중하여 시각(視覺)한다.
❷ 응시점(凝視鮎)을 수련판 아래로 이동하여 주시한다.
❸ 눈의 망막(網膜)에 의해 도형의 형상이 다시 나타나게 된다.
❹ 색이 변하는 것을 집중 주시(注視)한다.
❺ 형상(形象)이 완전히 사라질 때까지 주시한다.
❻ 눈을 감고 색이 변한 도형(圖形)을 깊게 생각하면 그 도형과 색이 이마 앞에 나타나게 된다.

수련판

경혈 및 숫자 인지

1. 경혈 지압법

2. 숫자 인지 능력 훈련

소중한 눈을 지키기 위한 "눈" 건강 유지법

1. 눈 체조 운동을 규칙적으로 하는 것이 시력 향상에 많은 도움이 된다.
2. 책을 읽을 때에는 밝기는 자연광의 밝기에 가까울수록 시력 보호에 좋다.
3. 책을 읽을 때에는 턱을 약간 당긴 상태에서 편안하고 바른 자세를 유지한다.
4. 책과 눈의 거리는 30 cm ~ 50 cm를 유지하는 것이 가장 좋다.
5. 책을 읽을 때의 책의 각도는 약 45°를 유지하여야 한다.
6. 활자가 너무 작거나 인쇄의 글자가 희미한 것은 눈의 피로를 가중시킨다.
7. 흔들리는 차 안에서 책을 읽으면 초점이 흐트러져 두통과 눈의 피로가 가중된다.
8. 눈이 피로할 때는 손으로 눈을 직접 비비거나 안구를 압박하지 말아야 한다.
9. 안구의 근육을 이완시켜 주고 눈을 크게 뜬 상태에서 먼 경치를 주시한다.
10. 눈에 피로가 오면 가볍게 눈을 감고 눈 주위에 경혈을 지압하여 눈의 피로를 풀어 준다.

안구 훈련시 피로를 풀어 주는 경혈(經穴) 지압법

　한방에서 경혈(經穴)은 경락을 따라 흐르는 기혈이 모이거나 흩어지는 자리를 말하며, 경혈 자리에 침을 놓거나 뜸을 떠 기혈의 소통을 원활하게 돕는다.
　또한, 경혈 지압은 오장육부의 균형을 도모하며, 간단한 경혈의 자극으로 피로를 풀고 인체의 모든 기능을 돕게 한다.

1 찬죽(攢竹)
눈썹의 내측부의 끝에서 눈썹 안으로 1푼(分) 들어가 누르면 오목한 위치의 점

2 동자료(瞳子髎)
눈의 외제각에서 5푼(分)에 위치한 점

3 정명(睛明)
눈의 내제두의 끝 1푼(分) 떨어져 홍육(紅肉) 오목한 위치의 점

4 사죽공(絲竹空)
눈썹의 바깥 끝에 움푹한 곳인 광대뼈의 전두 돌기 외연에 생긴 오목한 위치의 점

5 태양혈(太陽穴)
귀의 위, 눈의 옆 음식을 씹으면 움직이는 곳

6 승읍(承泣)
눈동자를 통한 수직으로 중앙 하연, 동자로부터 7푼(分) 아래에 위치한 점

7 사백(四白)
눈동자로부터 수직으로 1치 아래 위치, 승읍으로부터 1cm 직하(直下)로 위치한 점

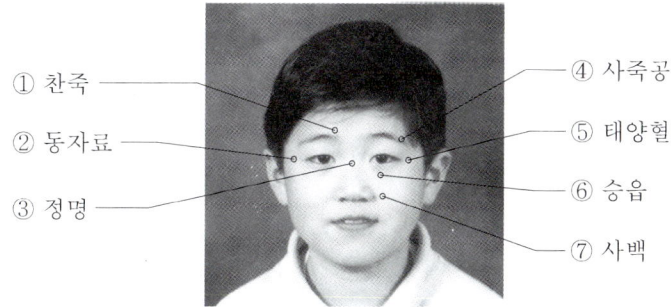

① 찬죽
② 동자료
③ 정명
④ 사죽공
⑤ 태양혈
⑥ 승읍
⑦ 사백

엄지나 중지(中指), 약지(藥指) 중 양손을 사용하여 그림의 혈 자리를 가볍게 누르고 눈을 감고 마음속으로 천천히 5초를 세며, 각 3회씩 실시한다.

스캐닝 (Scanning) 기법

주사(走査) 자료를 대충 훑어보면서 필요한 정보를 찾아내는 것으로, 길거리의 상호나 전화 번호의 이름이나 숫자 등 특정 정보를 발췌하는 것이다. 필요한 단어를 사전에서 찾는 것 같이 신문이나 잡지에서 핵심 정보를 찾아 읽는 것을 말한다.

숫자 인지 훈련표

1. 시점을 중심에 위치한다.
2. 안구가 左·右로 순간 움직여진다.
3. 안구가 左·右로 도약하는 순간 숫자를 인지한다.
4. 머리를 움직이지 않은 상태에서 훈련한다.
5. 위에서 아래로 신속히 내려간다.
6. 소요 시간은 30초 내에 주파하여야 한다.
7. 매번 기록하여 소요 시간을 단축시킨다.

훈련 효과

집중력 향상, 인지 능력 향상, 사고 능력 발달, 인내심이 강화된다.

숫자 인지(認知) 능력 훈련표 ①-1호

The Super Speed Reading

> **설 명** 숫자 훈련(방법)
> ❶ 左측 숫자를 인지하고 右측에서 같은 숫자를 각각 하나씩 2개 찾기.
> ❷ 필기구를 사용하여 기호로 표시하지 말고 눈으로만 인지한다.

← 시점 →

좌측	기호	우측
8 2 6 7 3 5 9 3 1 4	← 육 →	3 8 5 4 1 6 7 2 5 9
3 5 1 8 4 2 7 9 6 1	← 삼 →	6 1 7 5 6 9 2 8 3 4
4 7 2 6 9 1 8 3 5 9	← 일 →	2 4 8 1 9 3 7 5 6 8
9 4 1 7 2 6 3 5 8 2	← 구 →	7 3 6 1 5 8 4 2 9 1
2 8 3 5 1 9 7 4 6 3	← 오 →	1 8 4 9 7 2 6 3 5 4
6 1 7 9 4 8 5 3 2 7	← 이 →	2 3 6 8 1 4 7 5 9 3
5 2 8 3 7 6 1 9 5 4	← 사 →	3 1 9 6 2 8 4 7 5 6
1 9 4 2 8 5 3 6 7 5	← 팔 →	7 2 5 9 3 6 9 4 8 1
7 3 5 8 1 4 1 9 2 6	← 육 →	5 9 4 8 4 1 6 2 7
8 4 1 9 3 7 2 6 8 5	← 칠 →	2 7 4 1 5 9 8 3 4 8
9 3 6 2 8 4 1 5 7 2	← 삼 →	7 2 5 8 1 4 1 9 3 6
2 8 4 1 5 9 7 3 4 8	← 구 →	1 9 4 2 8 5 3 6 7 5
3 5 9 4 8 4 1 6 2 7	← 오 →	8 2 6 7 3 5 9 3 1 4
7 2 5 8 3 6 9 4 1 9	← 일 →	3 5 1 8 4 2 7 9 6 5
4 1 9 6 2 8 3 7 5 6	← 사 →	9 7 1 4 2 6 3 5 8 2
5 3 6 8 1 4 7 9 2 3	← 팔 →	2 8 3 5 1 9 7 4 6 3
1 8 4 9 7 2 6 3 5 4	← 육 →	6 1 7 9 4 8 5 3 2 7
7 2 1 5 8 4 2 9 1	← 삼 →	5 2 8 3 7 6 1 9 3 4
2 9 4 8 1 3 7 5 6 8	← 칠 →	1 8 2 9 7 5 3 6 4 5
6 1 7 5 6 9 2 4 8 3	← 오 →	8 4 1 9 3 7 2 5 8 6

	1회:	2회:	3회:	4회:	5회:
소요 시간	6회:	7회:	8회:	9회:	10회:

제 5장 경혈 및 숫자 인지

숫자 인지(認知) 능력 훈련표 ①-2호

The Super Speed Reading

> **설 명** 숫자 훈련(방법)
> ❶ 左측 숫자를 인지하고 右측에서 같은 숫자를 각각 하나씩 2개 찾기.
> ❷ 필기구를 사용하여 기호로 표시하지 말고 눈으로만 인지한다.

← 시점 →

										시점									
9	3	1	4	7	5	6	2	8	4	← 구 →	7	5	3	8	2	6	9	1	4	6
1	5	3	8	2	9	7	4	1	6	← 사 →	2	1	4	7	9	2	5	3	6	1
2	9	6	4	7	1	9	3	8	5	← 칠 →	9	3	6	4	1	3	8	2	7	5
7	4	8	2	9	3	5	2	1	6	← 일 →	6	1	8	3	9	7	4	9	2	6
1	3	5	8	2	4	7	6	2	9	← 삼 →	4	7	9	1	8	5	3	6	2	4
4	9	7	6	4	2	8	3	5	1	← 오 →	8	5	3	7	4	2	6	3	1	9
6	2	4	3	7	1	8	9	5	4	← 팔 →	3	1	8	5	9	7	2	9	6	7
8	9	2	4	8	5	3	1	6	5	← 육 →	1	6	2	9	5	7	4	8	1	3
3	7	5	8	2	4	6	9	1	8	← 이 →	5	3	9	7	4	8	6	5	2	1
5	1	7	9	4	1	5	8	6	3	← 칠 →	9	6	4	8	6	1	3	7	2	5
7	6	3	8	2	9	1	4	2	5	← 사 →	2	5	7	4	2	5	1	3	9	8
4	1	3	5	8	7	2	6	3	9	← 팔 →	7	9	1	3	6	4	7	5	8	2
9	1	5	2	6	8	3	1	7	4	← 삼 →	6	3	9	7	1	5	8	6	2	4
6	4	8	3	9	2	5	9	1	7	← 오 →	4	8	2	6	8	9	7	1	5	7
2	9	1	6	4	8	6	3	7	5	← 구 →	8	5	1	4	3	8	9	7	2	6
1	8	2	9	5	7	4	8	6	3	← 육 →	1	8	6	2	7	4	1	9	5	3
8	5	2	6	1	9	3	7	4	6	← 일 →	3	5	8	6	2	4	7	1	9
3	6	1	8	4	2	5	7	1		← 오 →	9	7	2	6	9	4	8	5	1	3
7	9	1	8	4	5	2	6	3	5	← 일 →	5	2	6	9	4	8	5	1	3	8
5	2	4	8	1	6	3	9	7	2	← 칠 →	2	8	1	7	9	6	3	5	4	1

소요 시간	1회 :	2회 :	3회 :	4회 :	5회 :
	6회 :	7회 :	8회 :	9회 :	10회 :

숫자 인지(認知) 능력 훈련표 ②-1호

> **설 명** 숫자 훈련(방법)
> ❶ 左측 숫자를 확인하고 左·右측에서 같은 숫자 1개만 인지하여 찾기.
> ❷ 필기구를 사용하여 기호로 표시하지 말고 눈으로만 인지한다.

← 시점 →

24	35	49	15	79	25	← 칠구 →	13	99	25	69	83	45
89	33	81	25	64	58	← 사칠 →	73	47	13	03	11	55
23	80	95	09	33	64	← 육사 →	33	29	60	81	63	22
65	29	02	35	39	79	← 삼오 →	14	55	89	32	66	18
48	17	63	85	71	21	← 육구 →	87	07	16	25	62	69
19	53	23	61	36	47	← 오삼 →	92	28	38	31	28	51
72	34	27	18	53	92	← 팔삼 →	87	42	04	83	59	75
53	16	05	64	93	76	← 구육 →	23	96	26	41	31	24
24	41	38	99	01	17	← 사일 →	63	81	44	58	12	09
93	11	82	37	21	59	← 이오 →	49	78	82	25	63	81
32	72	95	63	21	18	← 육삼 →	12	53	84	08	67	19
12	09	31	55	42	68	← 사이 →	63	22	90	18	29	32
89	17	08	61	35	29	← 일팔 →	27	83	52	39	18	99
64	91	20	13	48	31	← 육사 →	92	38	42	59	71	23
73	29	36	82	61	54	← 삼육 →	15	28	32	81	72	30
27	51	88	70	29	66	← 구사 →	88	94	17	35	76	53
91	22	62	34	83	48	← 이육 →	52	11	26	47	89	75
54	39	81	62	46	58	← 오팔 →	21	35	71	26	43	28
26	18	47	83	69	10	← 팔칠 →	34	87	56	29	15	06
82	72	53	28	37	41	← 칠이 →	02	36	21	85	16	24

소요 시간	1회 :	2회 :	3회 :	4회 :	5회 :
	6회 :	7회 :	8회 :	9회 :	10회 :

제 5 장 경혈 및 숫자 인지

숫자 인지(認知) 능력 훈련표 ②-2호

> **설 명** 숫자 훈련(방법)
> ❶ 左측 숫자를 확인하고 左·右측에서 같은 숫자 1개만 인지하여 찾기.
> ❷ 초시계를 사용하여 시간을 기록하여 단축시킨다.

← 시점 →

27	83	52	39	18	99	← 이구 →	73	29	36	82	61	54
92	38	42	59	71	23	← 칠일 →	27	51	88	70	29	66
15	28	32	81	72	30	← 삼사 →	90	22	62	34	83	48
88	94	17	35	76	53	← 오팔 →	54	39	81	62	46	58
52	11	26	47	89	75	← 이육 →	24	35	49	15	79	25
34	87	56	29	15	06	← 일오 →	89	17	08	61	35	29
27	83	52	39	18	99	← 구일 →	64	91	20	13	48	31
92	38	42	59	71	23	← 육구 →	26	18	47	83	69	10
15	28	32	81	72	30	← 삼영 →	82	72	53	28	37	41
88	94	17	35	76	53	← 오삼 →	89	33	81	25	64	58
52	11	26	47	89	75	← 팔영 →	23	80	95	09	33	64
21	35	71	26	43	28	← 칠일 →	65	29	02	35	39	79
34	87	56	29	15	06	← 이일 →	48	17	63	85	71	21
23	96	26	41	31	24	← 구육 →	72	34	27	18	53	92
63	81	44	58	12	09	← 사칠 →	19	53	23	61	36	47
49	78	82	25	63	81	← 삼사 →	72	34	27	18	53	92
12	53	84	08	67	19	← 영팔 →	53	16	05	64	93	76
63	22	90	18	29	32	← 육삼 →	24	41	38	99	01	17
27	83	52	39	18	99	← 팔이 →	93	11	82	37	21	59
92	38	42	59	71	23	← 칠일 →	32	72	95	63	21	18

소요 시간	1회 :	2회 :	3회 :	4회 :	5회 :
	6회 :	7회 :	8회 :	9회 :	10회 :

숫자 인지(認知) 능력 훈련표 ③-1호

▶ 설 명 ❶ 左측의 숫자를 보고 左·右측의 숫자 중 빨리 1개를 인지한다.
❷ 필기구를 사용하여 기호로 표시하지 말고 눈으로만 인지한다.

← 시점 →

616	222	912	589	146	646	← 일오육 →	516	949	156	952	566	794
151	464	589	255	621	468	← 사육사 →	256	126	021	945	365	122
912	138	544	312	479	221	← 구오오 →	955	745	125	025	222	351
464	763	668	122	312	225	← 칠육삼 →	385	159	357	856	154	356
812	254	842	324	911	285	← 이팔오 →	856	754	956	256	195	678
334	548	125	789	921	419	← 육사오 →	268	354	169	645	522	759
051	324	529	678	851	185	← 영오일 →	678	945	256	354	853	269
975	785	159	351	852	324	← 오이육 →	193	369	945	526	789	132
186	327	328	885	195	204	← 사오구 →	952	758	965	256	459	357
285	152	025	915	820	195	← 팔이영 →	855	019	168	985	745	157
129	185	709	825	921	731	← 구삼일 →	465	655	285	011	520	931
195	105	189	082	198	129	← 일영구 →	029	851	632	109	228	334
982	625	795	190	198	122	← 칠구오 →	598	325	158	326	752	162
752	658	125	985	715	021	← 육오팔 →	812	106	598	156	378	981
100	982	852	168	521	920	← 이구팔 →	123	298	852	495	129	551
895	195	192	745	632	152	← 팔구오 →	227	457	329	851	260	012
229	421	923	345	851	741	← 삼사육 →	914	741	256	346	195	825
412	325	952	812	765	325	← 사일이 →	821	314	582	970	159	184
285	952	168	027	107	854	← 일팔오 →	207	185	752	198	952	415
859	165	752	268	169	356	← 칠오이 →	498	651	559	765	132	102

소요 시간	1회 :	2회 :	3회 :	4회 :	5회 :
	6회 :	7회 :	8회 :	9회 :	10회 :

숫자 인지(認知) 능력 훈련표 ③-2호

🔹 **설 명** ❶ 左측의 숫자를 보고 左·右측의 숫자 중 빨리 1개를 인지한다.
　　　　　❷ 초시계를 사용하여 시간을 기록하여 단축시킨다.

← 시점 →

591	952	325	085	195	432	← 팔오구 →	395	159	657	859	746	325
821	314	582	970	159	184	← 삼일사 →	186	327	328	885	195	204
207	185	752	198	952	415	← 구오이 →	285	152	025	915	820	195
498	651	559	765	132	102	← 칠삼일 →	129	185	709	825	921	731
268	354	169	645	522	759	← 일구오 →	895	195	192	745	632	152
678	945	256	354	853	269	← 육칠팔 →	229	421	923	345	851	741
193	369	945	526	789	132	← 삼이오 →	412	325	952	812	765	325
952	758	965	256	459	357	← 사오구 →	285	952	168	027	107	854
256	126	021	945	365	122	← 이육팔 →	859	165	752	268	169	356
955	745	125	025	222	351	← 일사육 →	616	222	912	589	146	646
385	159	357	856	154	356	← 팔오육 →	151	464	589	255	621	468
856	754	956	256	195	678	← 이이일 →	912	138	544	312	479	221
914	741	256	346	195	825	← 칠육삼 →	464	763	668	122	312	225
821	314	582	970	159	184	← 구칠영 →	812	254	842	324	911	285
207	185	752	198	952	415	← 사일오 →	334	548	125	789	921	419
498	651	559	765	132	102	← 영오일 →	051	324	529	678	851	185
268	354	169	645	522	759	← 육이오 →	982	625	795	190	198	122
678	945	256	354	853	269	← 팔오삼 →	752	658	125	985	715	021
193	369	945	526	789	132	← 오이일 →	100	982	852	168	521	920
952	758	965	256	459	357	← 삼오칠 →	489	269	209	175	395	852

소요 시간	1회 :	2회 :	3회 :	4회 :	5회 :
	6회 :	7회 :	8회 :	9회 :	10회 :

글자 및 기호 인지 훈련

1. 인지 능력 향상

2. 집중력 향상

글자 인지(認知) 능력 훈련표 ①호

> **설명**
> ❶ 각 단어를 10초 내에 찾고 소요 시간을 기록한다.
> ❷ 두 글자 찾기 훈련이 끝나면 세 글자 찾기 훈련으로 한다.
> ❸ 글자 수가 늘어나도 10초를 초과할 수 없다.
> ❹ 예를 들어 학교를 찾을 때 "학" 보다 "교"를 먼저 인지하여도 된다.
> ❺ 매일 5단어씩 훈련하여 단어를 바꾸어 준다.

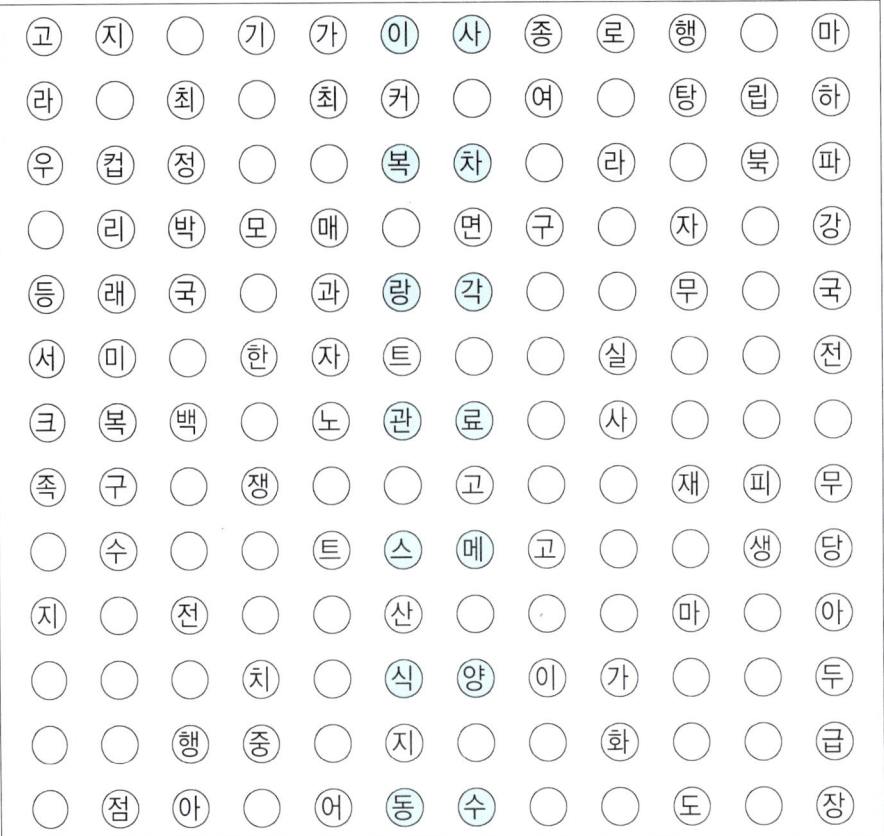

훈련낱말	과자	라면	사탕	미래	재고	사무실	이라크	도서관	가로등	하수구
	생각	마차	가정	행복	무리	마우스	노트북	종이컵	메모장	최고급
	최고	우박	사랑	미국	전쟁	양복점	한식당	전화기	자동차	스피커
	수리	치료	여행	지구	가족	강아지	아파트	중국어	백두산	매립지

소요 시간
1회 :   2회 :   3회 :   4회 :   5회 :
6회 :   7회 :   8회 :   9회 :   10회 :

글자 인지(認知) 능력 훈련표 ②호

> **설 명**
> ❶ 각 단어를 10초 내에 찾고 소요 시간을 기록한다.
> ❷ 두 글자 찾기 훈련이 끝나면 세 글자 찾기 훈련으로 한다.
> ❸ 글자 수가 늘어나도 10초를 초과할 수 없다.
> ❹ 예를 들어 학교를 찾을 때 "학"보다 "교"를 먼저 인지하여도 된다.
> ❺ 매일 5단어씩 훈련하여 단어를 바꾸어 준다.

훈련낱말	생수	미장	수건	재료	가면	토마토	스피드	컴퓨터	지구촌	해돋이
	지진	유감	시계	달력	이발	휴지통	운동장	정류소	지하철	부동산
	면학	공부	유리	구두	목련	휴게실	항공기	상담원	문방구	중국집
	나팔	거울	우편	차례	바람	길거리	개나리	종갓집	핸드백	판매처

소요 시간	1회 :	2회 :	3회 :	4회 :	5회 :
	6회 :	7회 :	8회 :	9회 :	10회 :

제 6 장 글자 및 기호 인지 훈련

인지(認知) 능력 훈련용 기호 ①-1호

> **설 명** 같은 도형이나 기호를 인지하기

❶ 도형 하나를 정하여 같은 모양을 찾는다.
❷ 인지한 도형의 개수를 메모한다.
❸ 중·고생 이상은 5초 이내, 초등학생은 10초 이내에 찾도록 한다.
❹ 훈련에 들어가기 전 도형이나 문자의 개수를 세어 보지 않도록 한다.

소요 시간	1회 :	2회 :	3회 :	4회 :	5회 :
문자 개수	① :	② :	③ :	④ :	⑤ :

마인드 속독법

인지 (認知) 능력 훈련용 기호 ①-2호

> **설명** 같은 도형이나 기호를 인지하기

❶ 도형 하나를 정하여 같은 모양을 찾는다.
❷ 인지한 도형의 개수를 메모한다.
❸ 중·고생 이상은 5초 이내, 초등학생은 10초 이내에 찾도록 한다.
❹ 훈련에 들어가기 전 도형이나 문자의 개수를 세어 보지 않도록 한다.

소요 시간	1회 :	2회 :	3회 :	4회 :	5회 :
문자 개수	① :	② :	③ :	④ :	⑤ :

제 6 장 글자 및 기호 인지 훈련

인지(認知) 능력 훈련용 기호 ②-1호

> **설명** 같은 도형이나 기호를 인지하기

❶ 첫째 줄의 기호 하나를 응시한다.
❷ 시작과 동시에 같은 도형을 찾는다.
❸ 이 때 도형을 인지하되 정확한 개수의 의미는 없다.
❹ 오차 범위 +, − 1개 정도는 양호함(소요 시간 : 5초 이내).

소요 시간	1회 :	2회 :	3회 :	4회 :	5회 :
문자 개수	① :	② :	③ :	④ :	⑤ :

인지(認知) 능력 훈련용 기호 ②-2호

> **설명** 같은 도형이나 기호를 인지하기

❶ 첫째 줄의 기호 하나를 응시한다.
❷ 시작과 동시에 같은 도형을 찾는다.
❸ 이 때 도형을 인지하되 정확한 개수의 의미는 없다.
❹ 오차 범위 +, − 1개 정도는 양호함(소요 시간 : 5초 이내).

소요 시간	1회 :	2회 :	3회 :	4회 :	5회 :
문자 개수	① :	② :	③ :	④ :	⑤ :

집중력 향상을 위한 숫자 가감법

> **설명** 첫째 : 집중력 훈련과 두뇌 개발

❶ 차분하게 눈을 감고 편안한 마음으로 다음 숫자에 임한다.
❷ 숫자를 가감하는 동안 집중력이 향상되며 일체 외부로부터의 잡념이 완전히 사라지게 된다.
❸ 혼자서 수련할 시에 숫자 100을 정하여 눈을 감고 2개~3개씩 빼 내려간다.
❹ 지도 선생님이 청색의 숫자를 정한 다음 부르는 수만큼 가감을 한다.

50 −2=48 −2=46 −2=44 −2=42 −2=40   −3=37 −3=34 −3=31 −3=28 −3=25
       −4=21 −4=17 −4=13 −4=9   −4=5   −1=4   −1=3   −1=2   −1=1   −1=0

50 +3=53 +3=56 +2=58 +2=60 +3=63   +2=65 +4=69 +1=70 +5=75 +3=78
       +2=80 +2=82 +1=83 +2=85 +4=89   +1=90 +3=93 +2=95 +2=97 +3=100

100 −2=98 −3=95 −3=92 −2=90 −3=87   −2=85 −3=82 −2=80 −2=78 −3=75
       −2=73 −3=70 −2=68 −3=65 −3=62   −2=60 −2=58 −3=55 −2=53 −3=50
       −3=47 −2=45 −2=43 −3=40 −2=38   −3=35 −2=33 −3=30 −2=28 −3=25
       −3=22 −2=20 −3=17 −2=15 −2=13   −3=10 −2=8   −3=5   −2=3   −2=1

150 +5=155 +5=160 +3=163 +2=165   +5=170 +3=173 +2=175 +5=180
       +5=185 +5=190 +5=195 +3=198   +2=200

200 −10=190 −5=185 −5=180 −10=170   −5=165 −5=160 −10=150 −10=140
       −10=130 −20=110 −10=100 −20=80   −10=70 −20=50 −10=40 −30=10

300 −50=250 −30=220 −20=200 −30=170   −20=150 −50=100 −30=70 −50=20

300 +50=350 +20=370 +30=400 +50=450   +50=500 −100=400 −50=350 −50=300

400 −50=350 −50=300 −100=200 +50=250   +100=350 −50=300 +50=350 +50=400

500 +100=600 +50=650 −100=550 +50=600 +100=700 −50=650 −50=600 −100=500

눈은 뇌의 일부이다

　인간의 뇌는, 두부처럼 물렁물렁한 대뇌 피질은 주름이 많이 있고, 모두 4개의 영역으로 나누어져 있다.
　뇌의 앞에 있는 것이 전두엽이고 전두엽 위쪽에는 두정엽이 있다. 그 뒤쪽에는 후두엽이 있다. 그리고 뇌의 左·右 측면에는 측두엽이 자리잡고 있다. 우리의 눈은 시신경이 뇌로 연결되어 있어 머리 뒤쪽 후두엽에 시각중추가 있다. 눈의 구조는 카메라와 비교하면 쉽게 알 수 있다.
　성인의 눈은 지름이 약 24 mm이고 부피는 약 6.5 cc 정도이다. 검은자 위에 해당하는 얇고 투명한 부위가 각막이다.
　홍체는 카메라의 렌즈 역할을 맡고 있고, 홍체는 명암을 조절하며, 수정체는 원근 조절을 한다고 보면 쉽게 이해가 될 것이다. 그리고 안구 안쪽에서 안구를 감싸고 있는 망막은 카메라의 필름이라고 보면 된다.

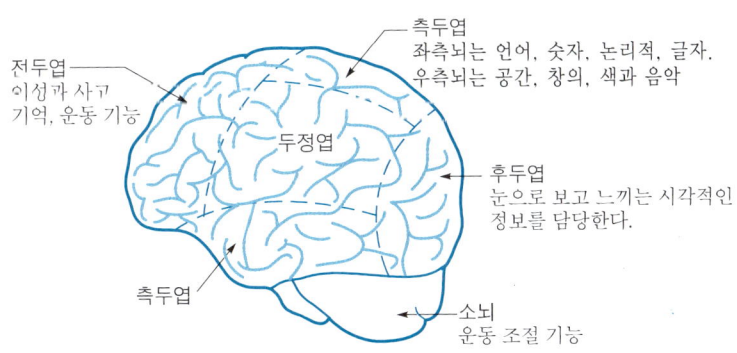

〈두뇌의 구조와 기능〉

※ 측두엽이 발달되는 시기는 7세~12세까지 발달되며 언어기능과 청각기능을 담당하게 된다. 그 시기에는 말하기, 듣기, 읽기 쓰기 교육이 필요한 시기이다. 이 시기에 좋은 책을 많이 읽으면 어휘력이 매우 향상된다.

눈의 피로를 덜어 주는 색은 녹색이다

눈도 휴식이 필요하다. 안구 운동을 통하여 눈의 경직된 근육을 풀어 주어야 하며 TV와 컴퓨터 모니터를 계속 주시하는 것은 눈의 피로를 가중시키므로 꼭 필요로 하여 사용할 때는 약 30분에 한 번씩 가볍게 눈을 감고 경혈 지압으로 풀어 주며, 또 초점을 맞추지 않은 상태에서 창 밖의 원거리의 경치를 左·右로 주시한다.

눈 앞의 가까운 물체를 보게 되면 안구 속에 모양근이란 근육이 수축해지는데 이것은 수정체를 볼록하게 만들어 주어야 하기 때문이다.

반대로 멀리 있는 것을 볼 때는 모양근이 느슨하게 이완되므로 눈의 건강과 피로를 위해서는 가능하면 먼 곳을 보는 것이 매우 좋다. 눈도 적당한 안구운동을 통하여 시력이 향상되고 눈의 피로를 덜어 주게 된다.

눈이 좋아하는 색은 역시 녹색이다. 인간의 눈은 녹색에 가장 민감하게 반응하며 색깔을 감지하는 망막의 원추 세포 중 파란색을 담당하는 450 mm의 단파장 세포가 가장 적게 분포하기 때문이다. 따라서 파란색은 가장 탐지하기 어려운 색깔이며 녹색을 보는데 비해 10배나 많은 에너지가 필요하다.

색의 보색 관계에 있어서 녹색은 빨강색과 보색 관계를 이루어 있어 눈의 피로를 덜어 줄 수 있는데 수술실의 의사 가운이 녹색인 것은 피가 묻어도 눈에 잘 띄지 않게 되는 것이다. 격화된 감정을 가라앉히는 데는 파란색이나 녹색이 좋고 반대로 가라앉은 마음을 끌어올리기 위해서는 빨간색이나 노랑색이 좋다. 빨강이나 노랑색은 파장이 긴 색이므로 뇌를 흥분시키게 된다.

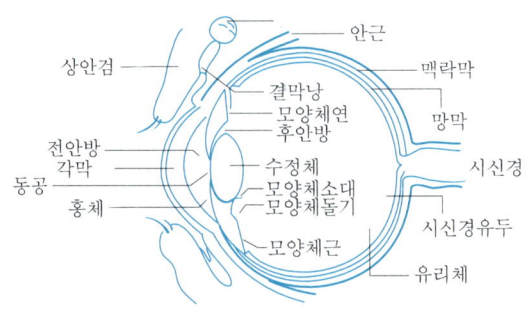

글자 한 줄 인지 훈련 1단계

1. 한글 정밀 훈련

2. 1호 ~ 10호 까지

속독을 위한 글자 인지 한 줄 훈련

글자 정밀 훈련(학습 1단계)

1 한 횡의 글자를 한눈에 인지하여 글자를 감싸고 있는 도형을 따라 어긋나게 左·右로 이동하여 수직으로 연이어 내려간다.

2 한 줄 훈련시 안구는 끊임 없이 左·右로 도약 운동을 하게 된다.

3 훈련은 1분 단위로 하여 기호 ①~기호 ⑩까지 가면 다시 ①호부터 이어져 반복 훈련한다.

4 1분이 되면 훈련을 멈추고 분당 글자 수를 기록한다.

5 사각형 안에 글자를 넣은 것은 한글이 대부분 사각형의 모양과 가까우므로 동그란 기호 안에 글자를 넣은 것보다 훨씬 글자가 선명하게 시야에 들어오게 되기 때문이다. 사각의 도형 안에 글자를 넣어 훈련하게 되면 더욱 더 훈련의 효과가 상승된다.

글자 정밀 훈련 학습 1단계 ①호 글자 인지 학습 한 줄 훈련 기호

가→가→가→가→가→가→가→가→가→가→가→가
나←나←나←나←나←나←나←나←나←나←나←나
다→다→다→다→다→다→다→다→다→다→다→다
라←라←라←라←라←라←라←라←라←라←라←라
마→마→마→마→마→마→마→마→마→마→마→마
바←바←바←바←바←바←바←바←바←바←바←바
사→사→사→사→사→사→사→사→사→사→사→사
아←아←아←아←아←아←아←아←아←아←아←아
자→자→자→자→자→자→자→자→자→자→자→자
차←치←차←차←차←차←차←차←차←차←차←차
카→카→카→카→카→카→카→카→카→카→카→카
타←타←타←타←타←타←타←타←타←타←타
파→파→파→파→파→파→파→파→파→파→파→파
하←하←하←하←하←하←하←하←하←하←하←하
가→가→가→가→가→가→가→가→가→가→가→가

글자 정밀 훈련 학습 1단계 ②호 글자 인지 학습 한 줄 훈련 기호

갸→갸→갸→갸→갸→갸→갸→갸→갸→갸→갸→갸

냐←냐←냐←냐←냐←냐←냐←냐←냐←냐←냐←냐

댜→댜→댜→댜→댜→댜→댜→댜→댜→댜→댜→댜

랴←랴←랴←랴←랴←랴←랴←랴←랴←랴←랴←랴

먀→먀→먀→먀→먀→먀→먀→먀→먀→먀→먀→먀

뱌←뱌←뱌←뱌←뱌←뱌←뱌←뱌←뱌←뱌←뱌←뱌

샤→샤→샤→샤→샤→샤→샤→샤→샤→샤→샤→샤

야←야←야←야←야←야←야←야←야←야←야←야

쟈→쟈→쟈→쟈→쟈→쟈→쟈→쟈→쟈→쟈→쟈→쟈

챠←챠←챠←챠←챠←챠←챠←챠←챠←챠←챠←챠

캬→캬→캬→캬→캬→캬→캬→캬→캬→캬→캬→캬

탸←탸←탸←탸←탸←탸←탸←탸←탸←탸←탸←탸

퍄→퍄→퍄→퍄→퍄→퍄→퍄→퍄→퍄→퍄→퍄→퍄

햐←햐←햐←햐←햐←햐←햐←햐←햐←햐←햐←햐

갸→갸→갸→갸→갸→갸→갸→갸→갸→갸→갸→갸

글자 정밀 훈련 학습 1단계 ③호 글자 인지 학습 한 줄 훈련 기호

거→거→거→거→거→거→거→거→거→거→거→거

너←너←너←너←너←너←너←너←너←너←너←너

더→더→더→더→더→더→더→더→더→더→더→더

러←러←러←러←러←러←러←러←러←러←러←러

머→머→머→머→머→머→머→머→머→머→머→머

버←버←버←버←버←버←버←버←버←버←버←버

서→서→서→서→서→서→서→서→서→서→서→서

어←어←어←어←어←어←어←어←어←어←어←어

저→저→저→저→저→저→저→저→저→저→저→저

처←처←처←처←처←처←처←처←처←처←처←처

커→커→커→커→커→커→커→커→커→커→커→커

터←터←터←터←터←터←터←터←터←터←터←터

퍼→퍼→퍼→퍼→퍼→퍼→퍼→퍼→퍼→퍼→퍼→퍼

허←허←허←허←허←허←허←허←허←허←허←허

거→거→거→거→거→거→거→거→거→거→거→거

글자 정밀 훈련 학습 1단계 ④호 글자 인지 학습 한 줄 훈련 기호

갸→갸→갸→갸→갸→갸→갸→갸→갸→갸→갸→갸

냐←냐←냐←냐←냐←냐←냐←냐←냐←냐←냐←냐

댜→댜→댜→댜→댜→댜→댜→댜→댜→댜→댜→댜

랴←랴←랴←랴←랴←랴←랴←랴←랴←랴←랴←랴

먀→먀→먀→먀→먀→먀→먀→먀→먀→먀→먀→먀

뱌←뱌←뱌←뱌←뱌←뱌←뱌←뱌←뱌←뱌←뱌←뱌

샤→샤→샤→샤→샤→샤→샤→샤→샤→샤→샤→샤

야←야←야←야←야←야←야←야←야←야←야←야

쟈→쟈→쟈→쟈→쟈→쟈→쟈→쟈→쟈→쟈→쟈→쟈

챠←챠←챠←챠←챠←챠←챠←챠←챠←챠←챠←챠

캬→캬→캬→캬→캬→캬→캬→캬→캬→캬→캬→캬

탸←탸←탸←탸←탸←탸←탸←탸←탸←탸←탸←탸

퍄→퍄→퍄→퍄→퍄→퍄→퍄→퍄→퍄→퍄→퍄→퍄

햐←햐←햐←햐←햐←햐←햐←햐←햐←햐←햐←햐

갸→갸→갸→갸→갸→갸→갸→갸→갸→갸→갸→갸

글자 정밀 훈련 학습 1단계 ⑤호 글자 인지 학습 한 줄 훈련 기호

겨→겨→겨→겨→겨→겨→겨→겨→겨→겨→겨→겨

녀←녀←녀←녀←녀←녀←녀←녀←녀←녀←녀←녀

뎌→뎌→뎌→뎌→뎌→뎌→뎌→뎌→뎌→뎌→뎌→뎌

려←려←려←려←려←려←려←려←려←려←려←려

며→며→며→며→며→며→며→며→며→며→며→며

벼←벼←벼←벼←벼←벼←벼←벼←벼←벼←벼←벼

셔→셔→셔→셔→셔→셔→셔→셔→셔→셔→셔→셔

여←여←여←여←여←여←여←여←여←여←여←여

져→져→져→져→져→져→져→져→져→져→져→져

쳐←쳐←쳐←쳐←쳐←쳐←쳐←쳐←쳐←쳐←쳐←쳐

켜→켜→켜→켜→켜→켜→켜→켜→켜→켜→켜→켜

텨←텨←텨←텨←텨←텨←텨←텨←텨←텨←텨←텨

펴→펴→펴→펴→펴→펴→펴→펴→펴→펴→펴→펴

혀←혀←혀←혀←혀←혀←혀←혀←혀←혀←혀←혀

겨→겨→겨→겨→겨→겨→겨→겨→겨→겨→겨→겨

글자 정밀 훈련 학습 1단계 ⑥호 글자 인지 학습 한 줄 훈련 기호

규→규→규→규→규→규→규→규→규→규→규→규→규

뉴←뉴←뉴←뉴←뉴←뉴←뉴←뉴←뉴←뉴←뉴←뉴←뉴

듀→듀→듀→듀→듀→듀→듀→듀→듀→듀→듀→듀→듀

류←류←류←류←류←류←류←류←류←류←류←류←류

뮤→뮤→뮤→뮤→뮤→뮤→뮤→뮤→뮤→뮤→뮤→뮤→뮤

뷰←뷰←뷰←뷰←뷰←뷰←뷰←뷰←뷰←뷰←뷰←뷰←뷰

슈→슈→슈→슈→슈→슈→슈→슈→슈→슈→슈→슈→슈

유←유←유←유←유←유←유←유←유←유←유←유←유

쥬→쥬→쥬→쥬→쥬→쥬→쥬→쥬→쥬→쥬→쥬→쥬→쥬

츄←츄←츄←츄←츄←츄←츄←츄←츄←츄←츄←츄←츄

큐→큐→큐→큐→큐→큐→큐→큐→큐→큐→큐→큐→큐

튜←튜←튜←튜←튜←튜←튜←튜←튜←튜←튜←튜←튜

퓨→퓨→퓨→퓨→퓨→퓨→퓨→퓨→퓨→퓨→퓨→퓨→퓨

휴←휴←휴←휴←휴←휴←휴←휴←휴←휴←휴←휴←휴

규→규→규→규→규→규→규→규→규→규→규→규→규

글자 정밀 훈련 학습 1단계 ⑦호 글자 인지 학습 한 줄 훈련 기호

아→아→아→아→아→아→아→아→아→아→아→아→아
이←이←이←이←이←이←이←이←이←이←이←이←이
우→우→우→우→우→우→우→우→우→우→우→우→우
에←에←에←에←에←에←에←에←에←에←에←에←에
오→오→오→오→오→오→오→오→오→오→오→오→오
카←카←카←카←카←카←카←카←카←카←카←카←카
키→키→키→키→키→키→키→키→키→키→키→키→키
쿠←쿠←쿠←쿠←쿠←쿠←쿠←쿠←쿠←쿠←쿠←쿠←쿠
케→케→케→케→케→케→케→케→케→케→케→케→케
코←코←코←코←코←코←코←코←코←코←코←코←코
사→사→사→사→사→사→사→사→사→사→사→사→사
시←시←시←시←시←시←시←시←시←시←시←시←시
수→수→수→수→수→수→수→수→수→수→수→수→수
세←세←세←세←세←세←세←세←세←세←세←세←세
소→소→소→소→소→소→소→소→소→소→소→소→소

글자 정밀 훈련 학습 1단계 ⑧호 글자 인지 학습 한 줄 훈련 기호

타→타→타→타→타→타→타→타→타→타→타→타→타

티←티←티←티←티←티←티←티←티←티←티←티←티

트→트→트→트→트→트→트→트→트→트→트→트→트

테←테←테←테←테←테←테←테←테←테←테←테←테

토→토→토→토→토→토→토→토→토→토→토→토→토

나←나←나←나←나←나←나←나←나←나←나←나←나

니→니→니→니→니→니→니→니→니→니→니→니→니

누←누←누←누←누←누←누←누←누←누←누←누←누

네→네→네→네→네→네→네→네→네→네→네→네→네

노←노←노←노←노←노←노←노←노←노←노←노←노

마→마→마→마→마→마→마→마→마→마→마→마→마

미←미←미←미←미←미←미←미←미←미←미←미←미

므→므→므→므→므→므→므→므→므→므→므→므→므

메←메←메←메←메←메←메←메←메←메←메←메←메

모→모→모→모→모→모→모→모→모→모→모→모→모

글자 정밀 훈련 학습 1단계 ⑨호 글자 인지 학습 한 줄 훈련 기호

하→하→하→하→하→하→하→하→하→하→하→하

히←히←히←히←히←히←히←히←히←히←히←히

후→후→후→후→후→후→후→후→후→후→후→후

헤←헤←헤←헤←헤←헤←헤←헤←헤←헤←헤←헤

호→호→호→호→호→호→호→호→호→호→호→호

라←라←라←라←라←라←라←라←라←라←라←라

리→리→리→리→리→리→리→리→리→리→리→리

루←루←루←루←루←루←루←루←루←루←루←루

레→레→레→레→레→레→레→레→레→레→레→레

로←로←로←로←로←로←로←로←로←로←로←로

가→가→가→가→가→가→가→가→가→가→가→가

기←기←기←기←기←기←기←기←기←기←기←기

구→구→구→구→구→구→구→구→구→구→구→구

게←게←게←게←게←게←게←게←게←게←게←게

고→고→고→고→고→고→고→고→고→고→고→고

The Super Speed Reading
글자 정밀 훈련 학습 1단계 ⑩호 글자 인지 학습 한 줄 훈련 기호

자→자→자→자→자→자→자→자→자→자→자→자

지←지←지←지←지←지←지←지←지←지←지←지

즈→즈→즈→즈→즈→즈→즈→즈→즈→즈→즈→즈

제←제←제←제←제←제←제←제←제←제←제←제

조→조→조→조→조→조→조→조→조→조→조→조

바←바←바←바←바←바←바←바←바←바←바←바

비→비→비→비→비→비→비→비→비→비→비→비

부←부←부←부←부←부←부←부←부←부←부←부

베→베→베→베→베→베→베→베→베→베→베→베

보←보←보←보←보←보←보←보←보←보←보←보

빠→빠→빠→빠→빠→빠→빠→빠→빠→빠→빠→빠

삐←삐←삐←삐←삐←삐←삐←삐←삐←삐←삐←삐

뿌→뿌→뿌→뿌→뿌→뿌→뿌→뿌→뿌→뿌→뿌→뿌

뻬←뻬←뻬←뻬←뻬←뻬←뻬←뻬←뻬←뻬←뻬←뻬

뽀→뽀→뽀→뽀→뽀→뽀→뽀→뽀→뽀→뽀→뽀→뽀

마인드 속독법

훈련 기록표

➡ 1 분씩 측정하여 자수를 기록한다.

1차	2차	3차
4차	5차	6차
7차	8차	9차
10차	11차	12차
13차	14차	15차
16차	17차	18차
19차	20차	21차
22차	23차	24차
25차	26차	27차
28차	29차	30차

Click & Memo

글자 두 줄 인지 훈련 2단계

1. 두 줄 정밀 훈련

2. 1호 ~ 10호 까지

속독을 위한 글자 인지 두 줄 훈련

글자 정밀 훈련(학습 2단계)

1 두 줄의 글자를 한눈에 인지하여 글자를 감싸고 있는 도형을 따라 어긋나게 左·右로 이동하여 수직으로 연이여 내려간다.

2 글자를 뭉쳐서 두 줄 훈련시 시폭이 확대되고 시야가 넓어지게 된다.

3 훈련은 1분 단위로 하여 기호 ①~기호 ⑩까지 가면 다시 ①호부터 반복 훈련한다.

4 1분이 되면 훈련을 멈추고 분당 글자 수를 기록한다.

5 사각형 안에 글자를 넣은 것은 한글이 대부분 사각형의 모양과 가까우므로 동그란 기호 안에 글자를 넣은 것보다 훨씬 글자가 선명하게 시야에 들어오게 되기 때문이다. 사각의 도형 안에 글자를 넣어 훈련하게 되면 더욱 더 훈련의 효과가 상승된다.

글자 정밀 훈련 학습 2단계 ①호 글자 인지 학습 두 줄 훈련 기호

거→거→거→거→거→거→거→거→거→거→거→거
거→거→거→거→거→거→거→거→거→거→거→거

너←너←너←너←너←너←너←너←너←너←너←너
너←너←너←너←너←너←너←너←너←너←너←너

더→더→더→더→더→더→더→더→더→더→더→더
더→더→더→더→더→더→더→더→더→더→더→더

러←러←러←러←러←러←러←러←러←러←러←러
러←러←러←러←러←러←러←러←러←러←러←러

머→머→머→머→머→머→머→머→머→머→머→머
머→머→머→머→머→머→머→머→머→머→머→머

버←버←버←버←버←버←버←버←버←버←버←버
버←버←버←버←버←버←버←버←버←버←버←버

서→서→서→서→서→서→서→서→서→서→서→서
서→서→서→서→서→서→서→서→서→서→서→서

어←어←어←어←어←어←어←어←어←어←어←어
어←어←어←어←어←어←어←어←어←어←어←어

글자 정밀 훈련 학습 2단계 ②호 글자 인지 학습 두 줄 훈련 기호

저→저→저→저→저→저→저→저→저→저→저→저
저→저→저→저→저→저→저→저→저→저→저→저

처←처←처←처←처←처←처←처←처←처←처←처
처←처←처←처←처←처←처←처←처←처←처←처

커→커→커→커→커→커→커→커→커→커→커→커
커→커→커→커→커→커→커→커→커→커→커→커

터←터←터←터←터←터←터←터←터←터←터←터
터←터←터←터←터←터←터←터←터←터←터←터

퍼→퍼→퍼→퍼→퍼→퍼→퍼→퍼→퍼→퍼→퍼→퍼
퍼→퍼→퍼→퍼→퍼→퍼→퍼→퍼→퍼→퍼→퍼→퍼

허←허←허←허←허←허←허←허←허←허←허←허
허←허←허←허←허←허←허←허←허←허←허←허

겨→겨→겨→겨→겨→겨→겨→겨→겨→겨→겨→겨
겨→겨→겨→겨→겨→겨→겨→겨→겨→겨→겨→겨

녀←녀←녀←녀←녀←녀←녀←녀←녀←녀←녀←녀
녀←녀←녀←녀←녀←녀←녀←녀←녀←녀←녀←녀

글자 정밀 훈련 학습 2단계 ③호 글자 인지 학습 두 줄 훈련 기호

뎌→뎌→뎌→뎌→뎌→뎌→뎌→뎌→뎌→뎌→뎌→뎌
뎌→뎌→뎌→뎌→뎌→뎌→뎌→뎌→뎌→뎌→뎌→뎌

려←려←려←려←려←려←려←려←려←려←려←려
려←려←려←려←려←려←려←려←려←려←려←려

며→며→며→며→며→며→며→며→며→며→며→며
며→며→며→며→며→며→며→며→며→며→며→며

벼←벼←벼←벼←벼←벼←벼←벼←벼←벼←벼←벼
벼←벼←벼←벼←벼←벼←벼←벼←벼←벼←벼←벼

셔→셔→셔→셔→셔→셔→셔→셔→셔→셔→셔→셔
셔→셔→셔→셔→셔→셔→셔→셔→셔→셔→셔→셔

여←여←여←여←여←여←여←여←여←여←여←여
여←여←여←여←여←여←여←여←여←여←여←여

져→져→져→져→져→져→져→져→져→져→져→져
져→져→져→져→져→져→져→져→져→져→져→져

쳐←쳐←쳐←쳐←쳐←쳐←쳐←쳐←쳐←쳐←쳐←쳐
쳐←쳐←쳐←쳐←쳐←쳐←쳐←쳐←쳐←쳐←쳐←쳐

글자 정밀 훈련 학습 2단계 ④호 글자 인지 학습 두 줄 훈련 기호

켜→켜→켜→켜→켜→켜→켜→켜→켜→켜→켜→켜
켜→켜→켜→켜→켜→켜→켜→켜→켜→켜→켜→켜

터←터←터←터←터←터←터←터←터←터←터←터
터←터←터←터←터←터←터←터←터←터←터←터

펴→펴→펴→펴→펴→펴→펴→펴→펴→펴→펴→펴
펴→펴→펴→펴→펴→펴→펴→펴→펴→펴→펴→펴

혀←혀←혀←혀←혀←혀←혀←혀←혀←혀←혀←혀
혀←혀←혀←혀←혀←혀←혀←혀←혀←혀←혀←혀

그→그→그→그→그→그→그→그→그→그→그→그
그→그→그→그→그→그→그→그→그→그→그→그

느←느←느←느←느←느←느←느←느←느←느←느
느←느←느←느←느←느←느←느←느←느←느←느

드→드→드→드→드→드→드→드→드→드→드→드
드→드→드→드→드→드→드→드→드→드→드→드

르←르←르←르←르←르←르←르←르←르←르←르
르←르←르←르←르←르←르←르←르←르←르←르

글자 정밀 훈련 학습 2단계 ⑤호 글자 인지 학습 두 줄 훈련 기호

므→므→므→므→므→므→므→므→므→므→므→므
므→므→므→므→므→므→므→므→므→므→므→므

브←브←브←브←브←브←브←브←브←브←브←브
브←브←브←브←브←브←브←브←브←브←브←브

스→스→스→스→스→스→스→스→스→스→스→스
스→스→스→스→스→스→스→스→스→스→스→스

으←으←으←으←으←으←으←으←으←으←으←으
으←으←으←으←으←으←으←으←으←으←으←으

즈→즈→즈→즈→즈→즈→즈→즈→즈→즈→즈→즈
즈→즈→즈→즈→즈→즈→즈→즈→즈→즈→즈→즈

츠←츠←츠←츠←츠←츠←츠←츠←츠←츠←츠←츠
츠←츠←츠←츠←츠←츠←츠←츠←츠←츠←츠←츠

크→크→크→크→크→크→크→크→크→크→크→크
크→크→크→크→크→크→크→크→크→크→크→크

트←트←트←트←트←트←트←트←트←트←트←트
트←트←트←트←트←트←트←트←트←트←트←트

제 8 장 글자 두 줄 인지 훈련 2단계

글자 정밀 훈련 학습 2단계 ⑥호 글자 인지 학습 두 줄 훈련 기호

프→프→프→프→프→프→프→프→프→프→프→프
프→프→프→프→프→프→프→프→프→프→프→프

흐←흐←흐←흐←흐←흐←흐←흐←흐←흐←흐←흐
흐←흐←흐←흐←흐←흐←흐←흐←흐←흐←흐←흐

기→기→기→기→기→기→기→기→기→기→기→기
기→기→기→기→기→기→기→기→기→기→기→기

니←니←니←니←니←니←니←니←니←니←니←니
니←니←니←니←니←니←니←니←니←니←니←니

디→디→디→디→디→디→디→디→디→디→디→디
디→디→디→디→디→디→디→디→디→디→디→디

리←리←리←리←리←리←리←리←리←리←리←리
리←리←리←리←리←리←리←리←리←리←리←리

미→미→미→미→미→미→미→미→미→미→미→미
미→미→미→미→미→미→미→미→미→미→미→미

비←비←비←비←비←비←비←비←비←비←비←비
비←비←비←비←비←비←비←비←비←비←비←비

글자 정밀 훈련 학습 2단계 ⑦호 글자 인지 학습 두 줄 훈련 기호

시→시→시→시→시→시→시→시→시→시→시→시
시→시→시→시→시→시→시→시→시→시→시→시

이←이←이←이←이←이←이←이←이←이←이←이
이←이←이←이←이←이←이←이←이←이←이←이

지→지→지→지→지→지→지→지→지→지→지→지
지→지→지→지→지→지→지→지→지→지→지→지

치←치←치←치←치←치←치←치←치←치←치←치
치←치←치←치←치←치←치←치←치←치←치←치

키→키→키→키→키→키→키→키→키→키→키→키
키→키→키→키→키→키→키→키→키→키→키→키

티←티←티←티←티←티←티←티←티←티←티←티
티←티←티←티←티←티←티←티←티←티←티←티

피→피→피→피→피→피→피→피→피→피→피→피
피→피→피→피→피→피→피→피→피→피→피→피

히←히←히←히←히←히←히←히←히←히←히←히
히←히←히←히←히←히←히←히←히←히←히←히

글자 정밀 훈련 학습 2단계 ⑧호 글자 인지 학습 두 줄 훈련 기호

아→아→아→아→아→아→아→아→아→아→아→아→아
아→아→아→아→아→아→아→아→아→아→아→아→아

이←이←이←이←이←이←이←이←이←이←이←이←이
이←이←이←이←이←이←이←이←이←이←이←이←이

우→우→우→우→우→우→우→우→우→우→우→우→우
우→우→우→우→우→우→우→우→우→우→우→우→우

에←에←에←에←에←에←에←에←에←에←에←에←에
에←에←에←에←에←에←에←에←에←에←에←에←에

오→오→오→오→오→오→오→오→오→오→오→오→오
오→오→오→오→오→오→오→오→오→오→오→오→오

카←카←카←카←카←카←카←카←카←카←카←카←카
카←카←카←카←카←카←카←카←카←카←카←카←카

키→키→키→키→키→키→키→키→키→키→키→키→키
키→키→키→키→키→키→키→키→키→키→키→키→키

쿠←쿠←쿠←쿠←쿠←쿠←쿠←쿠←쿠←쿠←쿠←쿠←쿠
쿠←쿠←쿠←쿠←쿠←쿠←쿠←쿠←쿠←쿠←쿠←쿠←쿠

글자 정밀 훈련 학습 2단계 ⑨호 글자 인지 학습 두 줄 훈련 기호

케→케→케→케→케→케→케→케→케→케→케→케
케→케→케→케→케→케→케→케→케→케→케→케

코←코←코←코←코←코←코←코←코←코←코←코
코←코←코←코←코←코←코←코←코←코←코←코

사→사→사→사→사→사→사→사→사→사→사→사
사→사→사→사→사→사→사→사→사→사→사→사

시←시←시←시←시←시←시←시←시←시←시←시
시←시←시←시←시←시←시←시←시←시←시←시

수→수→수→수→수→수→수→수→수→수→수→수
수→수→수→수→수→수→수→수→수→수→수→수

세←세←세←세←세←세←세←세←세←세←세←세
세←세←세←세←세←세←세←세←세←세←세←세

소→소→소→소→소→소→소→소→소→소→소→소
소→소→소→소→소→소→소→소→소→소→소→소

타←타←타←타←타←타←타←타←타←타←타←타
타←타←타←타←타←타←타←타←타←타←타←타

글자 정밀 훈련 학습 2단계 ⑩호 글자 인지 학습 두 줄 훈련 기호

티→티→티→티→티→티→티→티→티→티→티→티
티→티→티→티→티→티→티→티→티→티→티→티

트←트←트←트←트←트←트←트←트←트←트←트
트←트←트←트←트←트←트←트←트←트←트←트

테→테→테→테→테→테→테→테→테→테→테→테
테→테→테→테→테→테→테→테→테→테→테→테

토←토←토←토←토←토←토←토←토←토←토←토
토←토←토←토←토←토←토←토←토←토←토←토

나→나→나→나→나→나→나→나→나→나→나→나
나→나→나→나→나→나→나→나→나→나→나→나

니←니←니←니←니←니←니←니←니←니←니←니
니←니←니←니←니←니←니←니←니←니←니←니

누→누→누→누→누→누→누→누→누→누→누→누
누→누→누→누→누→누→누→누→누→누→누→누

네←네←네←네←네←네←네←네←네←네←네←네
네←네←네←네←네←네←네←네←네←네←네←네

훈련 기록표

▶ 1 분씩 측정하여 자수를 기록한다.

1차	2차	3차
4차	5차	6차
7차	8차	9차
10차	11차	12차
13차	14차	15차
16차	17차	18차
19차	20차	21차
22차	23차	24차
25차	26차	27차
28차	29차	30차

Click & Memo

글자 세 줄 인지 훈련 3단계

1. 세 줄 정밀 훈련
2. 1호 ~ 10호 까지

속독을 위한 글자 인지 세 줄 훈련

글자 정밀 훈련(학습 3단계)

1 세 줄의 글자를 한 눈에 인지하여 글자를 감싸고 있는 도형을 따라 어긋나게 左·右로 이동하여 수직으로 연이여 내려간다.

2 글자 군(群)을 형성하여 세 줄 훈련시 시폭이 더욱 더 확대되고 시야가 넓어지게 된다.

3 훈련은 1분 단위로 하여 기호 ①~기호 ⑩까지 가면 다시 ①호부터 이어져 반복 훈련한다.

4 1분이 되면 훈련을 멈추고 분당 글자 수를 기록한다.

5 사각형 안에 글자를 넣은 것은 한글이 대부분 사각형의 모양과 가까우므로 동그란 기호 안에 글자를 넣은 것보다 훨씬 글자가 선명하게 시야에 들어오게 되기 때문이다. 사각의 도형 안에 글자를 넣어 훈련하게 되면 더욱 더 훈련의 효과가 상승된다.

글자 정밀 훈련 학습 3단계 ①호 글자 인지 학습 세 줄 훈련 기호

가→가→가→가→가→가→가→가→가→가→가→가
가→가→가→가→가→가→가→가→가→가→가→가
가→가→가→가→가→가→가→가→가→가→가→가

나←나←나←나←나←나←나←나←나←나←나←나
나←나←나←나←나←나←나←나←나←나←나←나
나←나←나←나←나←나←나←나←나←나←나←나

다→다→다→다→다→다→다→다→다→다→다→다
다→다→다→다→다→다→다→다→다→다→다→다
다→다→다→다→다→다→다→다→다→다→다→다

라←라←라←라←라←라←라←라←라←라←라←라
라←라←라←라←라←라←라←라←라←라←라←라
라←라←라←라←라←라←라←라←라←라←라←라

마→마→마→마→마→마→마→마→마→마→마→마
마→마→마→마→마→마→마→마→마→마→마→마
마→마→마→마→마→마→마→마→마→마→마→마

제 9 장 글자 세 줄 인지 훈련 3단계

글자 정밀 훈련 학습 3단계 ②호 글자 인지 학습 세 줄 훈련 기호

바→바→바→바→바→바→바→바→바→바→바→바→바
바→바→바→바→바→바→바→바→바→바→바→바→바
바→바→바→바→바→바→바→바→바→바→바→바→바

사←사←사←사←사←사←사←사←사←사←사←사←사
사←사←사←사←사←사←사←사←사←사←사←사←사
사←사←사←사←사←사←사←사←사←사←사←사←사

아→아→아→아→아→아→아→아→아→아→아→아→아
아→아→아→아→아→아→아→아→아→아→아→아→아
아→아→아→아→아→아→아→아→아→아→아→아→아

자←자←자←자←자←자←자←자←자←자←자←자←자
자←자←자←자←자←자←자←자←자←자←자←자←자
자←자←자←자←자←자←자←자←자←자←자←자←자

차→차→차→차→차→차→차→차→차→차→차→차→차
차→차→차→차→차→차→차→차→차→차→차→차→차
차→차→차→차→차→차→차→차→차→차→차→차→차

글자 정밀 훈련 학습 3단계 ③호 글자 인지 학습 세 줄 훈련 기호

카→카→카→카→카→카→카→카→카→카→카→카
카→카→카→카→카→카→카→카→카→카→카→카
카→카→카→카→카→카→카→카→카→카→카→카

타←타←타←타←타←타←타←타←타←타←타←타
타←타←타←타←타←타←타←타←타←타←타←타
타←타←타←타←타←타←타←타←타←타←타←타

파→파→파→파→파→파→파→파→파→파→파→파
파→파→파→파→파→파→파→파→파→파→파→파
파→파→파→파→파→파→파→파→파→파→파→파

하←하←하←하←하←하←하←하←하←하←하←하
하←하←하←하←하←하←하←하←하←하←하←하
하←하←하←하←하←하←하←하←하←하←하←하

갸→갸→갸→갸→갸→갸→갸→갸→갸→갸→갸→갸
갸→갸→갸→갸→갸→갸→갸→갸→갸→갸→갸→갸
갸→갸→갸→갸→갸→갸→갸→갸→갸→갸→갸→갸

글자 정밀 훈련 학습 3단계 ④호 글자 인지 학습 세 줄 훈련 기호

냐→냐→냐→냐→냐→냐→냐→냐→냐→냐→냐→냐
냐→냐→냐→냐→냐→냐→냐→냐→냐→냐→냐→냐
냐→냐→냐→냐→냐→냐→냐→냐→냐→냐→냐→냐

댜←댜←댜←댜←댜←댜←댜←댜←댜←댜←댜←댜
댜←댜←댜←댜←댜←댜←댜←댜←댜←댜←댜←댜
댜←댜←댜←댜←댜←댜←댜←댜←댜←댜←댜←댜

랴→랴→랴→랴→랴→랴→랴→랴→랴→랴→랴→랴
랴→랴→랴→랴→랴→랴→랴→랴→랴→랴→랴→랴
랴→랴→랴→랴→랴→랴→랴→랴→랴→랴→랴→랴

먀←먀←먀←먀←먀←먀←먀←먀←먀←먀←먀←먀
먀←먀←먀←먀←먀←먀←먀←먀←먀←먀←먀←먀
먀←먀←먀←먀←먀←먀←먀←먀←먀←먀←먀←먀

뱌→뱌→뱌→뱌→뱌→뱌→뱌→뱌→뱌→뱌→뱌→뱌
뱌→뱌→뱌→뱌→뱌→뱌→뱌→뱌→뱌→뱌→뱌→뱌
뱌→뱌→뱌→뱌→뱌→뱌→뱌→뱌→뱌→뱌→뱌→뱌

글자 정밀 훈련 학습 3단계 ⑤호 글자 인지 학습 세 줄 훈련 기호

샤→샤→샤→샤→샤→샤→샤→샤→샤→샤→샤→샤
샤→샤→샤→샤→샤→샤→샤→샤→샤→샤→샤→샤
샤→샤→샤→샤→샤→샤→샤→샤→샤→샤→샤→샤

야←야←야←야←야←야←야←야←야←야←야←야
야←야←야←야←야←야←야←야←야←야←야←야
야←야←야←야←야←야←야←야←야←야←야←야

쟈→쟈→쟈→쟈→쟈→쟈→쟈→쟈→쟈→쟈→쟈→쟈
쟈→쟈→쟈→쟈→쟈→쟈→쟈→쟈→쟈→쟈→쟈→쟈
쟈→쟈→쟈→쟈→쟈→쟈→쟈→쟈→쟈→쟈→쟈→쟈

챠←챠←챠←챠←챠←챠←챠←챠←챠←챠←챠←챠
챠←챠←챠←챠←챠←챠←챠←챠←챠←챠←챠←챠
챠←챠←챠←챠←챠←챠←챠←챠←챠←챠←챠←챠

캬→캬→캬→캬→캬→캬→캬→캬→캬→캬→캬→캬
캬→캬→캬→캬→캬→캬→캬→캬→캬→캬→캬→캬
캬→캬→캬→캬→캬→캬→캬→캬→캬→캬→캬→캬

글자 정밀 훈련 학습 3단계 ⑥호 글자 인지 학습 세 줄 훈련 기호

탸→탸→탸→탸→탸→탸→탸→탸→탸→탸→탸→탸
탸→탸→탸→탸→탸→탸→탸→탸→탸→탸→탸→탸
탸→탸→탸→탸→탸→탸→탸→탸→탸→탸→탸→탸

퍄←퍄←퍄←퍄←퍄←퍄←퍄←퍄←퍄←퍄←퍄←퍄
퍄←퍄←퍄←퍄←퍄←퍄←퍄←퍄←퍄←퍄←퍄←퍄
퍄←퍄←퍄←퍄←퍄←퍄←퍄←퍄←퍄←퍄←퍄←퍄

햐→햐→햐→햐→햐→햐→햐→햐→햐→햐→햐→햐
햐→햐→햐→햐→햐→햐→햐→햐→햐→햐→햐→햐
햐→햐→햐→햐→햐→햐→햐→햐→햐→햐→햐→햐

거←거←거←거←거←거←거←거←거←거←거←거
거←거←거←거←거←거←거←거←거←거←거←거
거←거←거←거←거←거←거←거←거←거←거←거

너→너→너→너→너→너→너→너→너→너→너→너
너→너→너→너→너→너→너→너→너→너→너→너
너→너→너→너→너→너→너→너→너→너→너→너

글자 정밀 훈련 학습 3단계 ⑦호 글자 인지 학습 세 줄 훈련 기호

더→더→더→더→더→더→더→더→더→더→더→더
더→더→더→더→더→더→더→더→더→더→더→더
더→더→더→더→더→더→더→더→더→더→더→더

러←러←러←러←러←러←러←러←러←러←러←러
러←러←러←러←러←러←러←러←러←러←러←러
러←러←러←러←러←러←러←러←러←러←러←러

머→머→머→머→머→머→머→머→머→머→머→머
머→머→머→머→머→머→머→머→머→머→머→머
머→머→머→머→머→머→머→머→머→머→머→머

버←버←버←버←버←버←버←버←버←버←버←버
버←버←버←버←버←버←버←버←버←버←버←버
버←버←버←버←버←버←버←버←버←버←버←버

서→서→서→서→서→서→서→서→서→서→서→서
서→서→서→서→서→서→서→서→서→서→서→서
서→서→서→서→서→서→서→서→서→서→서→서

글자 정밀 훈련 학습 3단계 ⑧호 글자 인지 학습 세 줄 훈련 기호

어→어→어→어→어→어→어→어→어→어→어→어→어
어→어→어→어→어→어→어→어→어→어→어→어→어
어→어→어→어→어→어→어→어→어→어→어→어→어

저←저←저←저←저←저←저←저←저←저←저←저←저
저←저←저←저←저←저←저←저←저←저←저←저←저
저←저←저←저←저←저←저←저←저←저←저←저←저

처→처→처→처→처→처→처→처→처→처→처→처→처
처→처→처→처→처→처→처→처→처→처→처→처→처
처→처→처→처→처→처→처→처→처→처→처→처→처

커←커←커←커←커←커←커←커←커←커←커←커←커
커←커←커←커←커←커←커←커←커←커←커←커←커
커←커←커←커←커←커←커←커←커←커←커←커←커

터→터→터→터→터→터→터→터→터→터→터→터→터
터→터→터→터→터→터→터→터→터→터→터→터→터
터→터→터→터→터→터→터→터→터→터→터→터→터

글자 정밀 훈련 학습 3단계 ⑨호 글자 인지 학습 세 줄 훈련 기호

퍼→퍼→퍼→퍼→퍼→퍼→퍼→퍼→퍼→퍼→퍼→퍼
퍼→퍼→퍼→퍼→퍼→퍼→퍼→퍼→퍼→퍼→퍼→퍼
퍼→퍼→퍼→퍼→퍼→퍼→퍼→퍼→퍼→퍼→퍼→퍼

허←허←허←허←허←허←허←허←허←허←허←허
허←허←허←허←허←허←허←허←허←허←허←허
허←허←허←허←허←허←허←허←허←허←허←허

겨→겨→겨→겨→겨→겨→겨→겨→겨→겨→겨→겨
겨→겨→겨→겨→겨→겨→겨→겨→겨→겨→겨→겨
겨→겨→겨→겨→겨→겨→겨→겨→겨→겨→겨→겨

녀←녀←녀←녀←녀←녀←녀←녀←녀←녀←녀←녀
녀←녀←녀←녀←녀←녀←녀←녀←녀←녀←녀←녀
녀←녀←녀←녀←녀←녀←녀←녀←녀←녀←녀←녀

뎌→뎌→뎌→뎌→뎌→뎌→뎌→뎌→뎌→뎌→뎌→뎌
뎌→뎌→뎌→뎌→뎌→뎌→뎌→뎌→뎌→뎌→뎌→뎌
뎌→뎌→뎌→뎌→뎌→뎌→뎌→뎌→뎌→뎌→뎌→뎌

글자 정밀 훈련 학습 3단계 ⑩호 글자 인지 학습 세 줄 훈련 기호

려→려→려→려→려→려→려→려→려→려→려→려
려→려→려→려→려→려→려→려→려→려→려→려
려→려→려→려→려→려→려→려→려→려→려→려

며←며←며←며←며←며←며←며←며←며←며←며
며←며←며←며←며←며←며←며←며←며←며←며
며←며←며←며←며←며←며←며←며←며←며←며

벼→벼→벼→벼→벼→벼→벼→벼→벼→벼→벼→벼
벼→벼→벼→벼→벼→벼→벼→벼→벼→벼→벼→벼
벼→벼→벼→벼→벼→벼→벼→벼→벼→벼→벼→벼

셔←셔←셔←셔←셔←셔←셔←셔←셔←셔←셔←셔
셔←셔←셔←셔←셔←셔←셔←셔←셔←셔←셔←셔
셔←셔←셔←셔←셔←셔←셔←셔←셔←셔←셔←셔

여→여→여→여→여→여→여→여→여→여→여→여
여→여→여→여→여→여→여→여→여→여→여→여
여→여→여→여→여→여→여→여→여→여→여→여

훈련 기록표

1 분씩 측정하여 자수를 기록한다.

1차	2차	3차
4차	5차	6차
7차	8차	9차
10차	11차	12차
13차	14차	15차
16차	17차	18차
19차	20차	21차
22차	23차	24차
25차	26차	27차
28차	29차	30차

Click & Memo

글자 네 줄 인지 훈련 4단계

1. 네 줄 정밀 훈련

2. 1호 ~ 10호 까지

속독을 위한 글자 인지 네 줄 훈련

글자 정밀 훈련(학습 4단계)

1 네 줄의 글자를 한눈에 인지하여 글자를 감싸고 있는 도형을 따라 어긋나게 左·右로 이동하여 수직으로 연이여 내려간다.

2 글자 군(群)을 형성하여 네 줄 훈련시 시폭이 확대되며 시야가 넓어지게 된다.

3 훈련시 1분 단위로 하여 기호 ①~ 기호 ⑩까지 가면 다시 ①호부터 이어져 반복 훈련한다.

4 1분이 되면 훈련을 멈추고 분당 글자 수를 기록한다.

5 사각형 안에 글자를 넣은 것은 한글이 대부분 사각형의 모양과 가까우므로 동그란 기호 안에 글자를 넣은 것보다 훨씬 글자가 선명하게 시야에 들어오게 되기 때문이다. 사각의 도형 안에 글자를 넣어 훈련하게 되면 더욱 더 훈련의 효과가 상승된다.

글자 정밀 훈련 학습 4단계 ①호 글자 인지 학습 네 줄 훈련 기호

거→거→거→거→거→거→거→거→거→거→거→거
거→거→거→거→거→거→거→거→거→거→거→거
거→거→거→거→거→거→거→거→거→거→거→거
거→거→거→거→거→거→거→거→거→거→거→거

너←너←너←너←너←너←너←너←너←너←너←너
너←너←너←너←너←너←너←너←너←너←너←너
너←너←너←너←너←너←너←너←너←너←너←너
너←너←너←너←너←너←너←너←너←너←너←너

더→더→더→더→더→더→더→더→더→더→더→더
더→더→더→더→더→더→더→더→더→더→더→더
더→더→더→더→더→더→더→더→더→더→더→더
더→더→더→더→더→더→더→더→더→더→더→더

러←러←러←러←러←러←러←러←러←러←러←러
러←러←러←러←러←러←러←러←러←러←러←러
러←러←러←러←러←러←러←러←러←러←러←러
러←러←러←러←러←러←러←러←러←러←러←러

글자 정밀 훈련 학습 4단계 ②호 글자 인지 학습 네 줄 훈련 기호

머→머→머→머→머→머→머→머→머→머→머→머
머→머→머→머→머→머→머→머→머→머→머→머
머→머→머→머→머→머→머→머→머→머→머→머
머→머→머→머→머→머→머→머→머→머→머→머

버←버←버←버←버←버←버←버←버←버←버←버
버←버←버←버←버←버←버←버←버←버←버←버
버←버←버←버←버←버←버←버←버←버←버←버
버←버←버←버←버←버←버←버←버←버←버←버

서→서→서→서→서→서→서→서→서→서→서→서
서→서→서→서→서→서→서→서→서→서→서→서
서→서→서→서→서→서→서→서→서→서→서→서
서→서→서→서→서→서→서→서→서→서→서→서

어←어←어←어←어←어←어←어←어←어←어←어
어←어←어←어←어←어←어←어←어←어←어←어
어←어←어←어←어←어←어←어←어←어←어←어
어←어←어←어←어←어←어←어←어←어←어←어

글자 정밀 훈련 학습 4단계 ③호 글자 인지 학습 네 줄 훈련 기호

저→저→저→저→저→저→저→저→저→저→저→저
저→저→저→저→저→저→저→저→저→저→저→저
저→저→저→저→저→저→저→저→저→저→저→저
저→저→저→저→저→저→저→저→저→저→저→저

처←처←처←처←처←처←처←처←처←처←처←처
처←처←처←처←처←처←처←처←처←처←처←처
처←처←처←처←처←처←처←처←처←처←처←처
처←처←처←처←처←처←처←처←처←처←처←처

커→커→커→커→커→커→커→커→커→커→커→커
커→커→커→커→커→커→커→커→커→커→커→커
커→커→커→커→커→커→커→커→커→기→커→커
커→커→커→커→커→커→커→커→커→커→커→커

터←터←터←터←터←터←터←터←터←터←터←터
터←터←터←터←터←터←터←터←터←터←터←터
터←터←터←터←터←터←터←터←터←터←터←터
터←터←터←터←터←터←터←터←터←터←터←터

글자 정밀 훈련 학습 4단계 ④호 글자 인지 학습 네 줄 훈련 기호

퍼→퍼→퍼→퍼→퍼→퍼→퍼→퍼→퍼→퍼→퍼→퍼
퍼→퍼→퍼→퍼→퍼→퍼→퍼→퍼→퍼→퍼→퍼→퍼
퍼→퍼→퍼→퍼→퍼→퍼→퍼→퍼→퍼→퍼→퍼→퍼
퍼→퍼→퍼→퍼→퍼→퍼→퍼→퍼→퍼→퍼→퍼→퍼

허←허←허←허←허←허←허←허←허←허←허←허
허←허←허←허←허←허←허←허←허←허←허←허
허←허←허←허←허←허←허←허←허←허←허←허
허←허←허←허←허←허←허←허←허←허←허←허

그→그→그→그→그→그→그→그→그→그→그→그
그→그→그→그→그→그→그→그→그→그→그→그
그→그→그→그→그→그→그→그→그→그→그→그
그→그→그→그→그→그→그→그→그→그→그→그

느←느←느←느←느←느←느←느←느←느←느←느
느←느←느←느←느←느←느←느←느←느←느←느
느←느←느←느←느←느←느←느←느←느←느←느
느←느←느←느←느←느←느←느←느←느←느←느

글자 정밀 훈련 학습 4단계 ⑤호 글자 인지 학습 네 줄 훈련 기호

ㄷ→ㄷ→ㄷ→ㄷ→ㄷ→ㄷ→ㄷ→ㄷ→ㄷ→ㄷ→ㄷ→ㄷ
ㄷ→ㄷ→ㄷ→ㄷ→ㄷ→ㄷ→ㄷ→ㄷ→ㄷ→ㄷ→ㄷ→ㄷ
ㄷ→ㄷ→ㄷ→ㄷ→ㄷ→ㄷ→ㄷ→ㄷ→ㄷ→ㄷ→ㄷ→ㄷ
ㄷ→ㄷ→ㄷ→ㄷ→ㄷ→ㄷ→ㄷ→ㄷ→ㄷ→ㄷ→ㄷ→ㄷ

ㄹ←ㄹ←ㄹ←ㄹ←ㄹ←ㄹ←ㄹ←ㄹ←ㄹ←ㄹ←ㄹ←ㄹ
ㄹ←ㄹ←ㄹ←ㄹ←ㄹ←ㄹ←ㄹ←ㄹ←ㄹ←ㄹ←ㄹ←ㄹ
ㄹ←ㄹ←ㄹ←ㄹ←ㄹ←ㄹ←ㄹ←ㄹ←ㄹ←ㄹ←ㄹ←ㄹ
ㄹ←ㄹ←ㄹ←ㄹ←ㄹ←ㄹ←ㄹ←ㄹ←ㄹ←ㄹ←ㄹ←ㄹ

므→므→므→므→므→므→므→므→므→므→므→므
므→므→므→므→므→므→므→므→므→므→므→므
므→므→므→므→므→므→므→므→므→므→므→므
므→므→므→므→므→므→므→므→므→므→므→므

브←브←브←브←브←브←브←브←브←브←브←브
브←브←브←브←브←브←브←브←브←브←브←브
브←브←브←브←브←브←브←브←브←브←브←브
브←브←브←브←브←브←브←브←브←브←브←브

글자 정밀 훈련 학습 4단계 ⑥호 글자 인지 학습 네 줄 훈련 기호

ㅅ→ㅅ→ㅅ→ㅅ→ㅅ→ㅅ→ㅅ→ㅅ→ㅅ→ㅅ→ㅅ→ㅅ
ㅅ→ㅅ→ㅅ→ㅅ→ㅅ→ㅅ→ㅅ→ㅅ→ㅅ→ㅅ→ㅅ→ㅅ
ㅅ→ㅅ→ㅅ→ㅅ→ㅅ→ㅅ→ㅅ→ㅅ→ㅅ→ㅅ→ㅅ→ㅅ
ㅅ→ㅅ→ㅅ→ㅅ→ㅅ→ㅅ→ㅅ→ㅅ→ㅅ→ㅅ→ㅅ→ㅅ

ㅇ←ㅇ←ㅇ←ㅇ←ㅇ←ㅇ←ㅇ←ㅇ←ㅇ←ㅇ←ㅇ←ㅇ
ㅇ←ㅇ←ㅇ←ㅇ←ㅇ←ㅇ←ㅇ←ㅇ←ㅇ←ㅇ←ㅇ←ㅇ
ㅇ←ㅇ←ㅇ←ㅇ←ㅇ←ㅇ←ㅇ←ㅇ←ㅇ←ㅇ←ㅇ←ㅇ
ㅇ←ㅇ←ㅇ←ㅇ←ㅇ←ㅇ←ㅇ←ㅇ←ㅇ←ㅇ←ㅇ←ㅇ

ㅈ→ㅈ→ㅈ→ㅈ→ㅈ→ㅈ→ㅈ→ㅈ→ㅈ→ㅈ→ㅈ→ㅈ
ㅈ→ㅈ→ㅈ→ㅈ→ㅈ→ㅈ→ㅈ→ㅈ→ㅈ→ㅈ→ㅈ→ㅈ
ㅈ→ㅈ→ㅈ→ㅈ→ㅈ→ㅈ→ㅈ→ㅈ→ㅈ→ㅈ→ㅈ→ㅈ
ㅈ→ㅈ→ㅈ→ㅈ→ㅈ→ㅈ→ㅈ→ㅈ→ㅈ→ㅈ→ㅈ→ㅈ

ㅊ←ㅊ←ㅊ←ㅊ←ㅊ←ㅊ←ㅊ←ㅊ←ㅊ←ㅊ←ㅊ←ㅊ
ㅊ←ㅊ←ㅊ←ㅊ←ㅊ←ㅊ←ㅊ←ㅊ←ㅊ←ㅊ←ㅊ←ㅊ
ㅊ←ㅊ←ㅊ←ㅊ←ㅊ←ㅊ←ㅊ←ㅊ←ㅊ←ㅊ←ㅊ←ㅊ
ㅊ←ㅊ←ㅊ←ㅊ←ㅊ←ㅊ←ㅊ←ㅊ←ㅊ←ㅊ←ㅊ←ㅊ

글자 정밀 훈련 학습 4단계 ⑦호 글자 인지 학습 네 줄 훈련 기호

크→크→크→크→크→크→크→크→크→크→크→크
크→크→크→크→크→크→크→크→크→크→크→크
크→크→크→크→크→크→크→크→크→크→크→크
크→크→크→크→크→크→크→크→크→크→크→크

트←트←트←트←트←트←트←트←트←트←트←트
트←트←트←트←트←트←트←트←트←트←트←트
트←트←트←트←트←트←트←트←트←트←트←트
트←트←트←트←트←트←트←트←트←트←트←트

프→프→프→프→프→프→프→프→프→프→프→프
프→프→프→프→프→프→프→프→프→프→프→프
프→프→프→프→프→프→프→프→프→프→프→프
프→프→프→프→프→프→프→프→프→프→프→프

흐←흐←흐←흐←흐←흐←흐←흐←흐←흐←흐←흐
흐←흐←흐←흐←흐←흐←흐←흐←흐←흐←흐←흐
흐←흐←흐←흐←흐←흐←흐←흐←흐←흐←흐←흐
흐←흐←흐←흐←흐←흐←흐←흐←흐←흐←흐←흐

제 10 장 글자 네 줄 인지 훈련 4단계

글자 정밀 훈련 학습 4단계 ⑧호 글자 인지 학습 네 줄 훈련 기호

기→기→기→기→기→기→기→기→기→기→기→기
기→기→기→기→기→기→기→기→기→기→기→기
기→기→기→기→기→기→기→기→기→기→기→기
기→기→기→기→기→기→기→기→기→기→기→기 1,392자

니←니←니←니←니←니←니←니←니←니←니←니
니←니←니←니←니←니←니←니←니←니←니←니
니←니←니←니←니←니←니←니←니←니←니←니
니←니←니←니←니←니←니←니←니←니←니←니 1,440자

디→디→디→디→디→디→디→디→디→디→디→디
디→디→디→디→디→디→디→디→디→디→디→디
디→디→디→디→디→디→디→디→디→디→디→디
디→디→디→디→디→디→디→디→디→디→디→디 1,488자

리←리←리←리←리←리←리←리←리←리←리←리
리←리←리←리←리←리←리←리←리←리←리←리
리←리←리←리←리←리←리←리←리←리←리←리
리←리←리←리←리←리←리←리←리←리←리←리 1,536자

글자 정밀 훈련 학습 4단계 ⑨호 글자 인지 학습 네 줄 훈련 기호

미→미→미→미→미→미→미→미→미→미→미→미
미→미→미→미→미→미→미→미→미→미→미→미
미→미→미→미→미→미→미→미→미→미→미→미
미→미→미→미→미→미→미→미→미→미→미→미

비←비←비←비←비←비←비←비←비←비←비←비
비←비←비←비←비←비←비←비←비←비←비←비
비←비←비←비←비←비←비←비←비←비←비←비
비←비←비←비←비←비←비←비←비←비←비←비

시→시→시→시→시→시→시→시→시→시→시→시
시→시→시→시→시→시→시→시→시→시→시→시
시→시→시→시→시→시→시→시→시→시→시→시
시→시→시→시→시→시→시→시→시→시→시→시

이←이←이←이←이←이←이←이←이←이←이←이
이←이←이←이←이←이←이←이←이←이←이←이
이←이←이←이←이←이←이←이←이←이←이←이
이←이←이←이←이←이←이←이←이←이←이←이

제10장 글자 네 줄 인지 훈련 4단계

글자 정밀 훈련 학습 4단계 ⑩호 글자 인지 학습 네 줄 훈련 기호

지→지→지→지→지→지→지→지→지→지→지→지
지→지→지→지→지→지→지→지→지→지→지→지
지→지→지→지→지→지→지→지→지→지→지→지
지→지→지→지→지→지→지→지→지→지→지→지

치←치←치←치←치←치←치←치←치←치←치←치
치←치←치←치←치←치←치←치←치←치←치←치
치←치←치←치←치←치←치←치←치←치←치←치
치←치←치←치←치←치←치←치←치←치←치←치

키→키→키→키→키→키→키→키→키→키→키→키
키→키→키→키→키→키→키→키→키→키→키→키
키→키→키→키→키→키→키→키→키→키→키→키
키→키→키→키→키→키→키→키→키→키→키→키

티←티←티←티←티←티←티←티←티←티←티←티
티←티←티←티←티←티←티←티←티←티←티←티
티←티←티←티←티←티←티←티←티←티←티←티
티←티←티←티←티←티←티←티←티←티←티←티

훈련 기록표

➡ 1 분씩 측정하여 자수를 기록한다.

1차	2차	3차
4차	5차	6차
7차	8차	9차
10차	11차	12차
13차	14차	15차
16차	17차	18차
19치	20차	21차
22차	23차	24차
25차	26차	27차
28차	29차	30차

Click & Memo

글자 다섯 줄 인지 훈련 5단계

1. 다섯 줄 정밀 훈련

2. 1호 ~ 10호 까지

속독을 위한 글자 인지 다섯 줄 훈련

글자 정밀 훈련(학습 5단계)

1 다섯 줄의 글자를 한눈에 인지하여 글자를 감싸고 있는 도형을 따라 어긋나게 左·右로 이동하여 수직으로 연이어 내려간다.

2 글자 군(群)을 형성하여 다섯 줄 훈련시 시폭이 확대되며 시야가 넓어지게 된다.

3 훈련시 1분 단위로 하여 기호 ①~기호 ⑩까지 가면 다시 ①호부터 이어져 반복 훈련한다.

4 1분이 되면 훈련을 멈추고 분당 글자 수를 기록한다.

글자 정밀 훈련 학습 5단계 ①호 글자 인지 학습 다섯 줄 훈련 기호

가→가→가→가→가→가→가→가→가→가→가→가
가→가→가→가→가→가→가→가→가→가→가→가
가→가→가→가→가→가→가→가→가→가→가→가
가→가→가→가→가→가→가→가→가→가→가→가
가→가→가→가→가→가→가→가→가→가→가→가

나←나←나←나←나←나←나←나←나←나←나←나
나←나←나←나←나←나←나←나←나←나←나←나
나←나←나←나←나←나←나←나←나←나←나←나
나←나←나←나←나←나←나←나←나←나←나←나
나←나←나←나←나←나←나←나←나←나←나←나

다→다→다→다→다→다→다→다→다→다→다→다
다→다→다→다→다→다→다→다→다→다→다→다
다→다→다→다→다→다→다→다→다→다→다→다
다→다→다→다→다→다→다→다→다→다→다→다
다→다→다→다→다→다→다→다→다→다→다→다

글자 정밀 훈련 학습 5단계 ②호 글자 인지 학습 다섯 줄 훈련 기호

라→라→라→라→라→라→라→라→라→라→라→라
라→라→라→라→라→라→라→라→라→라→라→라
라→라→라→라→라→라→라→라→라→라→라→라
라→라→라→라→라→라→라→라→라→라→라→라
라→라→라→라→라→라→라→라→라→라→라→라

마←마←마←마←마←마←마←마←마←마←마←마
마←마←마←마←마←마←마←마←마←마←마←마
마←마←마←마←마←마←마←마←마←마←마←마
마←마←마←마←마←마←마←마←마←마←마←마
마←마←마←마←마←마←마←마←마←마←마←마

바→바→바→바→바→바→바→바→바→바→바→바
바→바→바→바→바→바→바→바→바→바→바→바
바→바→바→바→바→바→바→바→바→바→바→바
바→바→바→바→바→바→바→바→바→바→바→바
바→바→바→바→바→바→바→바→바→바→바→바

글자 정밀 훈련 학습 5단계 ③호 글자 인지 학습 다섯 줄 훈련 기호

사→사→사→사→사→사→사→사→사→사→사→사
사→사→사→사→사→사→사→사→사→사→사→사
사→사→사→사→사→사→사→사→사→사→사→사
사→사→사→사→사→사→사→사→사→사→사→사
사→사→사→사→사→사→사→사→사→사→사→사

아←아←아←아←아←아←아←아←아←아←아←아
아←아←아←아←아←아←아←아←아←아←아←아
아←아←아←아←아←아←아←아←아←아←아←아
아←아←아←아←아←아←아←아←아←아←아←아
아←아←아←아←아←아←아←아←아←아←아←아

자→자→자→자→자→자→자→자→자→자→자→자
자→자→자→자→자→자→자→자→자→자→자→자
자→자→자→자→자→자→자→자→자→자→자→자
자→자→자→자→자→자→자→자→자→자→자→자
자→자→자→자→자→자→자→자→자→자→자→자

제11장 글자 다섯 줄 인지 훈련 5단계

글자 정밀 훈련 학습 5단계 ④호 글자 인지 학습 다섯 줄 훈련 기호

차→차→차→차→차→차→차→차→차→차→차→차
차→차→차→차→차→차→차→차→차→차→차→차
차→차→차→차→차→차→차→차→차→차→차→차
차→차→차→차→차→차→차→차→차→차→차→차
차→차→차→차→차→차→차→차→차→차→차→차

카←카←카←카←카←카←카←카←카←카←카←카
카←카←카←카←카←카←카←카←카←카←카←카
카←카←카←카←카←카←카←카←카←카←카←카
카←카←카←카←카←카←카←카←카←카←카←카
카←카←카←카←카←카←카←카←카←카←카←카

타→타→타→타→타→타→타→타→타→타→타→타
타→타→타→타→타→타→타→타→타→타→타→타
타→타→타→타→타→타→타→타→타→타→타→타
타→타→타→타→타→타→타→타→타→타→타→타
타→타→타→타→타→타→타→타→타→타→타→타

글자 정밀 훈련 학습 5단계 ⑤호 글자 인지 학습 다섯 줄 훈련 기호

파→파→파→파→파→파→파→파→파→파→파→파
파→파→파→파→파→파→파→파→파→파→파→파
파→파→파→파→파→파→파→파→파→파→파→파
파→파→파→파→파→파→파→파→파→파→파→파
파→파→파→파→파→파→파→파→파→파→파→파

하←하←하←하←하←하←하←하←하←하←하←하
하←하←하←하←하←하←하←하←하←하←하←하
하←하←하←하←하←하←하←하←하←하←하←하
하←하←하←하←하←하←하←하←하←하←하←하
하←하←하←하←하←하←하←하←하←하←하←하

갸→갸→갸→갸→갸→갸→갸→갸→갸→갸→갸→갸
갸→갸→갸→갸→갸→갸→갸→갸→갸→갸→갸→갸
갸→갸→갸→갸→갸→갸→갸→갸→갸→갸→갸→갸
갸→갸→갸→갸→갸→갸→갸→갸→갸→갸→갸→갸
갸→갸→갸→갸→갸→갸→갸→갸→갸→갸→갸→갸

글자 정밀 훈련 학습 5단계 ⑥호 글자 인지 학습 다섯 줄 훈련 기호

냐→냐→냐→냐→냐→냐→냐→냐→냐→냐→냐→냐
냐→냐→냐→냐→냐→냐→냐→냐→냐→냐→냐→냐
냐→냐→냐→냐→냐→냐→냐→냐→냐→냐→냐→냐
냐→냐→냐→냐→냐→냐→냐→냐→냐→냐→냐→냐
냐→냐→냐→냐→냐→냐→냐→냐→냐→냐→냐→냐

댜←댜←댜←댜←댜←댜←댜←댜←댜←댜←댜←댜
댜←댜←댜←댜←댜←댜←댜←댜←댜←댜←댜←댜
댜←댜←댜←댜←댜←댜←댜←댜←댜←댜←댜←댜
댜←댜←댜←댜←댜←댜←댜←댜←댜←댜←댜←댜
댜←댜←댜←댜←댜←댜←댜←댜←댜←댜←댜←댜

랴→랴→랴→랴→랴→랴→랴→랴→랴→랴→랴→랴
랴→랴→랴→랴→랴→랴→랴→랴→랴→랴→랴→랴
랴→랴→랴→랴→랴→랴→랴→랴→랴→랴→랴→랴
랴→랴→랴→랴→랴→랴→랴→랴→랴→랴→랴→랴
랴→랴→랴→랴→랴→랴→랴→랴→랴→랴→랴→랴

글자 정밀 훈련 학습 5단계 ⑦호 글자 인지 학습 다섯 줄 훈련 기호

야→야→야→야→야→야→야→야→야→야→야→야
야→야→야→야→야→야→야→야→야→야→야→야
야→야→야→야→야→야→야→야→야→야→야→야
야→야→야→야→야→야→야→야→야→야→야→야
야→야→야→야→야→야→야→야→야→야→야→야

뱌←뱌←뱌←뱌←뱌←뱌←뱌←뱌←뱌←뱌←뱌←뱌
뱌←뱌←뱌←뱌←뱌←뱌←뱌←뱌←뱌←뱌←뱌←뱌
뱌←뱌←뱌←뱌←뱌←뱌←뱌←뱌←뱌←뱌←뱌←뱌
뱌←뱌←뱌←뱌←뱌←뱌←뱌←뱌←뱌←뱌←뱌←뱌
뱌←뱌←뱌←뱌←뱌←뱌←뱌←뱌←뱌←뱌←뱌←뱌

샤→샤→샤→샤→샤→샤→샤→샤→샤→샤→샤→샤
샤→샤→샤→샤→샤→샤→샤→샤→샤→샤→샤→샤
샤→샤→샤→샤→샤→샤→샤→샤→샤→샤→샤→샤
샤→샤→샤→샤→샤→샤→샤→샤→샤→샤→샤→샤
샤→샤→샤→샤→샤→샤→샤→샤→샤→샤→샤→샤

The Super Speed Reading
글자 정밀 훈련 학습 5단계 ⑧호
글자 인지 학습 다섯 줄 훈련 기호

야→야→야→야→야→야→야→야→야→야→야→야
야→야→야→야→야→야→야→야→야→야→야→야
야→야→야→야→야→야→야→야→야→야→야→야
야→야→야→야→야→야→야→야→야→야→야→야
야→야→야→야→야→야→야→야→야→야→야→야

쟈←쟈←쟈←쟈←쟈←쟈←쟈←쟈←쟈←쟈←쟈←쟈
쟈←쟈←쟈←쟈←쟈←쟈←쟈←쟈←쟈←쟈←쟈←쟈
쟈←쟈←쟈←쟈←쟈←쟈←쟈←쟈←쟈←쟈←쟈←쟈
쟈←쟈←쟈←쟈←쟈←쟈←쟈←쟈←쟈←쟈←쟈←쟈
쟈←쟈←쟈←쟈←쟈←쟈←쟈←쟈←쟈←쟈←쟈←쟈

챠→챠→챠→챠→챠→챠→챠→챠→챠→챠→챠→챠
챠→챠→챠→챠→챠→챠→챠→챠→챠→챠→챠→챠
챠→챠→챠→챠→챠→챠→챠→챠→챠→챠→챠→챠
챠→챠→챠→챠→챠→챠→챠→챠→챠→챠→챠→챠
챠→챠→챠→챠→챠→챠→챠→챠→챠→챠→챠→챠

글자 정밀 훈련 학습 5단계 ⑨호 글자 인지 학습 다섯 줄 훈련 기호

캬→캬→캬→캬→캬→캬→캬→캬→캬→캬→캬→캬
캬→캬→캬→캬→캬→캬→캬→캬→캬→캬→캬→캬
캬→캬→캬→캬→캬→캬→캬→캬→캬→캬→캬→캬
캬→캬→캬→캬→캬→캬→캬→캬→캬→캬→캬→캬
캬→캬→캬→캬→캬→캬→캬→캬→캬→캬→캬→캬

탸←탸←탸←탸←탸←탸←탸←탸←탸←탸←탸←탸
탸←탸←탸←탸←탸←탸←탸←탸←탸←탸←탸←탸
탸←탸←탸←탸←탸←탸←탸←탸←탸←탸←탸←탸
탸←탸←탸←탸←탸←탸←탸←탸←탸←탸←탸←탸
탸←탸←탸←탸←탸←탸←탸←탸←탸←탸←탸←탸

퍄→퍄→퍄→퍄→퍄→퍄→퍄→퍄→퍄→퍄→퍄→퍄
퍄→퍄→퍄→퍄→퍄→퍄→퍄→퍄→퍄→퍄→퍄→퍄
퍄→퍄→퍄→퍄→퍄→퍄→퍄→퍄→퍄→퍄→퍄→퍄
퍄→퍄→퍄→퍄→퍄→퍄→퍄→퍄→퍄→퍄→퍄→퍄
퍄→퍄→퍄→퍄→퍄→퍄→퍄→퍄→퍄→퍄→퍄→퍄

글자 정밀 훈련 학습 5단계 ⑩ 호 글자 인지 학습 다섯 줄 훈련 기호

햐→햐→햐→햐→햐→햐→햐→햐→햐→햐→햐→햐
햐→햐→햐→햐→햐→햐→햐→햐→햐→햐→햐→햐
햐→햐→햐→햐→햐→햐→햐→햐→햐→햐→햐→햐
햐→햐→햐→햐→햐→햐→햐→햐→햐→햐→햐→햐
햐→햐→햐→햐→햐→햐→햐→햐→햐→햐→햐→햐

거←거←거←거←거←거←거←거←거←거←거←거
거←거←거←거←거←거←거←거←거←거←거←거
거←거←거←거←거←거←거←거←거←거←거←거
거←거←거←거←거←거←거←거←거←거←거←거
거←거←거←거←거←거←거←거←거←거←거←거

너→너→너→너→너→너→너→너→너→너→너→너
너→너→너→너→너→너→너→너→너→너→너→너
너→너→너→너→너→너→너→너→너→너→너→너
너→너→너→너→너→너→너→너→너→너→너→너
너→너→너→너→너→너→너→너→너→너→너→너

훈련 기록표
▶ 1 분씩 측정하여 자수를 기록한다.

1차	2차	3차
4차	5차	6차
7차	8차	9차
10차	11차	12차
13차	14차	15차
16차	17차	18차
19차	20차	21차
22차	23차	24차
25차	26차	27차
28차	29차	30차

Click & Memo

글자 아홉 줄 인지 훈련 6단계

1. 아홉 줄 선 따라 이동

2. 1호 ~ 10호 까지

속독을 위한 글자 인지 아홉 줄 훈련

글자 정밀 훈련(학습 6단계)

1 아홉 줄의 글자를 한번에 인지하여 도형 안에 곡선을 따라 빠르게 연이여 간다.

2 한 쪽의 글자를 두 번에 나누어서 훈련한다.

3 글자 군(群)을 형성하여 글자가 명확히 시야에 들어오게 훈련하여야 한다.

4 훈련시 1분 단위로 하여 기호 ①~기호 ⑩까지 가면 다시 ①호부터 이어져 반복 훈련한다.

5 1분이 되면 훈련을 멈추고 분당 글자 수를 기록한다.

글자 정밀 훈련 학습 6단계 ①호 글자 인지 학습 아홉 줄 훈련 기호

기→기→기→기→기→기→기→기→기→기→기→기
기→기→기→기→기→기→기→기→기→기→기→기
기→기→기→기→기→기→기→기→기→기→기→기
기→기→기→기→기→기→기→기→기→기→기→기
기→기→기→기→기→기→기→기→기→기→기→기
기→기→기→기→기→기→기→기→기→기→기→기
기→기→기→기→기→기→기→기→기→기→기→기
기→기→기→기→기→기→기→기→기→기→기→기
기→기→기→기→기→기→기→기→기→기→기→기

니→니→니→니→니→니→니→니→니→니→니→니
니→니→니→니→니→니→니→니→니→니→니→니
니→니→니→니→니→니→니→니→니→니→니→니
니→니→니→니→니→니→니→니→니→니→니→니
니→니→니→니→니→니→니→니→니→니→니→니
니→니→니→니→니→니→니→니→니→니→니→니
니→니→니→니→니→니→니→니→니→니→니→니
니→니→니→니→니→니→니→니→니→니→니→니
니→니→니→니→니→니→니→니→니→니→니→니

제 12 장 글자 아홉 줄 인지 훈련 6단계

글자 정밀 훈련 학습 6단계 ②호 글자 인지 학습 아홉 줄 훈련 기호

디→디→디→디→디→디→디→디→디→디→디→디
디→디→디→디→디→디→디→디→디→디→디→디
디→디→디→디→디→디→디→디→디→디→디→디
디→디→디→디→디→디→디→디→디→디→디→디
디→디→디→디→디→디→디→디→디→디→디→디
디→디→디→디→디→디→디→디→디→디→디→디
디→디→디→디→디→디→디→디→디→디→디→디
디→디→디→디→디→디→디→디→디→디→디→디
디→디→디→디→디→디→디→디→디→디→디→디

리→리→리→리→리→리→리→리→리→리→리→리
리→리→리→리→리→리→리→리→리→리→리→리
리→리→리→리→리→리→리→리→리→리→리→리
리→리→리→리→리→리→리→리→리→리→리→리
리→리→리→리→리→리→리→리→리→리→리→리
리→리→리→리→리→리→리→리→리→리→리→리
리→리→리→리→리→리→리→리→리→리→리→리
리→리→리→리→리→리→리→리→리→리→리→리
리→리→리→리→리→리→리→리→리→리→리→리

글자 정밀 훈련 학습 6단계 ③호 글자 인지 학습 아홉 줄 훈련 기호

미→미→미→미→미→미→미→미→미→미→미→미
미→미→미→미→미→미→미→미→미→미→미→미
미→미→미→미→미→미→미→미→미→미→미→미
미→미→미→미→미→미→미→미→미→미→미→미
미→미→미→미→미→미→미→미→미→미→미→미
미→미→미→미→미→미→미→미→미→미→미→미
미→미→미→미→미→미→미→미→미→미→미→미
미→미→미→미→미→미→미→미→미→미→미→미
미→미→미→미→미→미→미→미→미→미→미→미

비→비→비→비→비→비→비→비→비→비→비→비
비→비→비→비→비→비→비→비→비→비→비→비
비→비→비→비→비→비→비→비→비→비→비→비
비→비→비→비→비→비→비→비→비→비→비→비
비→비→비→비→비→비→비→비→비→비→비→비
비→비→비→비→비→비→비→비→비→비→비→비
비→비→비→비→비→비→비→비→비→비→비→비
비→비→비→비→비→비→비→비→비→비→비→비
비→비→비→비→비→비→비→비→비→비→비→비

글자 정밀 훈련 학습 6단계 ④호

글자 인지 학습 아홉 줄 훈련 기호

시→시→시→시→시→시→시→시→시→시→시→시
시→시→시→시→시→시→시→시→시→시→시→시
시→시→시→시→시→시→시→시→시→시→시→시
시→시→시→시→시→시→시→시→시→시→시→시
시→시→시→시→시→시→시→시→시→시→시→시
시→시→시→시→시→시→시→시→시→시→시→시
시→시→시→시→시→시→시→시→시→시→시→시
시→시→시→시→시→시→시→시→시→시→시→시
시→시→시→시→시→시→시→시→시→시→시→시

이→이→이→이→이→이→이→이→이→이→이→이
이→이→이→이→이→이→이→이→이→이→이→이
이→이→이→이→이→이→이→이→이→이→이→이
이→이→이→이→이→이→이→이→이→이→이→이
이→이→이→이→이→이→이→이→이→이→이→이
이→이→이→이→이→이→이→이→이→이→이→이
이→이→이→이→이→이→이→이→이→이→이→이
이→이→이→이→이→이→이→이→이→이→이→이
이→이→이→이→이→이→이→이→이→이→이→이

글자 정밀 훈련 학습 6단계 ⑤호 글자 인지 학습 아홉 줄 훈련 기호

지→지→지→지→지→지→지→지→지→지→지→지
지→지→지→지→지→지→지→지→지→지→지→지
지→지→지→지→지→지→지→지→지→지→지→지
지→지→지→지→지→지→지→지→지→지→지→지
지→지→지→지→지→지→지→지→지→지→지→지
지→지→지→지→지→지→지→지→지→지→지→지
지→지→지→지→지→지→지→지→지→지→지→지
지→지→지→지→지→지→지→지→지→지→지→지
지→지→지→지→지→지→지→지→지→지→지→지

치→치→치→치→치→치→치→치→치→치→치→치
치→치→치→치→치→치→치→치→치→치→치→치
치→치→치→치→치→치→치→치→치→치→치→치
치→치→치→치→치→치→치→치→치→치→치→치
치→치→치→치→치→치→치→치→치→치→치→치
치→치→치→치→치→치→치→치→치→치→치→치
치→치→치→치→치→치→치→치→치→치→치→치
치→치→치→치→치→치→치→치→치→치→치→치
치→치→치→치→치→치→치→치→치→치→치→치

제12장 글자 아홉 줄 인지 훈련 6단계

글자 정밀 훈련 학습 6단계 ⑥호 글자 인지 학습 아홉 줄 훈련 기호

키→키→키→키→키→키→키→키→키→키→키→키
키→키→키→키→키→키→키→키→키→키→키→키
키→키→키→키→키→키→키→키→키→키→키→키
키→키→키→키→키→키→키→키→키→키→키→키
키→키→키→키→키→키→키→키→키→키→키→키
키→키→키→키→키→키→키→키→키→키→키→키
키→키→키→키→키→키→키→키→키→키→키→키
키→키→키→키→키→키→키→키→키→키→키→키
키→키→키→키→키→키→키→키→키→키→키→키

티→티→티→티→티→티→티→티→티→티→티→티
티→티→티→티→티→티→티→티→티→티→티→티
티→티→티→티→티→티→티→티→티→티→티→티
티→티→티→티→티→티→티→티→티→티→티→티
티→티→티→티→티→티→티→티→티→티→티→티
티→티→티→티→티→티→티→티→티→티→티→티
티→티→티→티→티→티→티→티→티→티→티→티
티→티→티→티→티→티→티→티→티→티→티→티
티→티→티→티→티→티→티→티→티→티→티→티

글자 정밀 훈련 학습 6단계 ⑦호 글자 인지 학습 아홉 줄 훈련 기호

피→피→피→피→피→피→피→피→피→피→피→피
피→피→피→피→피→피→피→피→피→피→피→피
피→피→피→피→피→피→피→피→피→피→피→피
피→피→피→피→피→피→피→피→피→피→피→피
피→피→피→피→피→피→피→피→피→피→피→피
피→피→피→피→피→피→피→피→피→피→피→피
피→피→피→피→피→피→피→피→피→피→피→피
피→피→피→피→피→피→피→피→피→피→피→피
피→피→피→피→피→피→피→피→피→피→피→피

히→히→히→히→히→히→히→히→히→히→히→히
히→히→히→히→히→히→히→히→히→히→히→히
히→히→히→히→히→히→히→히→히→히→히→히
히→히→히→히→히→히→히→히→히→히→히→히
히→히→히→히→히→히→히→히→히→히→히→히
히→히→히→히→히→히→히→히→히→히→히→히
히→히→히→히→히→히→히→히→히→히→히→히
히→히→히→히→히→히→히→히→히→히→히→히
히→히→히→히→히→히→히→히→히→히→히→히

제12장 글자 아홉 줄 인지 훈련 6단계

글자 정밀 훈련 학습 6단계 ⑧호 글자 인지 학습 아홉 줄 훈련 기호

그→그→그→그→그→그→그→그→그→그→그→그
그→그→그→그→그→그→그→그→그→그→그→그
그→그→그→그→그→그→그→그→그→그→그→그
그→그→그→그→그→그→그→그→그→그→그→그
그→그→그→그→그→그→그→그→그→그→그→그
그→그→그→그→그→그→그→그→그→그→그→그
그→그→그→그→그→그→그→그→그→그→그→그
그→그→그→그→그→그→그→그→그→그→그→그
그→그→그→그→그→그→그→그→그→그→그→그

느→느→느→느→느→느→느→느→느→느→느→느
느→느→느→느→느→느→느→느→느→느→느→느
느→느→느→느→느→느→느→느→느→느→느→느
느→느→느→느→느→느→느→느→느→느→느→느
느→느→느→느→느→느→느→느→느→느→느→느
느→느→느→느→느→느→느→느→느→느→느→느
느→느→느→느→느→느→느→느→느→느→느→느
느→느→느→느→느→느→느→느→느→느→느→느
느→느→느→느→느→느→느→느→느→느→느→느

글자 정밀 훈련 학습 6단계 ⑨호 글자 인지 학습 아홉 줄 훈련 기호

ㄷ→ㄷ→ㄷ→ㄷ→ㄷ→ㄷ→ㄷ→ㄷ→ㄷ→ㄷ→ㄷ→ㄷ
ㄷ→ㄷ→ㄷ→ㄷ→ㄷ→ㄷ→ㄷ→ㄷ→ㄷ→ㄷ→ㄷ→ㄷ
ㄷ→ㄷ→ㄷ→ㄷ→ㄷ→ㄷ→ㄷ→ㄷ→ㄷ→ㄷ→ㄷ→ㄷ
ㄷ→ㄷ→ㄷ→ㄷ→ㄷ→ㄷ→ㄷ→ㄷ→ㄷ→ㄷ→ㄷ→ㄷ
ㄷ→ㄷ→ㄷ→ㄷ→ㄷ→ㄷ→ㄷ→ㄷ→ㄷ→ㄷ→ㄷ→ㄷ
ㄷ→ㄷ→ㄷ→ㄷ→ㄷ→ㄷ→ㄷ→ㄷ→ㄷ→ㄷ→ㄷ→ㄷ
ㄷ→ㄷ→ㄷ→ㄷ→ㄷ→ㄷ→ㄷ→ㄷ→ㄷ→ㄷ→ㄷ→ㄷ
ㄷ→ㄷ→ㄷ→ㄷ→ㄷ→ㄷ→ㄷ→ㄷ→ㄷ→ㄷ→ㄷ→ㄷ
ㄷ→ㄷ→ㄷ→ㄷ→ㄷ→ㄷ→ㄷ→ㄷ→ㄷ→ㄷ→ㄷ→ㄷ

ㄹ→ㄹ→ㄹ→ㄹ→ㄹ→ㄹ→ㄹ→ㄹ→ㄹ→ㄹ→ㄹ→ㄹ
ㄹ→ㄹ→ㄹ→ㄹ→ㄹ→ㄹ→ㄹ→ㄹ→ㄹ→ㄹ→ㄹ→ㄹ
ㄹ→ㄹ→ㄹ→ㄹ→ㄹ→ㄹ→ㄹ→ㄹ→ㄹ→ㄹ→ㄹ→ㄹ
ㄹ→ㄹ→ㄹ→ㄹ→ㄹ→ㄹ→ㄹ→ㄹ→ㄹ→ㄹ→ㄹ→ㄹ
ㄹ→ㄹ→ㄹ→ㄹ→ㄹ→ㄹ→ㄹ→ㄹ→ㄹ→ㄹ→ㄹ→ㄹ
ㄹ→ㄹ→ㄹ→ㄹ→ㄹ→ㄹ→ㄹ→ㄹ→ㄹ→ㄹ→ㄹ→ㄹ
ㄹ→ㄹ→ㄹ→ㄹ→ㄹ→ㄹ→ㄹ→ㄹ→ㄹ→ㄹ→ㄹ→ㄹ
ㄹ→ㄹ→ㄹ→ㄹ→ㄹ→ㄹ→ㄹ→ㄹ→ㄹ→ㄹ→ㄹ→ㄹ
ㄹ→ㄹ→ㄹ→ㄹ→ㄹ→ㄹ→ㄹ→ㄹ→ㄹ→ㄹ→ㄹ→ㄹ

글자 정밀 훈련 학습 6단계 ⑩호
글자 인지 학습 아홉 줄 훈련 기호

므→므→므→므→므→므→므→므→므→므→므→므
므→므→므→므→므→므→므→므→므→므→므→므
므→므→므→므→므→므→므→므→므→므→므→므
므→므→므→므→므→므→므→므→므→므→므→므
므→므→므→므→므→므→므→므→므→므→므→므
므→므→므→므→므→므→므→므→므→므→므→므
므→므→므→므→므→므→므→므→므→므→므→므
므→므→므→므→므→므→므→므→므→므→므→므
므→므→므→므→므→므→므→므→므→므→므→므

2,052자

브→브→브→브→브→브→브→브→브→브→브→브
브→브→브→브→브→브→브→브→브→브→브→브
브→브→브→브→브→브→브→브→브→브→브→브
브→브→브→브→브→브→브→브→브→브→브→브
브→브→브→브→브→브→브→브→브→브→브→브
브→브→브→브→브→브→브→브→브→브→브→브
브→브→브→브→브→브→브→브→브→브→브→브
브→브→브→브→브→브→브→브→브→브→브→브
브→브→브→브→브→브→브→브→브→브→브→브

2,160자

훈련 기록표

▶ 1 분씩 측정하여 자수를 기록한다.

1차	2차	3차
4차	5차	6차
7차	8차	9차
10차	11차	12차
13차	14차	15차
16차	17차	18차
19차	20차	21차
22차	23차	24차
25차	26차	27차
28차	29차	30차

Click & Memo

글자 예비 학습 훈련 7단계

1. 시점 중심 선 따라 이동

2. 1호 ~ 10호 까지

속독을 위한 글자 인지 전체 훑어보기 훈련

글자 정밀 훈련 실전 예비(학습 7단계)

1. 시점을 중심에 두고 선을 따라 빠르게 이동한다.

2. 위에서 아래로 내려오는 순간 글자가 명확히 시야에 들어와야 한다.

3. 수직 훈련시 3줄~4줄 정도가 연이어 따라오는 현상이 나타나야 한다.

4. 시야가 확대된 상태가 되면 안구가 움직이는 폭이 좁게 도약 운동을 한다.

5. 훈련시 1분 단위로 하여 기호 ①~기호 ⑩까지 가면 다시 ①호부터 이어져 반복 훈련한다.

6. 1분이 되면 훈련을 멈추고 분당 글자 수를 기록한다.

글자 정밀 훈련 학습 7단계 ①호 글자 훈련 대비 예비 학습 단계

구 → 구 → 구 → 구 → 구 → 구 → 구 → 구 → 구 → 구 → 구 → 구
구 → 구 → 구 → 구 → 구 → 구 → 구 → 구 → 구 → 구 → 구 → 구
구 → 구 → 구 → 구 → 구 → 구 → 구 → 구 → 구 → 구 → 구 → 구
구 → 구 → 구 → 구 → 구 → 구 → 구 → 구 → 구 → 구 → 구 → 구
구 → 구 → 구 → 구 → 구 → 구 → 구 → 구 → 구 → 구 → 구 → 구
구 → 구 → 구 → 구 → 구 → 구 → 구 → 구 → 구 → 구 → 구 → 구
구 → 구 → 구 → 구 → 구 → 구 → 구 → 구 → 구 → 구 → 구 → 구
구 → 구 → 구 → 구 → 구 → 구 → 구 → 구 → 구 → 구 → 구 → 구
구 → 구 → 구 → 구 → 구 → 구 → 구 → 구 → 구 → 구 → 구 → 구
구 → 구 → 구 → 구 → 구 → 구 → 구 → 구 → 구 → 구 → 구 → 구
구 → 구 → 구 → 구 → 구 → 구 → 구 → 구 → 구 → 구 → 구 → 구
구 → 구 → 구 → 구 → 구 → 구 → 구 → 구 → 구 → 구 → 구 → 구
구 → 구 → 구 → 구 → 구 → 구 → 구 → 구 → 구 → 구 → 구 → 구
구 → 구 → 구 → 구 → 구 → 구 → 구 → 구 → 구 → 구 → 구 → 구
구 → 구 → 구 → 구 → 구 → 구 → 구 → 구 → 구 → 구 → 구 → 구
구 → 구 → 구 → 구 → 구 → 구 → 구 → 구 → 구 → 구 → 구 → 구
구 → 구 → 구 → 구 → 구 → 구 → 구 → 구 → 구 → 구 → 구 → 구

글자 정밀 훈련 학습 7단계 ②호 글자 훈련 대비 예비 학습 단계

누→누→누→누→누→누→누→누→누→누→누→누→누
누→누→누→누→누→누→누→누→누→누→누→누→누
누→누→누→누→누→누→누→누→누→누→누→누→누
누→누→누→누→누→누→누→누→누→누→누→누→누
누→누→누→누→누→누→누→누→누→누→누→누→누
누→누→누→누→누→누→누→누→누→누→누→누→누
누→누→누→누→누→누→누→누→누→누→누→누→누
누→누→누→누→누→누→누→누→누→누→누→누→누
누→누→누→누→누→누→누→누→누→누→누→누→누
누→누→누→누→누→누→누→누→누→누→누→누→누
누→누→누→누→누→누→누→누→누→누→누→누→누
누→누→누→누→누→누→누→누→누→누→누→누→누
누→누→누→누→누→누→누→누→누→누→누→누→누
누→누→누→누→누→누→누→누→누→누→누→누→누
누→누→누→누→누→누→누→누→누→누→누→누→누
누→누→누→누→누→누→누→누→누→누→누→누→누
누→누→누→누→누→누→누→누→누→누→누→누→누
누→누→누→누→누→누→누→누→누→누→누→누→누

글자 정밀 훈련 학습 7단계 ③호 글자 훈련 대비 예비 학습 단계

두→두→두→두→두→두→두→두→두→두→두→두→두
두→두→두→두→두→두→두→두→두→두→두→두→두
두→두→두→두→두→두→두→두→두→두→두→두→두
두→두→두→두→두→두→두→두→두→두→두→두→두
두→두→두→두→두→두→두→두→두→두→두→두→두
두→두→두→두→두→두→두→두→두→두→두→두→두
두→두→두→두→두→두→두→두→두→두→두→두→두
두→두→두→두→두→두→두→두→두→두→두→두→두
두→두→두→두→두→두→두→두→두→두→두→두→두
두→두→두→두→두→두→두→두→두→두→두→두→두
두→두→두→두→두→두→두→두→두→두→두→두→두
두→두→두→두→두→두→두→두→두→두→두→두→두
두→두→두→두→두→두→두→두→두→두→두→두→두
두→두→두→두→두→두→두→두→두→두→두→두→두
두→두→두→두→두→두→두→두→두→두→두→두→두
두→두→두→두→두→두→두→두→두→두→두→두→두
두→두→두→두→두→두→두→두→두→두→두→두→두
두→두→두→두→두→두→두→두→두→두→두→두→두

글자 정밀 훈련 학습 7단계 ④호 글자 훈련 대비 예비 학습 단계

루→루→루→루→류→루→루→루→루→루→루→루
루→루→루→루→루→루→루→루→루→루→루→루
루→루→루→루→루→루→루→루→루→루→루→루
루→루→루→루→루→루→루→루→루→루→루→루
루→루→루→루→루→루→루→루→루→루→루→루
루→루→루→루→루→루→루→루→루→루→루→루
루→루→루→루→루→루→루→루→루→루→루→루
루→루→루→루→루→루→루→루→루→루→루→루
루→루→루→루→루→루→루→루→루→루→루→루
루→루→루→루→루→루→루→루→루→루→루→루
루→루→루→루→루→루→루→루→루→루→루→루
루→루→루→루→루→루→루→루→루→루→루→루
루→루→루→루→루→루→루→루→루→루→루→루
루→루→루→루→루→루→루→루→루→루→루→루
루→루→루→루→루→루→루→루→루→루→루→루
루→루→루→루→루→루→루→루→루→루→루→루
루→루→루→루→루→루→루→루→루→루→루→루
루→루→루→루→루→루→루→루→루→루→루→루

글자 정밀 훈련 학습 7단계 ⑤호 글자 훈련 대비 예비 학습 단계

무→무→무→무→무→무→무→무→무→무→무→무→무
무→무→무→무→무→무→무→무→무→무→무→무→무
무→무→무→무→무→무→무→무→무→무→무→무→무
무→무→무→무→무→무→무→무→무→무→무→무→무
무→무→무→무→무→무→무→무→무→무→무→무→무
무→무→무→무→무→무→무→무→무→무→무→무→무
무→무→무→무→무→무→무→무→무→무→무→무→무
무→무→무→무→무→무→무→무→무→무→무→무→무
무→무→무→무→무→무→무→무→무→무→무→무→무
무→무→무→무→무→무→무→무→무→무→무→무→무
무→무→무→무→무→무→무→무→무→무→무→무→무
무→무→무→무→무→무→무→무→무→무→무→무→무
무→무→무→무→무→무→무→무→무→무→무→무→무
무→무→무→무→무→무→무→무→무→무→무→무→무
무→무→무→무→무→무→무→무→무→무→무→무→무
무→무→무→무→무→무→무→무→무→무→무→무→무
무→무→무→무→무→무→무→무→무→무→무→무→무
무→무→무→무→무→무→무→무→무→무→무→무→무

글자 정밀 훈련 학습 7단계 ⑥호 글자 훈련 대비 예비 학습 단계

부→부→부→부→부→부→부→부→부→부→부→부
부→부→부→부→부→부→부→부→부→부→부→부
부→부→부→부→부→부→부→부→부→부→부→부
부→부→부→부→부→부→부→부→부→부→부→부
부→부→부→부→부→부→부→부→부→부→부→부
부→부→부→부→부→부→부→부→부→부→부→부
부→부→부→부→부→부→부→부→부→부→부→부
부→부→부→부→부→부→부→부→부→부→부→부
부→부→부→부→부→부→부→부→부→부→부→부
부→부→부→부→부→부→부→부→부→부→부→부
부→부→부→부→부→부→부→부→부→부→부→부
부→부→부→부→부→부→부→부→부→부→부→부
부→부→부→부→부→부→부→부→부→부→부→부
부→부→부→부→부→부→부→부→부→부→부→부
부→부→부→부→부→부→부→부→부→부→부→부
부→부→부→부→부→부→부→부→부→부→부→부
부→부→부→부→부→부→부→부→부→부→부→부
부→부→부→부→부→부→부→부→부→부→부→부

글자 정밀 훈련 학습 7단계 ⑦호 글자 훈련 대비 예비 학습 단계

수→수→수→수→수→수→수→수→수→수→수→수
수→수→수→수→수→수→수→수→수→수→수→수
수→수→수→수→수→수→수→수→수→수→수→수
수→수→수→수→수→수→수→수→수→수→수→수
수→수→수→수→수→수→수→수→수→수→수→수
수→수→수→수→수→수→수→수→수→수→수→수
수→수→수→수→수→수→수→수→수→수→수→수
수→수→수→수→수→수→수→수→수→수→수→수
수→수→수→수→수→수→수→수→수→수→수→수
수→수→수→수→수→수→수→수→수→수→수→수
수→수→수→수→수→수→수→수→수→수→수→수
수→수→수→수→수→수→수→수→수→수→수→수
수→수→수→수→수→수→수→수→수→수→수→수
수→수→수→수→수→수→수→수→수→수→수→수
수→수→수→수→수→수→수→수→수→수→수→수
수→수→수→수→수→수→수→수→수→수→수→수
수→수→수→수→수→수→수→수→수→수→수→수
수→수→수→수→수→수→수→수→수→수→수→수
수→수→수→수→수→수→수→수→수→수→수→수

제13장 글자 예비 학습 훈련 7단계

글자 정밀 훈련 학습 7단계 ⑧호 글자 훈련 대비 예비 학습 단계

글자 정밀 훈련 학습 7단계 ⑨호 글자 훈련 대비 예비 학습 단계

제13장 글자 예비 학습 훈련 7단계

글자 정밀 훈련 학습 7단계 ⑩호 글자 훈련 대비 예비 학습 단계

추→추→추→추→추→추→추→추→추→추→추→추
추→추→추→추→추→추→추→추→추→추→추→추
추→추→추→추→추→추→추→추→추→추→추→추
추→추→추→추→추→추→추→추→추→추→추→추
추→추→추→추→추→추→추→추→추→추→추→추
추→추→추→추→추→추→추→추→추→추→추→추
추→추→추→추→추→추→추→추→추→추→추→추
추→추→추→추→추→추→추→추→추→추→추→추
추→추→추→추→추→추→추→추→추→추→추→추
추→추→추→추→추→추→추→추→추→추→추→추
추→추→추→추→추→추→추→추→추→추→추→추
추→추→추→추→추→추→추→추→추→추→추→추
추→추→추→추→추→추→추→추→추→추→추→추
추→추→추→추→추→추→추→추→추→추→추→추
추→추→추→추→추→추→추→추→추→추→추→추
추→추→추→추→추→추→추→추→추→추→추→추
추→추→추→추→추→추→추→추→추→추→추→추
추→추→추→추→추→추→추→추→추→추→추→추

훈련 기록표

▶ 1분씩 측정하여 자수를 기록한다.

1차	2차	3차
4차	5차	6차
7차	8차	9차
10차	11차	12차
13차	14차	15차
16차	17차	18차
19차	20차	21차
22차	23차	24차
25차	26차	27차
28차	29차	30차

Click & Memo

The Super Speed Reading

횡 건너뛰기 훈련 및 글자 인지 실전 훈련

제 14 장 | 횡 뛰어넘기 훈련

제 15 장 | 기회 및 글자 인지 정밀 훈련

제 16 장 | 기호 세 줄 뭉쳐보기 훈련

제 17 장 | 네 글자 인지 능력 훈련

제 18 장 | 종합 글자 습득 훈련

제 19 장 | 단어 회생 훈련

제 20 장 | 실전 속독 이해도 측정 훈련

횡 뛰어넘기 훈련

1. 한 줄 횡 뛰어넘기 훈련

2. 두 줄 횡 뛰어넘기 훈련

횡 뛰어넘기 훈련

1 녹색의 줄을 따라 화살표 방향으로 左·右로 이동한다.

2 녹색의 세로 줄을 무시하고 훈련한다.

3 한 번 보고 횡을 뛰어 넘을 때 글자가 순간적으로 시야에 들어와야 한다.

4 시점을 중심에 두고 수직으로 내려온다.

5 훈련은 1분 단위로 하며, ①호 ~ ⑩호까지 연속 훈련한다.

6 다시 ①호 ~ ⑩호 까지만 측정 기록한다.

7 초시계 준비

한 줄 횡 뛰어넘기 훈련 1단계 ①호

> **설 명** 시점을 중심에 두고 위에서 아래로 빠르게 이동한다.

□→□→□→□→□→□→□→□
가　가　가　가　가　가　가　가
□←□←□←□←□←□←□←□
나　나　나　나　나　나　나　나
□→□→□→□→□→□→□→□
다　다　다　다　다　다　다　다
□←□←□←□←□←□←□←□
라　라　라　라　라　라　라　라
□→□→□→□→□→□→□→□
마　마　마　마　마　마　마　마
□←□←□←□←□←□←□←□
바　바　바　바　바　바　바　바
□→□→□→□→□→□→□→□
사　사　사　사　사　사　사　사
□←□←□←□←□←□←□←□
아　아　아　아　아　아　아　아
□→□→□→□→□→□→□→□
자　자　자　자　자　자　자　자
□←□←□←□←□←□←□←□

한 줄 횡 뛰어넘기 훈련 1단계 ②호

> **설 명** 시점을 중심에 두고 위에서 아래로 빠르게 이동한다.

□←□←□←□←□←□←□←□
갸 갸 갸 갸 갸 갸 갸 갸
□→□→□→□→□→□→□→□
냐 냐 냐 냐 냐 냐 냐 냐
□←□←□←□←□←□←□←□
댜 댜 댜 댜 댜 댜 댜 댜
□→□→□→□→□→□→□→□
랴 랴 랴 랴 랴 랴 랴 랴
□←□←□←□←□←□←□←□
먀 먀 먀 먀 먀 먀 먀 먀
□→□→□→□→□→□→□→□
뱌 뱌 뱌 뱌 뱌 뱌 뱌 뱌
□←□←□←□←□←□←□←□
샤 샤 샤 샤 샤 샤 샤 샤
□→□→□→□→□→□→□→□
야 야 야 야 야 야 야 야
□←□←□←□←□←□←□←□
쟈 쟈 쟈 쟈 쟈 쟈 쟈 쟈
□→□→□→□→□→□→□→□

한 줄 횡 뛰어넘기 훈련 1단계 ③호

> **설명** 시점을 중심에 두고 위에서 아래로 빠르게 이동한다.

☐→☐→☐→☐→☐→☐→☐→☐
거　거　거　거　거　거　거　거
☐←☐←☐←☐←☐←☐←☐←☐
너　너　너　너　너　너　너　너
☐→☐→☐→☐→☐→☐→☐→☐
더　더　더　더　더　더　더　더
☐←☐←☐←☐←☐←☐←☐←☐
러　러　러　러　러　러　러　러
☐→☐→☐→☐→☐→☐→☐→☐
머　머　머　머　머　머　머　머
☐←☐←☐←☐←☐←☐←☐←☐
버　버　버　버　버　버　버　버
☐→☐→☐→☐→☐→☐→☐→☐
서　서　서　서　서　서　서　서
☐←☐←☐←☐←☐←☐←☐←☐
어　어　어　어　어　어　어　어
☐→☐→☐→☐→☐→☐→☐→☐
저　저　저　저　저　저　저　저
☐←☐←☐←☐←☐←☐←☐←☐

한 줄 횡 뛰어넘기 훈련 1단계 ④호

> **설명** 시점을 중심에 두고 위에서 아래로 빠르게 이동한다.

□←□←□←□←□←□←□←□
겨 겨 겨 겨 겨 겨 겨 겨
□→□→□→□→□→□→□→□
녀 녀 녀 녀 녀 녀 녀 녀
□←□←□←□←□←□←□←□
뎌 뎌 뎌 뎌 뎌 뎌 뎌 뎌
□→□→□→□→□→□→□→□
려 려 려 려 려 려 려 려
□←□←□←□←□←□←□←□
며 며 며 며 며 며 며 며
□→□→□→□→□→□→□→□
벼 벼 벼 벼 벼 벼 벼 벼
□←□←□←□←□←□←□←□
셔 셔 셔 셔 셔 셔 셔 셔
□→□→□→□→□→□→□→□
여 여 여 여 여 여 여 여
□←□←□←□←□←□←□←□
져 져 져 져 져 져 져 져
□→□→□→□→□→□→□→□

한 줄 횡 뛰어넘기 훈련 1단계 ⑤호

> **설명** 시점을 중심에 두고 위에서 아래로 빠르게 이동한다.

▫→▫→▫→▫→▫→▫→▫→▫
고　고　고　고　고　고　고　고
▫←▫←▫←▫←▫←▫←▫←▫
노　노　노　노　노　노　노　노
▫→▫→▫→▫→▫→▫→▫→▫
도　도　도　도　도　도　도　도
▫←▫←▫←▫←▫←▫←▫←▫
로　로　로　로　로　로　로　로
▫→▫→▫→▫→▫→▫→▫→▫
모　모　모　모　모　모　모　모
▫←▫←▫←▫←▫←▫←▫←▫
보　보　보　보　부　보　보　보
▫→▫→▫→▫→▫→▫→▫→▫
소　소　소　소　소　소　소　소
▫←▫←▫←▫←▫←▫←▫←▫
오　오　오　오　오　오　오　오
▫→▫→▫→▫→▫→▫→▫→▫
조　조　조　조　조　조　조　조
▫←▫←▫←▫←▫←▫←▫←▫

The Super Speed Reading
한 줄 횡 뛰어넘기 훈련 1단계 ⑥호

🔵 **설 명** 시점을 중심에 두고 위에서 아래로 빠르게 이동한다.

교 교 교 교 교 교 교 교

뇨 뇨 뇨 뇨 뇨 뇨 뇨 뇨

됴 됴 됴 됴 됴 됴 됴 됴

료 료 료 료 료 료 료 료

묘 묘 묘 묘 묘 묘 묘 묘

뵤 뵤 뵤 뵤 뵤 뵤 뵤 뵤

쇼 쇼 쇼 쇼 쇼 쇼 쇼 쇼

요 요 요 요 요 요 요 요

죠 죠 죠 죠 죠 죠 죠 죠

한 줄 횡 뛰어넘기 훈련 1단계 ⑦호

> **설 명** 시점을 중심에 두고 위에서 아래로 빠르게 이동한다.

구 구 구 구 구 구 구 구

누 누 누 누 누 누 누 누

두 두 두 두 두 두 두 두

루 루 루 루 루 루 루 루

무 무 무 무 무 무 무 무

부 보 부 보 보 보 보 보

수 수 수 수 수 수 수 수

우 우 우 우 우 우 우 우

주 주 주 주 주 주 주 주

제 14 장 횡 뛰어넘기 훈련

The Super Speed Reading
한 줄 횡 뛰어넘기 훈련 1단계 ⑧호

> **설 명** 시점을 중심에 두고 위에서 아래로 빠르게 이동한다.

규 규 규 규 규 규 규 규

뉴 뉴 뉴 뉴 뉴 뉴 뉴 뉴

듀 듀 듀 듀 듀 듀 듀 듀

류 류 류 류 류 류 류 류

뮤 뮤 뮤 뮤 뮤 뮤 뮤 뮤

뷰 뷰 뷰 뷰 뷰 뷰 뷰 뷰

슈 슈 슈 슈 슈 슈 슈 슈

유 유 유 유 유 유 유 유

쥬 쥬 쥬 쥬 쥬 쥬 쥬 쥬

한 줄 횡 뛰어넘기 훈련 1단계 ⑨호

> **설명** 시점을 중심에 두고 위에서 아래로 빠르게 이동한다.

□→□→□→□→□→□→□→□

ㄱ ㄱ ㄱ ㄱ ㄱ ㄱ ㄱ ㄱ

□←□←□←□←□←□←□←□

ㄴ ㄴ ㄴ ㄴ ㄴ ㄴ ㄴ ㄴ

□→□→□→□→□→□→□→□

ㄷ ㄷ ㄷ ㄷ ㄷ ㄷ ㄷ ㄷ

□←□←□←□←□←□←□←□

ㄹ ㄹ ㄹ ㄹ ㄹ ㄹ ㄹ ㄹ

□→□→□→□→□→□→□→□

ㅁ ㅁ ㅁ ㅁ ㅁ ㅁ ㅁ ㅁ

□←□←□←□←□←□←□←□

ㅂ ㅂ ㅂ ㅂ ㅂ ㅂ ㅂ ㅂ

□→□→□→□→□→□→□→□

ㅅ ㅅ ㅅ ㅅ ㅅ ㅅ ㅅ ㅅ

□←□←□←□←□←□←□←□

ㅇ ㅇ ㅇ ㅇ ㅇ ㅇ ㅇ ㅇ

□→□→□→□→□→□→□→□

ㅈ ㅈ ㅈ ㅈ ㅈ ㅈ ㅈ ㅈ

□←□←□←□←□←□←□←□

한 줄 횡 뛰어넘기 훈련 1단계 ⑩호

> **설 명** 시점을 중심에 두고 위에서 아래로 빠르게 이동한다.

기 기 기 기 기 기 기 기

니 니 니 니 니 니 니 니

디 디 디 디 디 디 디 디

리 리 리 리 리 리 리 리

미 미 미 미 미 미 미 미

비 비 비 비 비 비 비 비

시 시 시 시 시 시 시 시

이 이 이 이 이 이 이 이

지 지 지 지 지 지 지 지

훈련 기록표
▶ 1 분씩 측정하여 자수를 기록한다.

1차	2차	3차
4차	5차	6차
7차	8차	9차
10차	11차	12차
13차	14차	15차
16차	17차	18차
19차	20차	21차
22차	23차	24차
25차	26차	27차
28차	29차	30차

두 줄 횡 뛰어넘기 훈련

1 녹색의 줄을 따라 화살표 방향으로 左·右로 이동한다.

2 녹색의 세로 줄을 무시하고 훈련한다.

3 두 횡을 뛰어넘을 때 글자가 순간적으로 시야에 들어와야 한다.

4 시점을 중심에 두고 수직으로 내려온다.

5 훈련은 1분 단위로 하며 ①호 ~ ⑩호까지 연속 훈련한다.

6 다시 ①호 ~ ⑩호 까지만 측정 기록한다.

7 초시계 준비

두 줄 횡 뛰어넘기 훈련 2단계 ①호

> 설명: 시점을 중심에 두고 화살표를 따라 위에서 아래로 이동한다.

가 가 가 가 가 가 가 가
가 가 가 가 가 가 가 가
나 나 나 나 나 나 나 나
나 나 나 나 나 나 나 나
다 다 다 다 다 다 다 다
다 다 다 다 다 다 다 다
라 라 라 라 라 라 라 라
라 라 라 라 라 라 라 라
마 마 마 마 마 마 마 마
마 마 마 마 마 마 마 마
바 바 바 바 바 바 바 바
바 바 바 바 바 바 바 바
사 사 사 사 사 사 사 사
사 사 사 사 사 사 사 사

두 줄 횡 뛰어넘기 훈련 2단계 ②호

> 설명 시점을 중심에 두고 화살표를 따라 위에서 아래로 이동한다.

게 게 게 게 게 게 게 게
☐←☐←☐←☐←☐←☐←☐←☐
게 게 게 게 게 게 게 게
네 네 네 네 네 네 네 네
☐→☐→☐→☐→☐→☐→☐→☐
네 네 네 네 네 네 네 네
데 데 데 데 데 데 데 데
☐←☐←☐←☐←☐←☐←☐←☐
데 데 데 데 데 데 데 데
레 레 레 레 레 레 레 레
☐→☐→☐→☐→☐→☐→☐→☐
레 레 레 레 레 레 레 레
메 메 메 메 메 메 메 메
☐←☐←☐←☐←☐←☐←☐←☐
메 메 메 메 메 메 메 메
베 베 베 베 베 베 베 베
☐→☐→☐→☐→☐→☐→☐→☐
베 베 베 베 베 베 베 베
세 세 세 세 세 세 세 세
☐←☐←☐←☐←☐←☐←☐←☐
세 세 세 세 세 세 세 세

두 줄 횡 뛰어넘기 훈련 2단계 ③호

🔵 **설 명** 시점을 중심에 두고 화살표를 따라 위에서 아래로 이동한다.

기 기 기 기 기 기 기 기
□→□→□→□→□→□→□→□
기 기 기 기 기 기 기 기
니 니 니 니 니 니 니 니
□←□←□←□←□←□←□←□
니 니 니 니 니 니 니 니
디 디 디 디 디 디 디 디
□→□→□→□→□→□→□→□
디 디 디 디 디 디 디 디
리 리 리 리 리 리 리 리
□←□←□←□←□←□←□←□
리 리 리 리 리 리 리 리
미 미 미 미 미 미 미 미
□→□→□→□→□→□→□→□
미 미 미 미 미 미 미 미
비 비 비 비 비 비 비 비
□←□←□←□←□←□←□←□
비 비 비 비 비 비 비 비
시 시 시 시 시 시 시 시
□→□→□→□→□→□→□→□
시 시 시 시 시 시 시 시

제14장 횡 뛰어넘기 훈련

두 줄 횡 뛰어넘기 훈련 2단계 ④호

> **설명** 시점을 중심에 두고 화살표를 따라 위에서 아래로 이동한다.

두 줄 횡 뛰어넘기 훈련 2단계 ⑤호

> **설명** 시점을 중심에 두고 화살표를 따라 위에서 아래로 이동한다.

구 구 구 구 구 구 구 구
□→□→□→□→□→□→□→□
구 구 구 구 구 구 구 구

누 누 누 누 누 누 누 누
□←□←□←□←□←□←□←□
누 누 누 누 누 누 누 누

두 두 두 두 두 두 두 두
□→□→□→□→□→□→□→□
두 두 두 두 두 두 두 두

루 루 루 루 루 루 루 루
□←□←□←□←□←□←□←□
루 루 루 루 루 루 루 루

무 무 무 무 무 무 무 무
□→□→□→□→□→□→□→□
무 무 무 무 무 무 무 무

부 부 부 부 부 부 부 부
□←□←□←□←□←□←□←□
부 부 부 부 부 부 부 부

수 수 수 수 수 수 수 수
□→□→□→□→□→□→□→□
수 수 수 수 수 수 수 수

제14장 횡 뛰어넘기 훈련

The Super Speed Reading
두 줄 횡 뛰어넘기 훈련 2단계 ⑥호

▶ **설 명** 시점을 중심에 두고 화살표를 따라 위에서 아래로 이동한다.

고 고 고 고 고 고 고
□←□←□←□←□←□←□
고 고 고 고 고 고 고
노 노 노 노 노 노 노 노
□→□→□→□→□→□→□
노 노 노 노 노 노 노 노
도 도 도 도 도 도 도
□←□←□←□←□←□←□
도 도 도 도 도 도 도 도
로 로 로 로 로 로 로
□→□→□→□→□→□→□
로 로 로 로 로 로 로
모 모 모 모 모 모 모 모
□←□←□←□←□←□←□
모 모 모 모 모 모 모 모
보 보 보 보 보 보 보 보
□→□→□→□→□→□→□
보 보 보 보 보 보 보 보
소 소 소 소 소 소 소
□←□←□←□←□←□←□
소 소 소 소 소 소 소 소

두 줄 횡 뛰어넘기 훈련 2단계 ⑦호

🔹 **설 명** 시점을 중심에 두고 화살표를 따라 위에서 아래로 이동한다.

규 규 규 규 규 규 규 규
□→□→□→□→□→□→□→□
규 규 규 규 규 규 규 규
뉴 뉴 뉴 뉴 뉴 뉴 뉴 뉴
□←□←□←□←□←□←□←□
뉴 뉴 뉴 뉴 뉴 뉴 뉴 뉴
듀 듀 듀 듀 듀 듀 듀 듀
□→□→□→□→□→□→□→□
듀 듀 듀 듀 듀 듀 듀 듀
류 류 류 류 류 류 류 류
□←□←□←□←□←□←□←□
류 류 류 류 류 류 류 류
뮤 뮤 뮤 뮤 뮤 뮤 뮤 뮤
□→□→□→□→□→□→□→□
뮤 뮤 뮤 뮤 뮤 뮤 뮤 뮤
뷰 뷰 뷰 뷰 뷰 뷰 뷰 뷰
□←□←□←□←□←□←□←□
뷰 뷰 뷰 뷰 뷰 뷰 뷰 뷰
슈 슈 슈 슈 슈 슈 슈 슈
□→□→□→□→□→□→□→□
슈 슈 슈 슈 슈 슈 슈 슈

두 줄 횡 뛰어넘기 훈련 2단계 ⑧호

> **설명** 시점을 중심에 두고 화살표를 따라 위에서 아래로 이동한다.

개 개 개 개 개 개 개 개
□←□←□←□←□←□←□←□
개 개 개 개 개 개 개 개
내 내 내 내 내 내 내 내
□→□→□→□→□→□→□→□
내 내 내 내 내 내 내 내
대 대 대 대 대 대 대 대
□←□←□←□←□←□←□←□
대 대 대 대 대 대 대 대
래 래 래 래 래 래 래 래
□→□→□→□→□→□→□→□
래 래 래 래 래 래 래 래
매 매 매 매 매 매 매 매
□←□←□←□←□←□←□←□
매 매 매 매 매 매 매 매
배 배 배 배 배 배 배 배
□→□→□→□→□→□→□→□
배 배 배 배 배 배 배 배
새 새 새 새 새 새 새 새
□←□←□←□←□←□←□←□
새 새 새 새 새 새 새 새

두 줄 횡 뛰어넘기 훈련 2단계 ⑨호

> **설 명** 시점을 중심에 두고 화살표를 따라 위에서 아래로 이동한다.

갸 갸 갸 갸 갸 갸 갸 갸
■→■→■→■→■→■→■→■
갸 갸 갸 갸 갸 갸 갸 갸
냐 냐 냐 냐 냐 냐 냐 냐
■←■←■←■←■←■←■←■
냐 냐 냐 냐 냐 냐 냐 냐
댜 댜 댜 댜 댜 댜 댜 댜
■→■→■→■→■→■→■→■
댜 댜 댜 댜 댜 댜 댜 댜
랴 랴 랴 랴 랴 랴 랴 랴
■←■←■←■←■←■←■←■
랴 랴 랴 랴 랴 랴 랴 랴
먀 먀 먀 먀 먀 먀 먀 먀
■→■→■→■→■→■→■→■
먀 먀 먀 먀 먀 먀 먀 먀
뱌 뱌 뱌 뱌 뱌 뱌 뱌 뱌
■←■←■←■←■←■←■←■
뱌 뱌 뱌 뱌 뱌 뱌 뱌 뱌
샤 샤 샤 샤 샤 샤 샤 샤
■→■→■→■→■→■→■→■
샤 샤 샤 샤 샤 샤 샤 샤

The Super Speed Reading
두 줄 횡 뛰어넘기 훈련 2단계 ⑩호

▶ **설 명** 시점을 중심에 두고 화살표를 따라 위에서 아래로 이동한다.

겨 겨 겨 겨 겨 겨 겨 겨
□←□←□←□←□←□←□←□
겨 겨 겨 겨 겨 겨 겨 겨
녀 녀 녀 녀 녀 녀 녀 녀
□→□→□→□→□→□→□→□
녀 녀 녀 녀 녀 녀 녀 녀
뎌 뎌 뎌 뎌 뎌 뎌 뎌 뎌
□←□←□←□←□←□←□←□
뎌 뎌 뎌 뎌 뎌 뎌 뎌 뎌
려 려 려 려 려 려 려 려
□→□→□→□→□→□→□→□
려 려 려 려 려 려 려 려
며 며 며 며 며 며 며 며
□←□←□←□←□←□←□←□
며 며 며 며 며 며 며 며
벼 벼 벼 벼 벼 벼 벼 벼
□→□→□→□→□→□→□→□
벼 벼 벼 벼 벼 벼 벼 벼
셔 셔 셔 셔 셔 셔 셔 셔
□←□←□←□←□←□←□←□
셔 셔 셔 셔 셔 셔 셔 셔

훈련 기록표

▶ 1 분씩 측정하여 자수를 기록한다.

1차	2차	3차
4차	5차	6차
7차	8차	9차
10차	11차	12차
13차	14차	15차
16차	17차	18차
19차	20차	21차
22차	23차	24차
25차	26차	27차
28차	29차	30차

Click & Memo

기호 및 글자 인지 정밀 훈련

1. 기호 및 글자 인지 정밀 훈련
2. 한 자 인지 정밀 훈련
3. 두 자 인지 정밀 훈련
4. 세 자 인지 정밀 훈련
5. 네 자 인지 정밀 훈련
6. 다섯 자 인지 정밀 훈련

# 기호 및 단어 인지 능력 훈련 단계

1. 턱을 목 아래로 약간 당긴 상태에서 훈련 준비에 임한다.

2. 시점을 상단 기호나 글자 중심에 위치한다.

3. 녹색의 기호나 글자를 빠르게 인지하여 내려간다.

4. 左·右쪽의 기호 및 글자를 반복 인지한다.

5. 훈련 시간은 각 기호마다 1분 단위로 스톱 워치를 사용하여 훈련한다.

6. 1분 훈련이 끝나면 양쪽의 기호나 글자를 측정하여 기록한다.

7. 양쪽을 10초 내에 주파하여야 하며 차츰 초를 단축시킨다.

8. 단계별로 기호나 글자 수가 점차 늘어나도 속도에는 변함이 없어야 한다.

1단계 기호 인지 훈련 정밀 단계 ①-1호 기호

설 명
❶ 기호 하나 보는 속도로 글자 인지하기.
❷ 빠르게 핵심 단어를 찾아 내려간다.

제 15 장 기호 및 글자 인지 정밀 훈련

1단계 기호 인지 훈련 정밀 단계 ①-2호 기호

> **설명**
> ❶ 기호 하나 보는 속도로 글자 인지하기.
> ❷ 빠르게 핵심 단어를 찾아 내려간다.

1단계 글자 인지 훈련 정밀 단계 ①-3호 한 글자

설명
❶ 기호 하나 보는 속도로 글자 인지하기.
❷ 빠르게 핵심 단어를 찾아 내려간다.

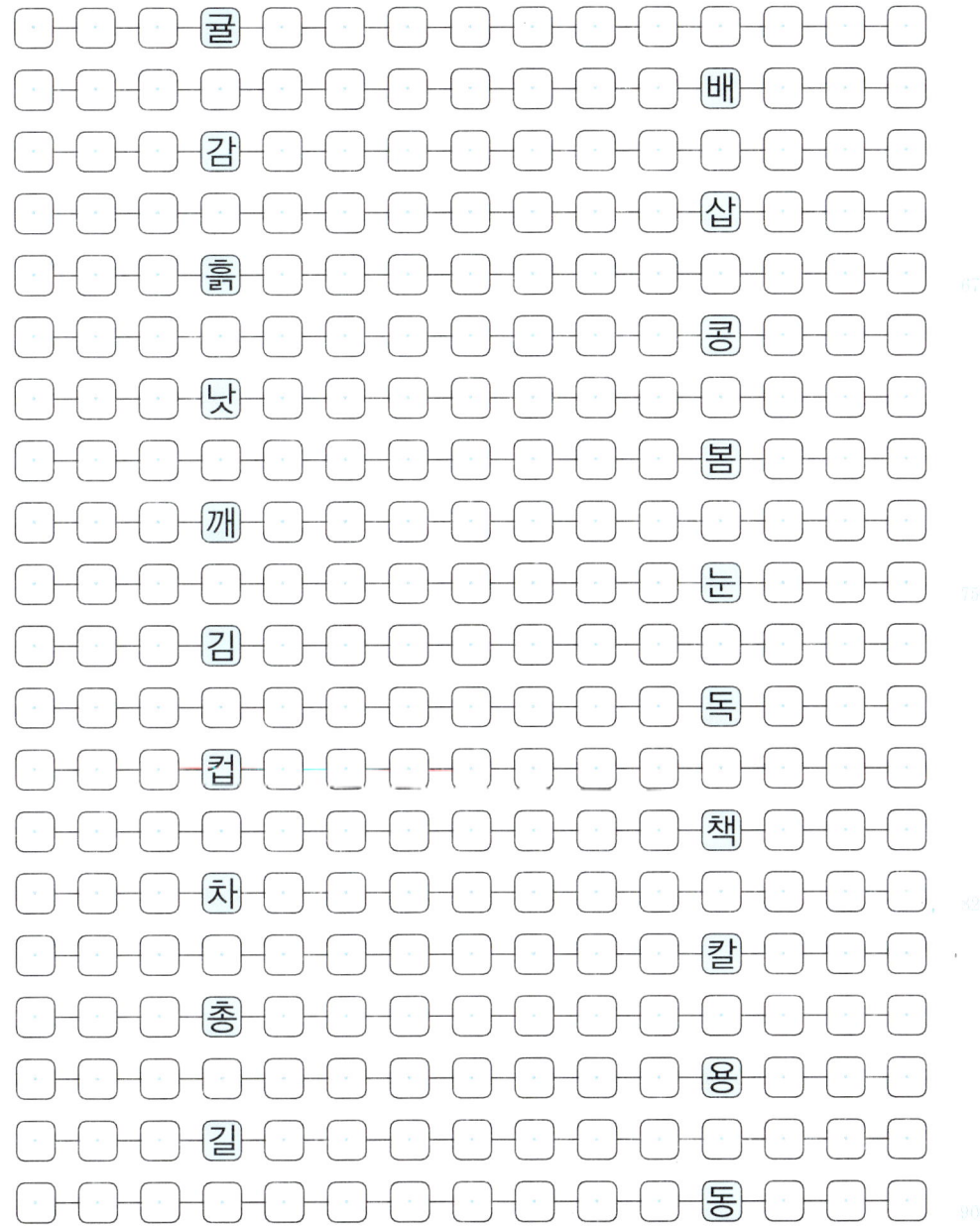

1단계 글자 인지 훈련 정밀 단계 ①-4호 한 글자

> 설명
> ❶ 기호 하나 보는 속도로 글자 인지하기.
> ❷ 빠르게 핵심 단어를 찾아 내려간다.

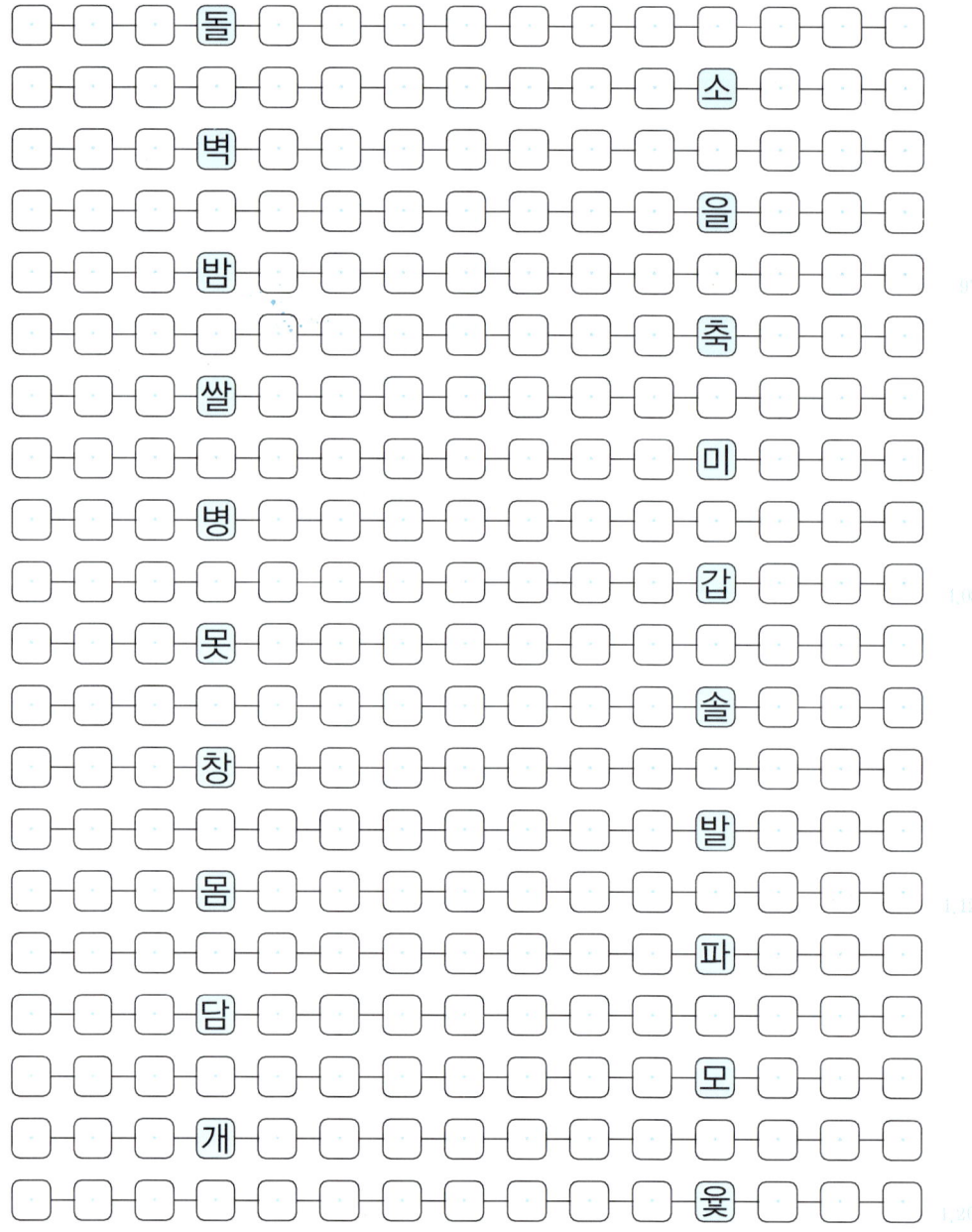

훈련 기록표

➡ 1 분씩 측정하여 자수를 기록한다.

1차	2차	3차
4차	5차	6차
7차	8차	9차
10차	11차	12차
13차	14차	15차
16차	17차	18차
19차	20차	21차
22차	23차	24차
25차	26차	27차
28차	29차	30차

2단계 기호 인지 훈련 정밀 단계 ②-1호 기호

> 설명
> ❶ 기호 하나 보는 속도로 글자 인지하기.
> ❷ 빠르게 핵심 단어를 찾아 내려간다.

2단계 기호 인지 훈련 정밀 단계 ②-2호 　기호

> **설 명**　❶ 기호 하나 보는 속도로 글자 인지하기.
> ❷ 빠르게 핵심 단어를 찾아 내려간다.

제 15 장 기호 및 글자 인지 정밀 훈련

2단계 글자 인지 훈련 정밀 단계 ②-3호 두 글자

> 설명 ❶ 기호 하나 보는 속도로 글자 인지하기.
> ❷ 빠르게 핵심 단어를 찾아 내려간다.

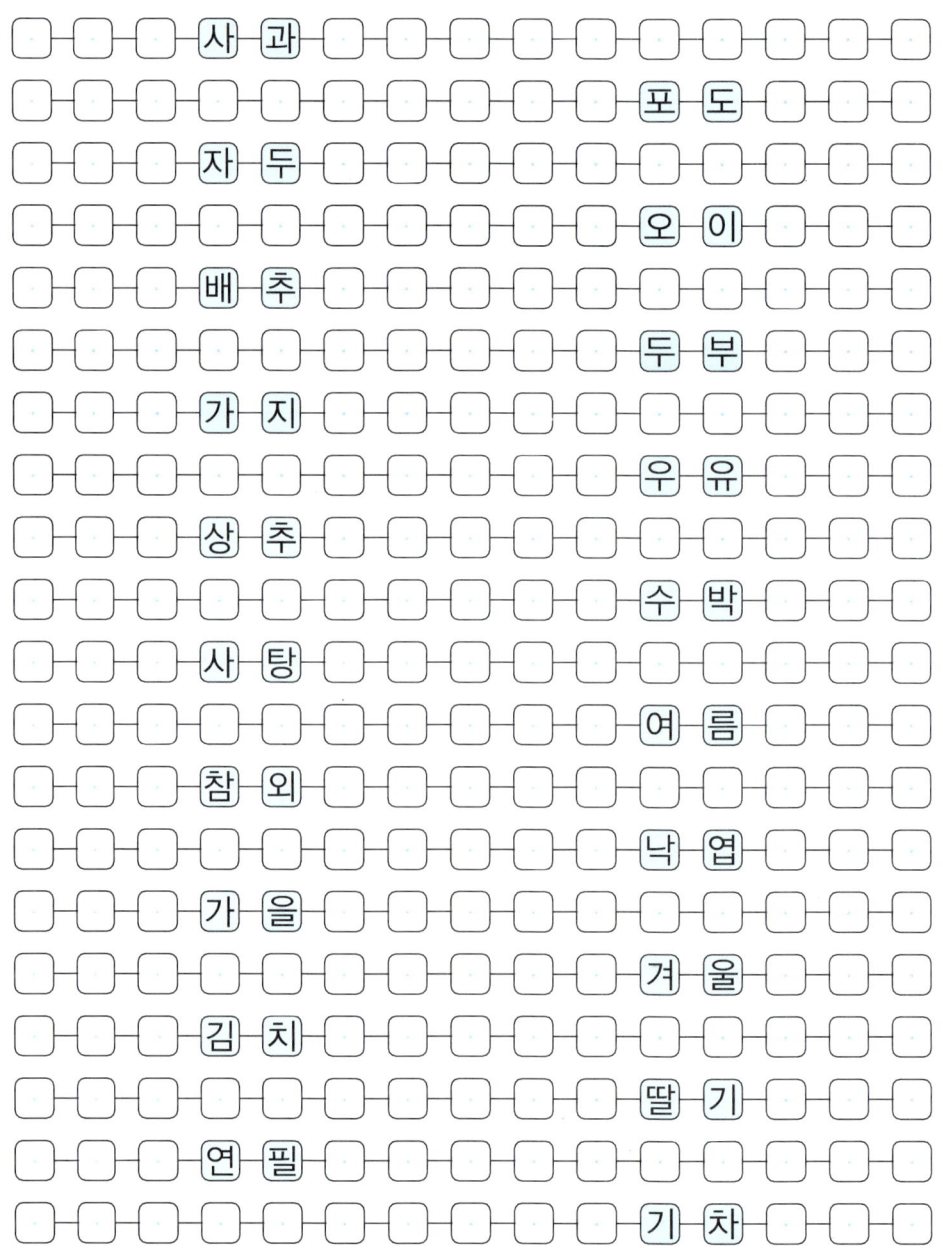

2단계 글자 인지 훈련 정밀 단계 ②-4호 두 글자

> 설명
> ❶ 기호 하나 보는 속도로 글자 인지하기.
> ❷ 빠르게 핵심 단어를 찾아 내려간다.

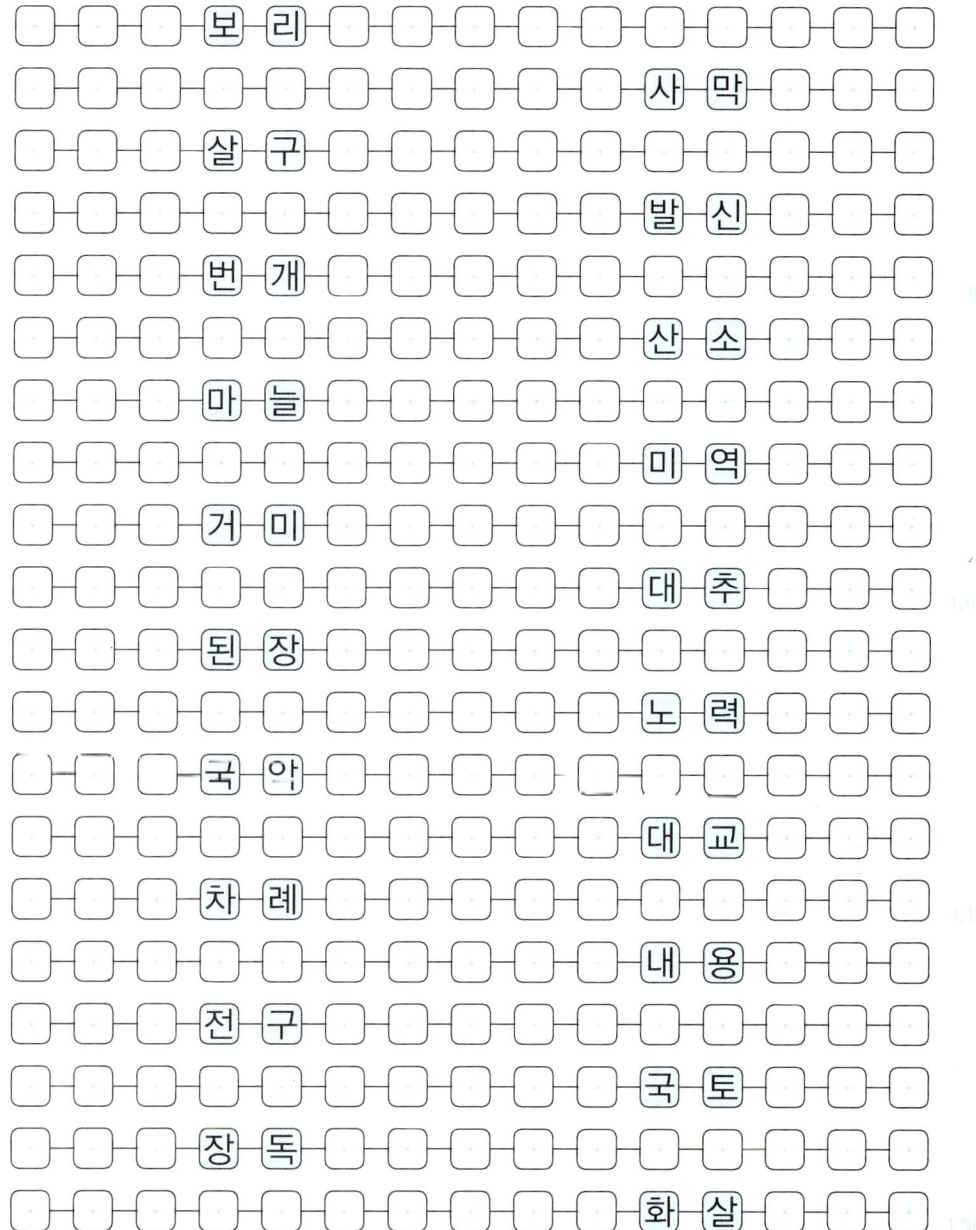

훈련 기록표

➡ 1 분씩 측정하여 자수를 기록한다.

1차		2차		3차	
4차		5차		6차	
7차		8차		9차	
10차		11차		12차	
13차		14차		15차	
16차		17차		18차	
19차		20차		21차	
22차		23차		24차	
25차		26차		27차	
28차		29차		30차	

3단계 기호 인지 훈련 정밀 단계 ③-1호   기호

설명
❶ 기호 하나 보는 속도로 글자 인지하기.
❷ 빠르게 핵심 단어를 찾아 내려간다.

3단계 기호 인지 훈련 정밀 단계 ③-2호 기호

▶ 설 명   ❶ 기호 하나 보는 속도로 글자 인지하기.
           ❷ 빠르게 핵심 단어를 찾아 내려간다.

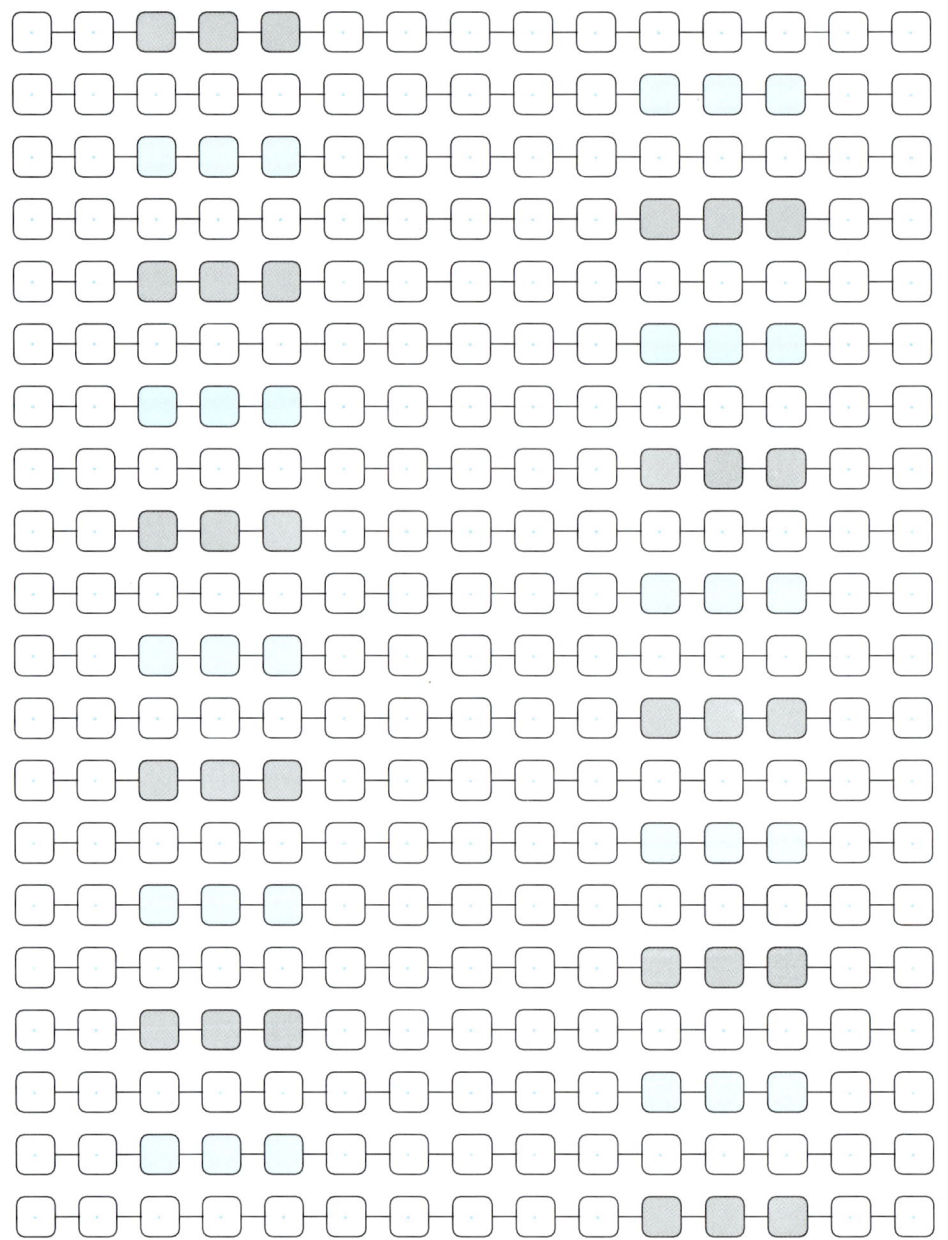

3단계 글자 인지 훈련 정밀 단계 ③-3호 세 글자

▶ 설명 ❶ 기호 하나 보는 속도로 글자 인지하기.
❷ 빠르게 핵심 단어를 찾아 내려간다.

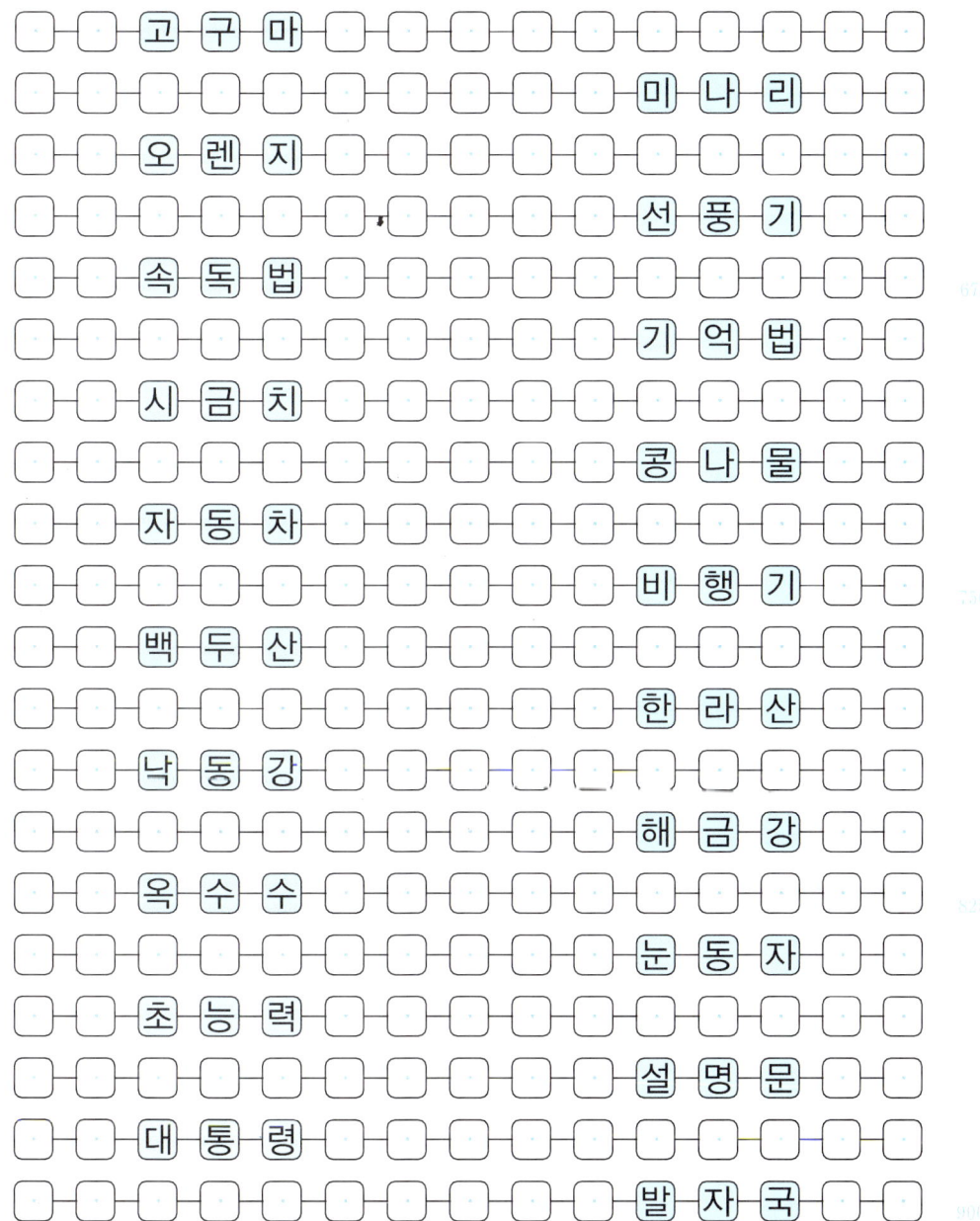

3단계 글자 인지 훈련 정밀 단계 ③-4호 세 글자

▶ 설 명 ❶ 기호 하나 보는 속도로 글자 인지하기.
❷ 빠르게 핵심 단어를 찾아 내려간다.

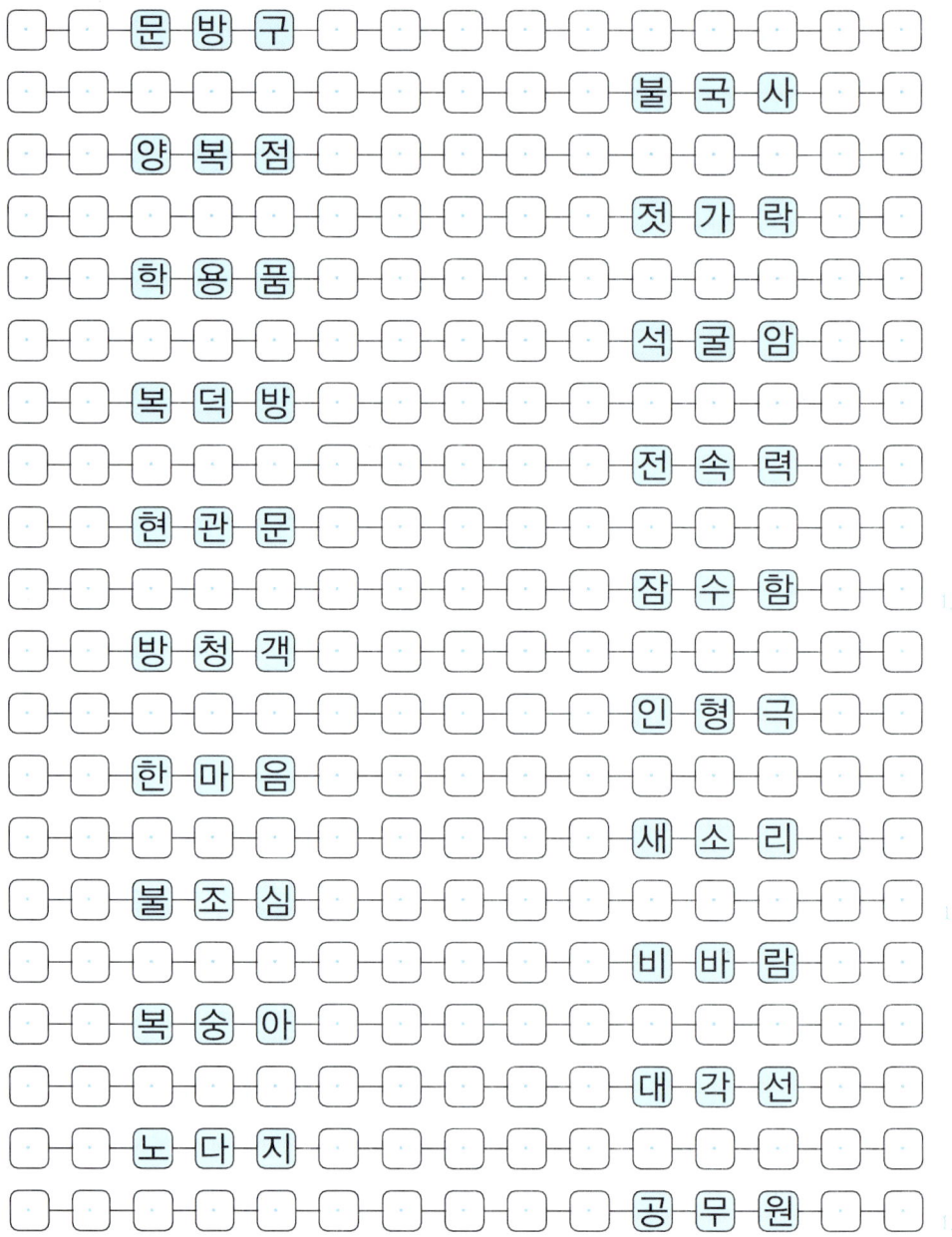

훈련 기록표

➡ 1 분씩 측정하여 자수를 기록한다.

1차		2차		3차	
4차		5차		6차	
7차		8차		9차	
10차		11차		12차	
13차		14차		15차	
16차		17차		18차	
19차		20차		21차	
22차		23차		24차	
25차		26차		27차	
28차		29차		30차	

4 단계 기호 인지 훈련 정밀 단계 ④-1호   기호

🔵 설 명 ❶ 기호 하나 보는 속도로 글자 인지하기.
❷ 빠르게 핵심 단어를 찾아 내려간다.

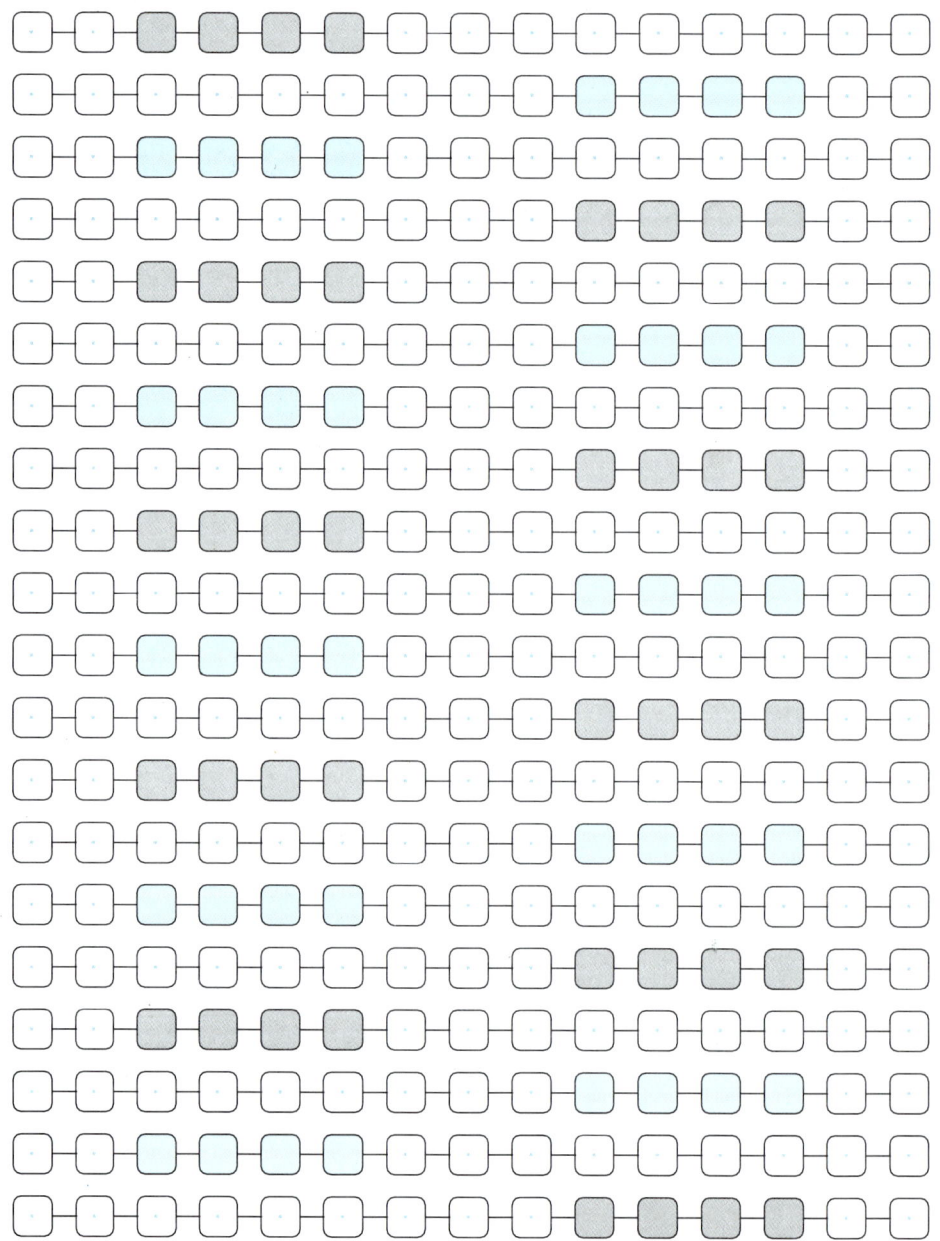

4단계 기호 인지 훈련 정밀 단계 ④-2호 기호

설 명
❶ 기호 하나 보는 속도로 글자 인지하기.
❷ 빠르게 핵심 단어를 찾아 내려간다.

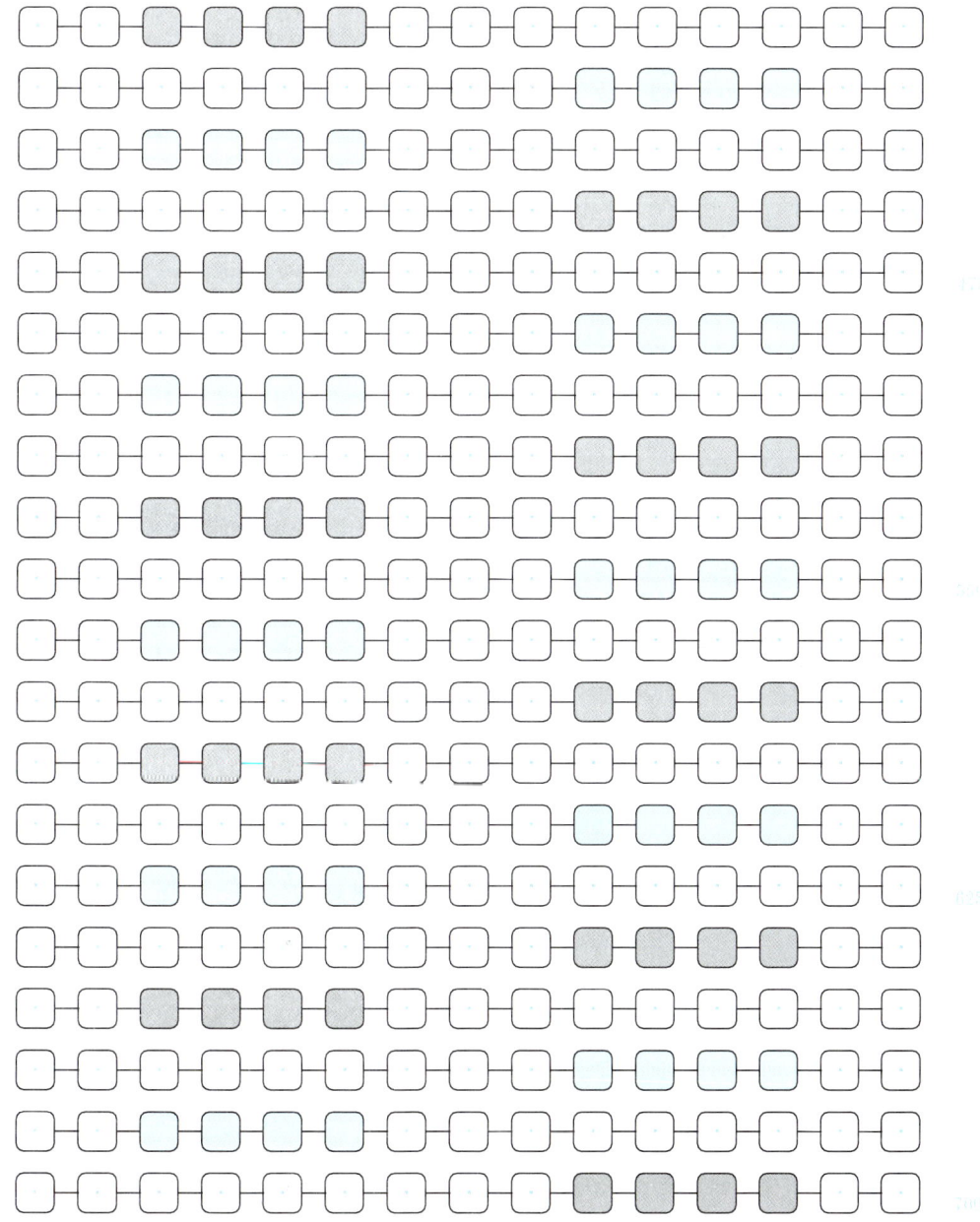

제 15 장 기호 및 글자 인지 정밀 훈련

4 단계 글자 인지 훈련 정밀 단계 ④-3호 네 글자

▶ 설 명 ❶ 기호 하나 보는 속도로 글자 인지하기.
❷ 빠르게 핵심 단어를 찾아 내려간다.

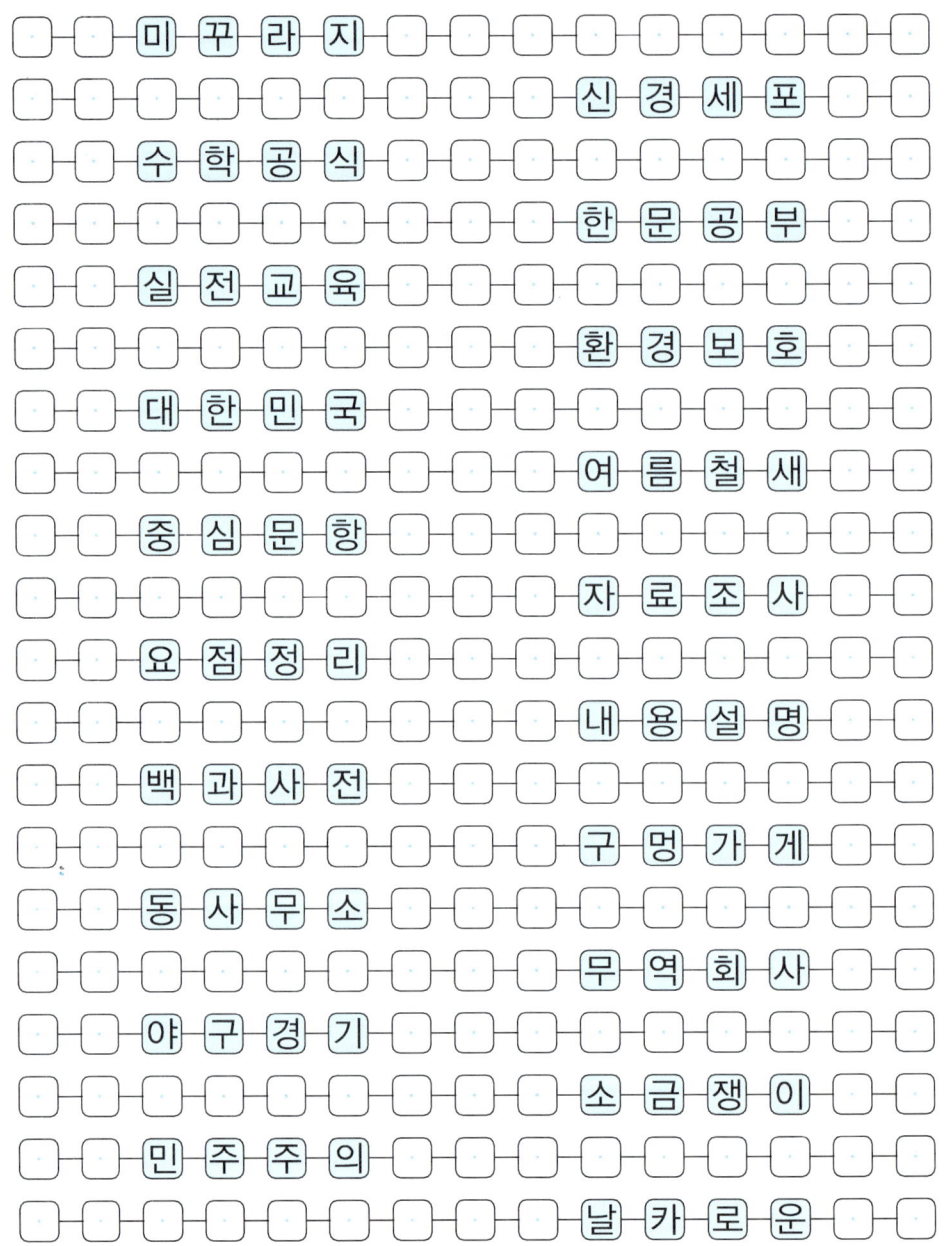

4 단계 글자 인지 훈련 정밀 단계 ④-4호 네 글자

> 설 명
> ❶ 기호 하나 보는 속도로 글자 인지하기.
> ❷ 빠르게 핵심 단어를 찾아 내려간다.

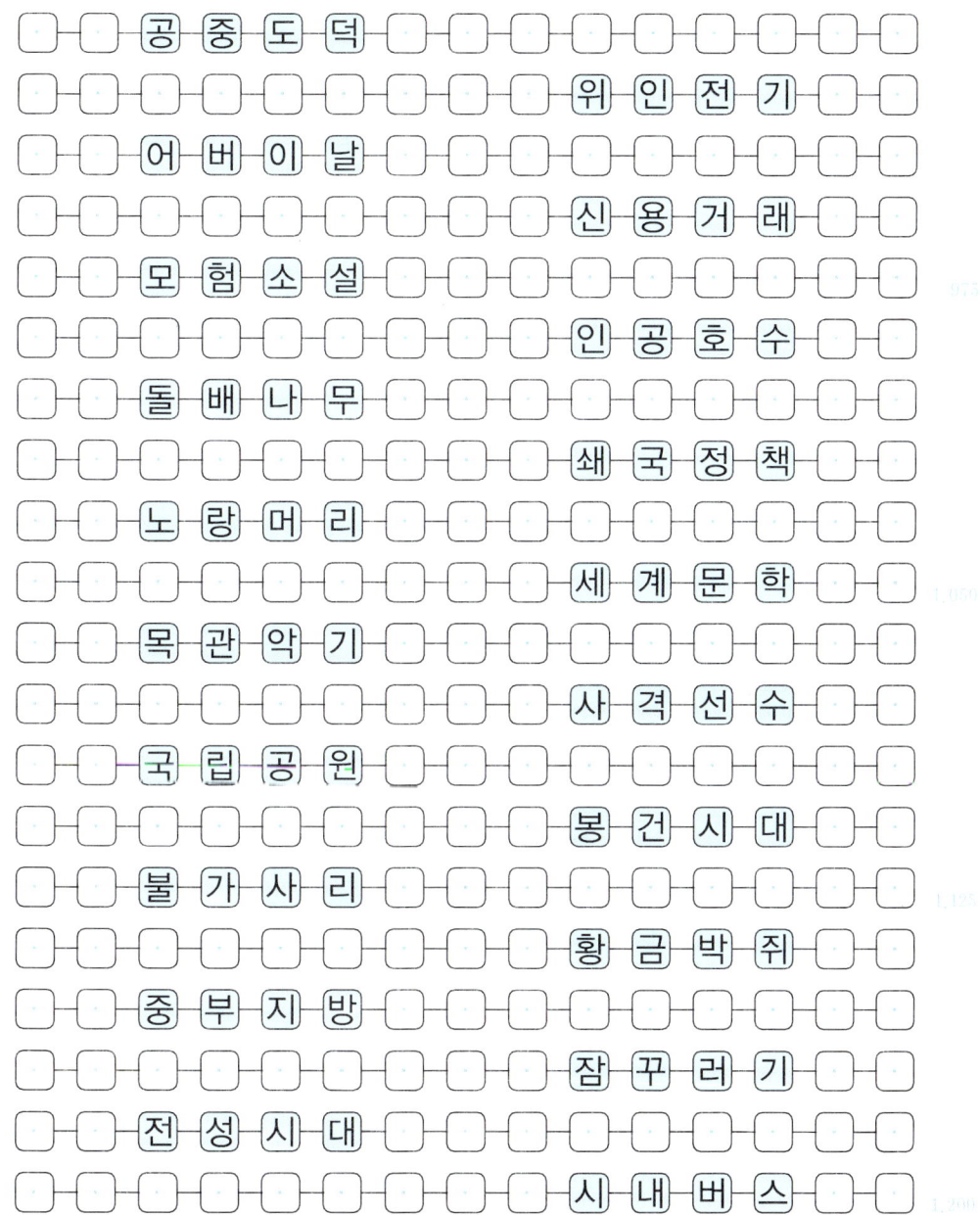

훈련 기록표

▶ 1 분씩 측정하여 자수를 기록한다.

1차	2차	3차
4차	5차	6차
7차	8차	9차
10차	11차	12차
13차	14차	15차
16차	17차	18차
19차	20차	21차
22차	23차	24차
25차	26차	27차
28차	29차	30차

5단계 기호 인지 훈련 정밀 단계 ⑤-1호   기호

설명
❶ 기호 하나 보는 속도로 글자 인지하기.
❷ 빠르게 핵심 단어를 찾아 내려간다.

제15장 기호 및 글자 인지 정밀 훈련

5단계 기호 인지 훈련 정밀 단계 ⑤-2호   기호

▶ 설명 ① 기호 하나 보는 속도로 글자 인지하기.
② 빠르게 핵심 단어를 찾아 내려간다.

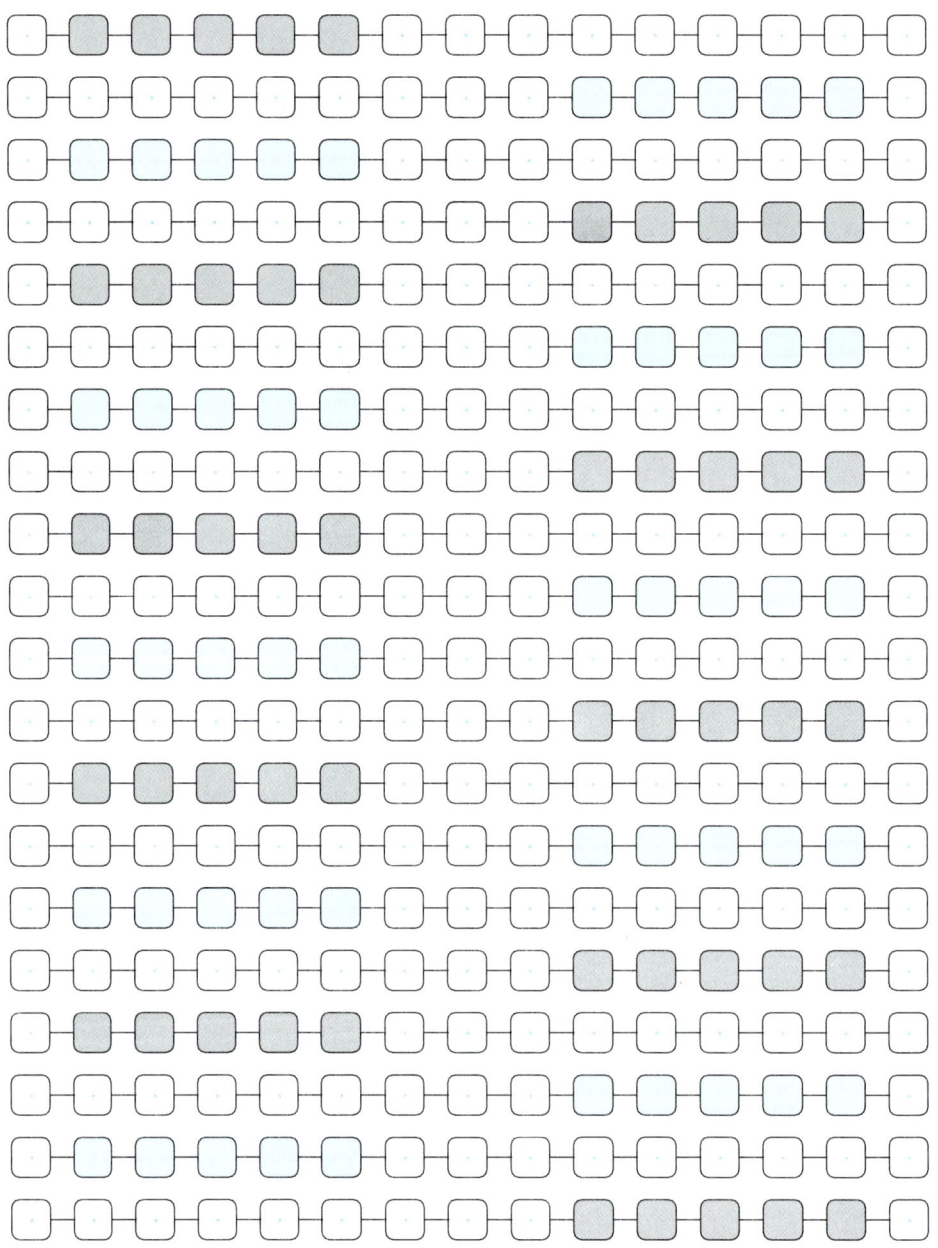

5단계 글자 인지 훈련 정밀 단계 ⑤-3호 다섯 글자

설명
❶ 기호 하나 보는 속도로 글자 인지하기.
❷ 빠르게 핵심 단어를 찾아 내려간다.

즐거운여행
바람의방향
태양의위치
아파트단지
즐거운생활
학용품절약
국가적이익
생활계획표
공책과연필
신문과잡지
모두의기쁨
과학의발달
월드컵경기
귀중한생명
서울특별시
날씨가추운
우리농산물
에너지절약
나무를심자
자연을보호

제 15 장 기호 및 글자 인지 정밀 훈련

5단계 글자 인지 훈련 정밀 단계 ⑤-4호 다섯 글자

설명
❶ 기호 하나 보는 속도로 글자 인지하기.
❷ 빠르게 핵심 단어를 찾아 내려간다.

- 장거리경주
- 오래달리기
- 인터체인지
- 장수하늘소
- 무역박람회
- 자동차경주
- 백두산천지
- 결혼기념일
- 겨울나그네
- 머나먼고향
- 들국화향기
- 속독력향상
- 한바탕웃음
- 훌륭한재주
- 즐거운소풍
- 고등어조림
- 하늘의구름
- 비단옷입고
- 견우와직녀
- 나무를심자

훈련 기록표

▶ 1 분씩 측정하여 자수를 기록한다.

1차	2차	3차
4차	5차	6차
7차	8차	9차
10차	11차	12차
13차	14차	15차
16차	17차	18차
19차	20차	21차
22차	23차	24차
25차	26차	27차
28차	29차	30차

Click & Memo

기호 세 줄 뭉쳐보기 훈련

1. 시점 중심 선 따라 이동

2. 1호 ~ 10호 까지

기호 뭉쳐보기 훈련

1. 시점을 중심에 두고 녹색 기호의 선을 따라 이동한다.

2. 기호 안에 글자가 있다고 생각하고 이동한다.

3. 빠르게 이동하는 순간에도 左·右쪽의 기호가 명확히 시야에 들어와야 한다.

4. 1분 단위로 ①호 ~ ⑩호까지 반복 훈련한다.

5. 충분히 훈련이 되었으면 ①호 ~ ⑩호까지 소요 시간을 측정 기록한다.

기호 뭉쳐보기 훈련 기호 ①호

> **설 명** 시점을 중심에 두고 선을 따라 빠르게 이동한다(제한 시간 30초 내).

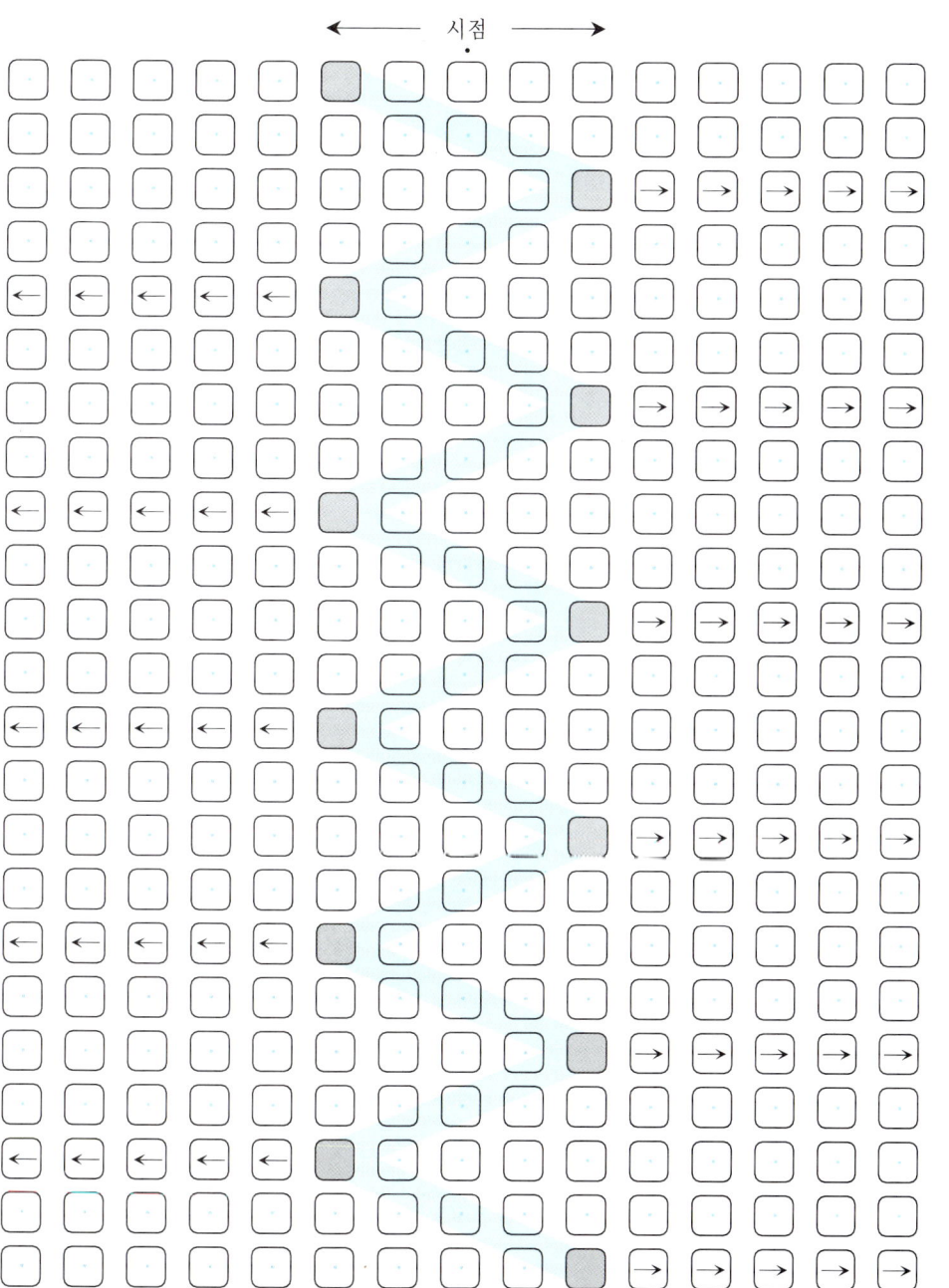

제 16장 기호 세 줄 뭉쳐보기 훈련

기호 뭉쳐보기 훈련 기호 ②호

→ 설 명 시점을 중심에 두고 선을 따라 빠르게 이동한다.

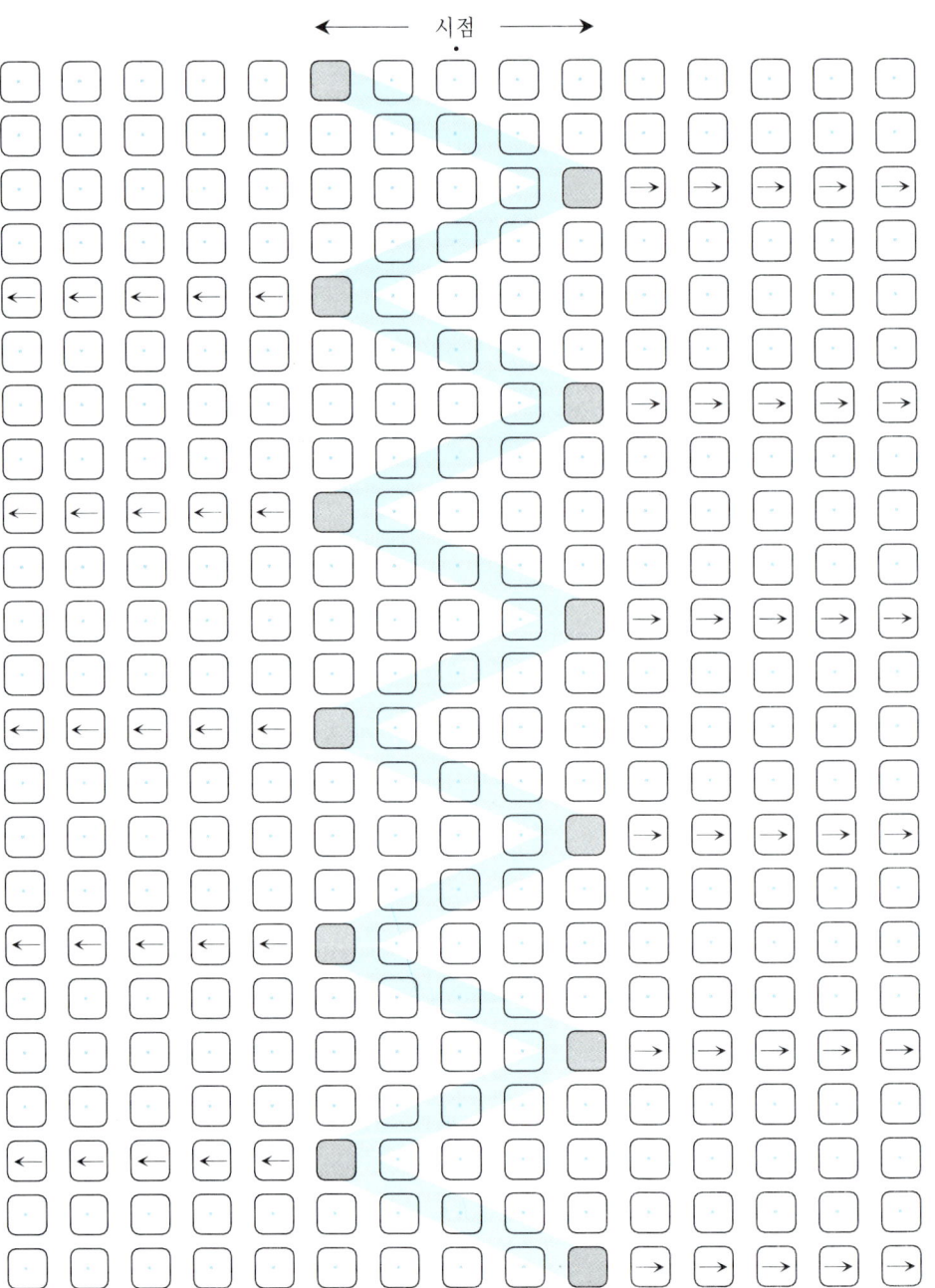

기호 뭉쳐보기 훈련 기호 ③호

> **설 명** 시점을 중심에 두고 선을 따라 빠르게 이동한다.

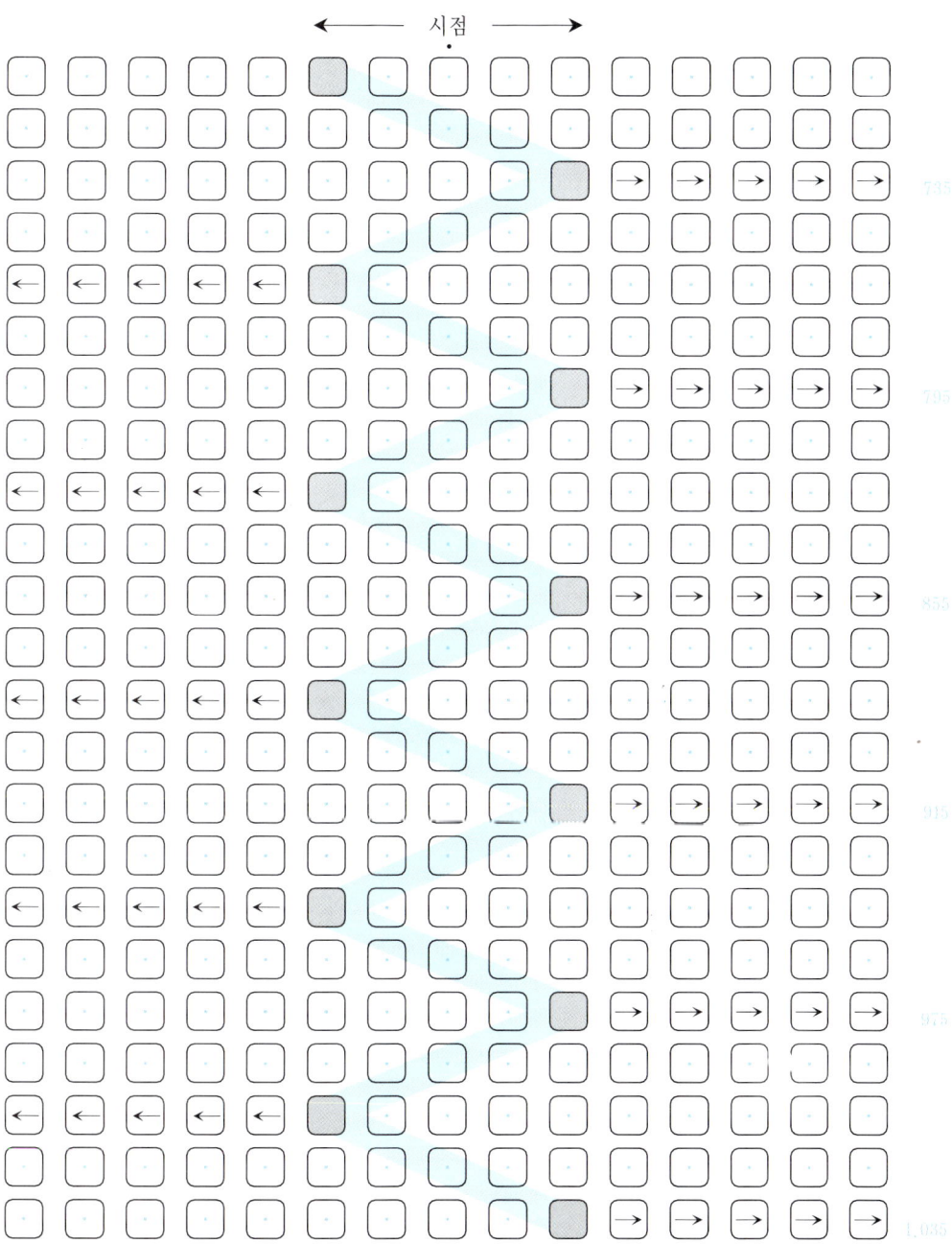

기호 뭉쳐보기 훈련 기호 ④호

설 명 시점을 중심에 두고 선을 따라 빠르게 이동한다.

기호 뭉쳐보기 훈련 기호 ⑤호

> **설 명** 시점을 중심에 두고 선을 따라 빠르게 이동한다.

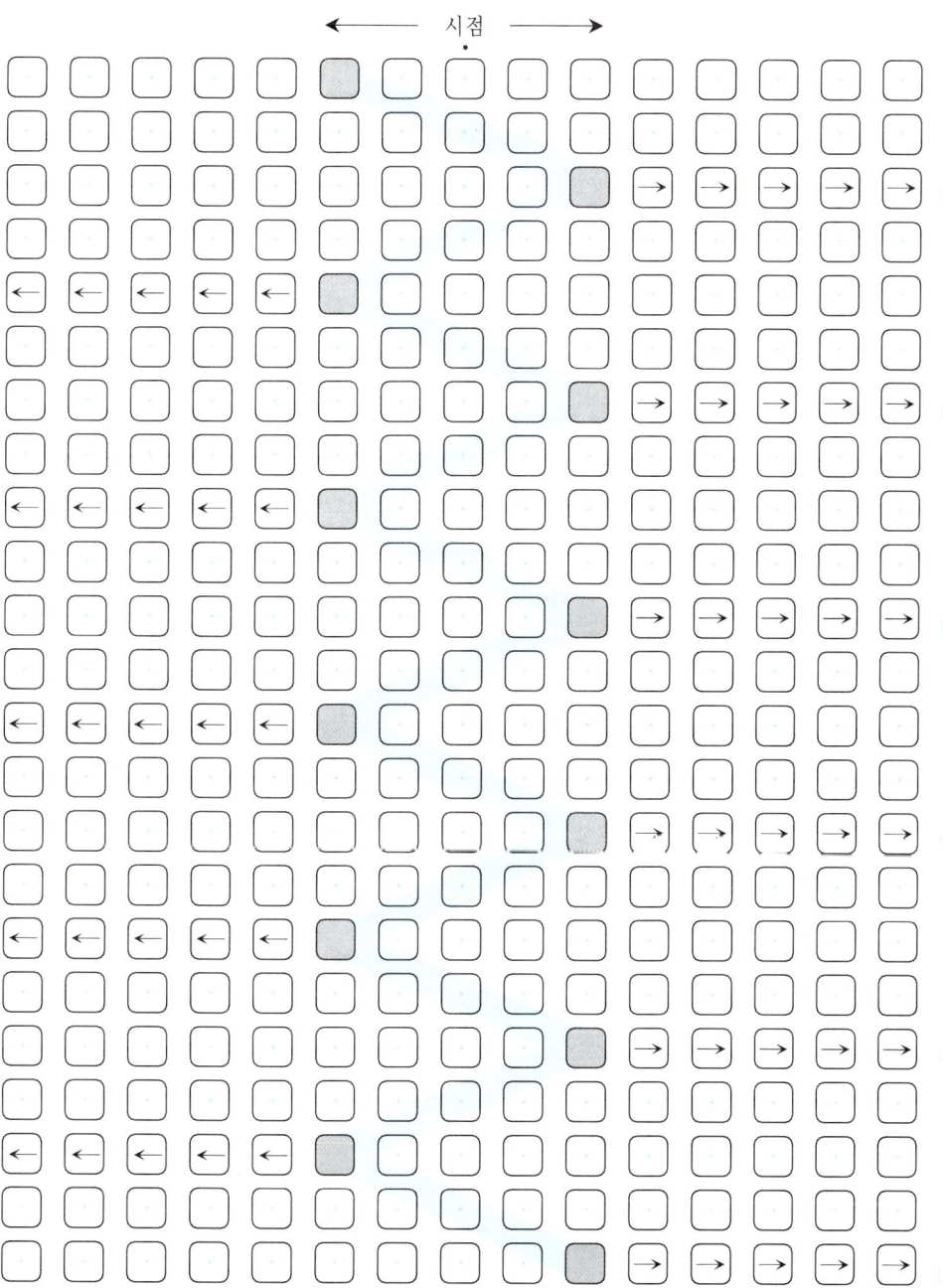

제 16 장 기호 세 줄 뭉쳐보기 훈련

기호 뭉쳐보기 훈련 기호 ⑥호

설 명 시점을 중심에 두고 선을 따라 빠르게 이동한다.

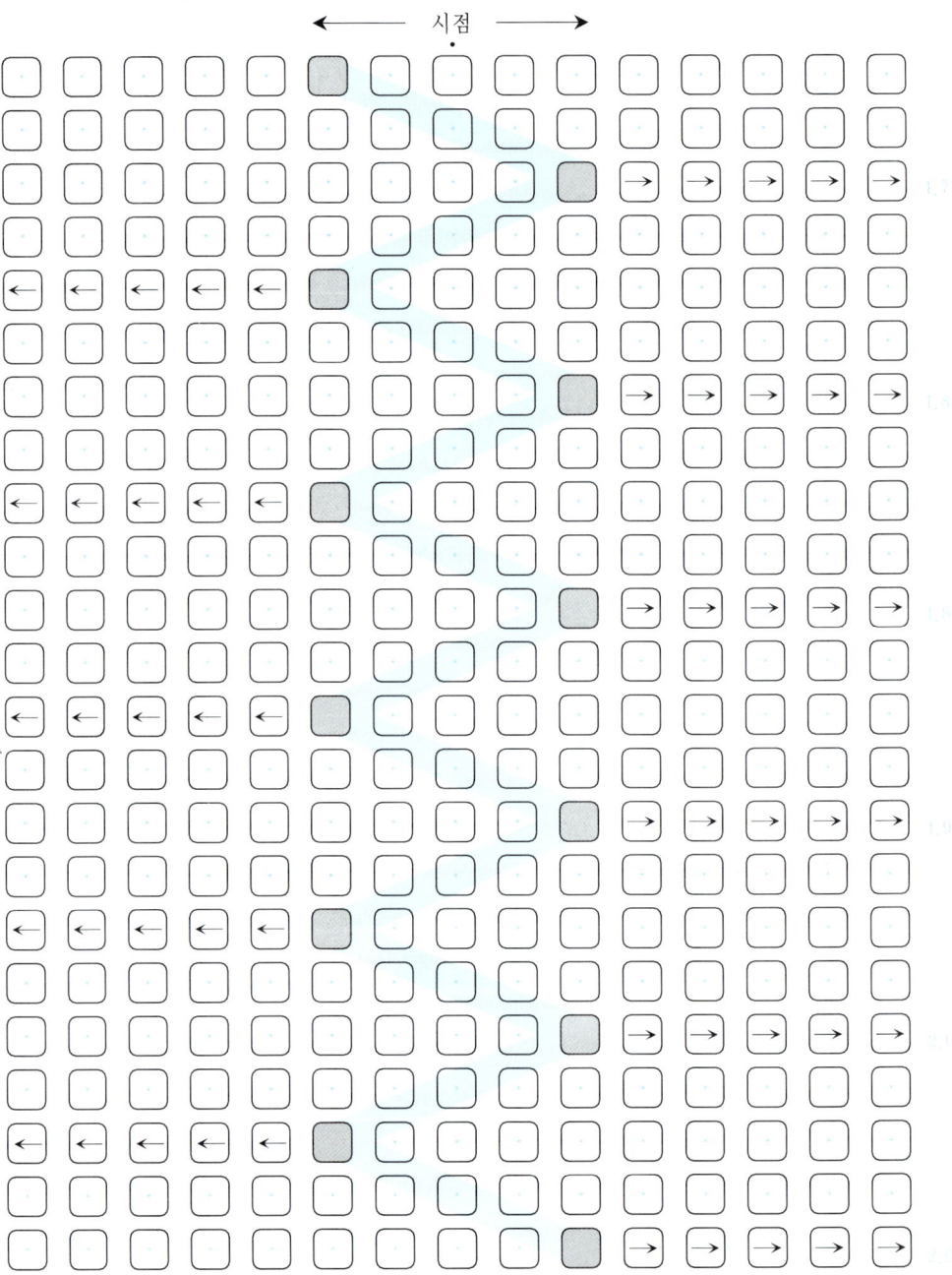

기호 뭉쳐보기 훈련 기호 ⑦호

🔹 **설 명** 시점을 중심에 두고 선을 따라 빠르게 이동한다.

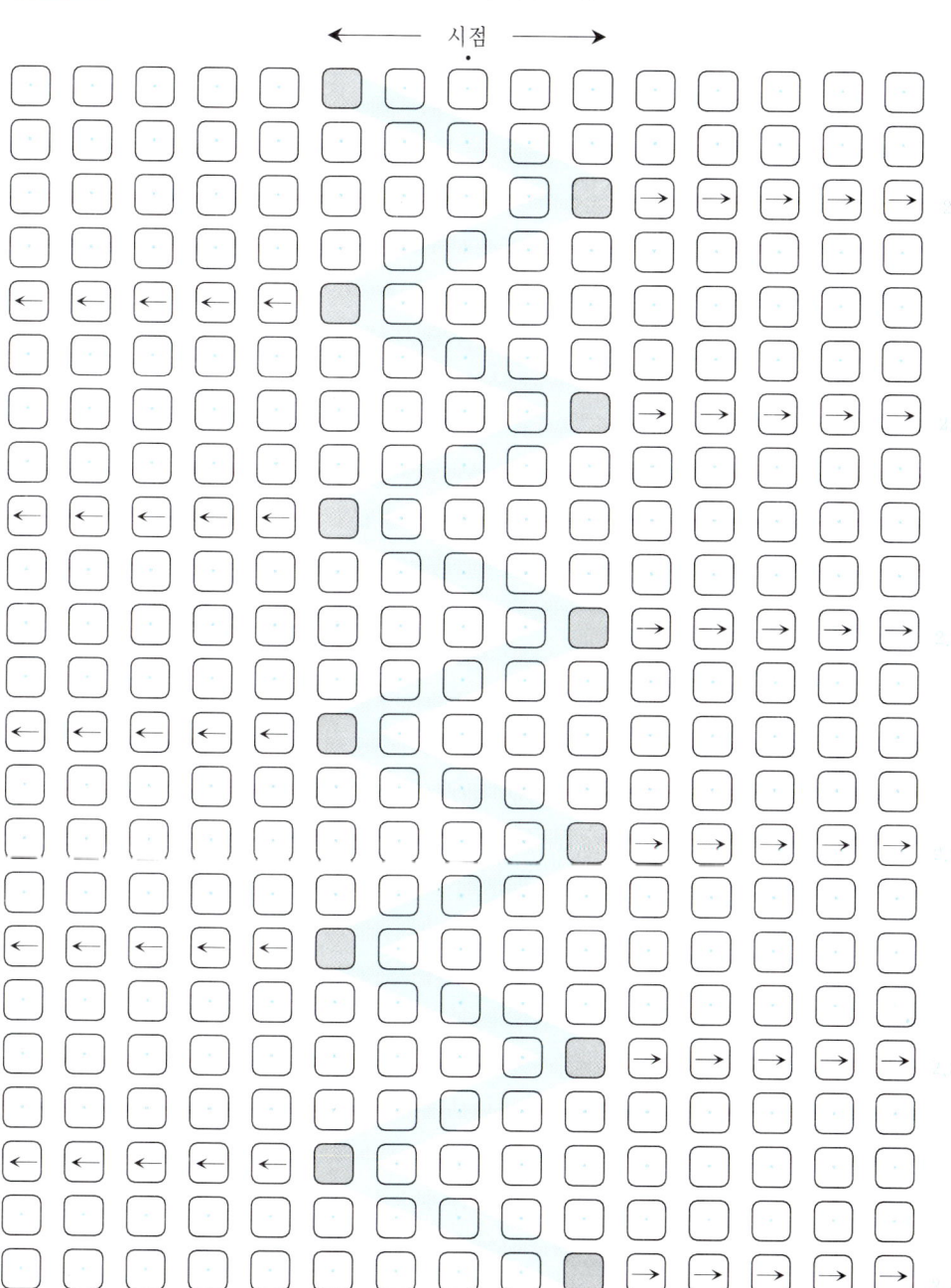

제 16 장 기호 세 줄 뭉쳐보기 훈련

기호 뭉쳐보기 훈련 기호 ⑧호

🔅 설 명 | 시점을 중심에 두고 선을 따라 빠르게 이동한다.

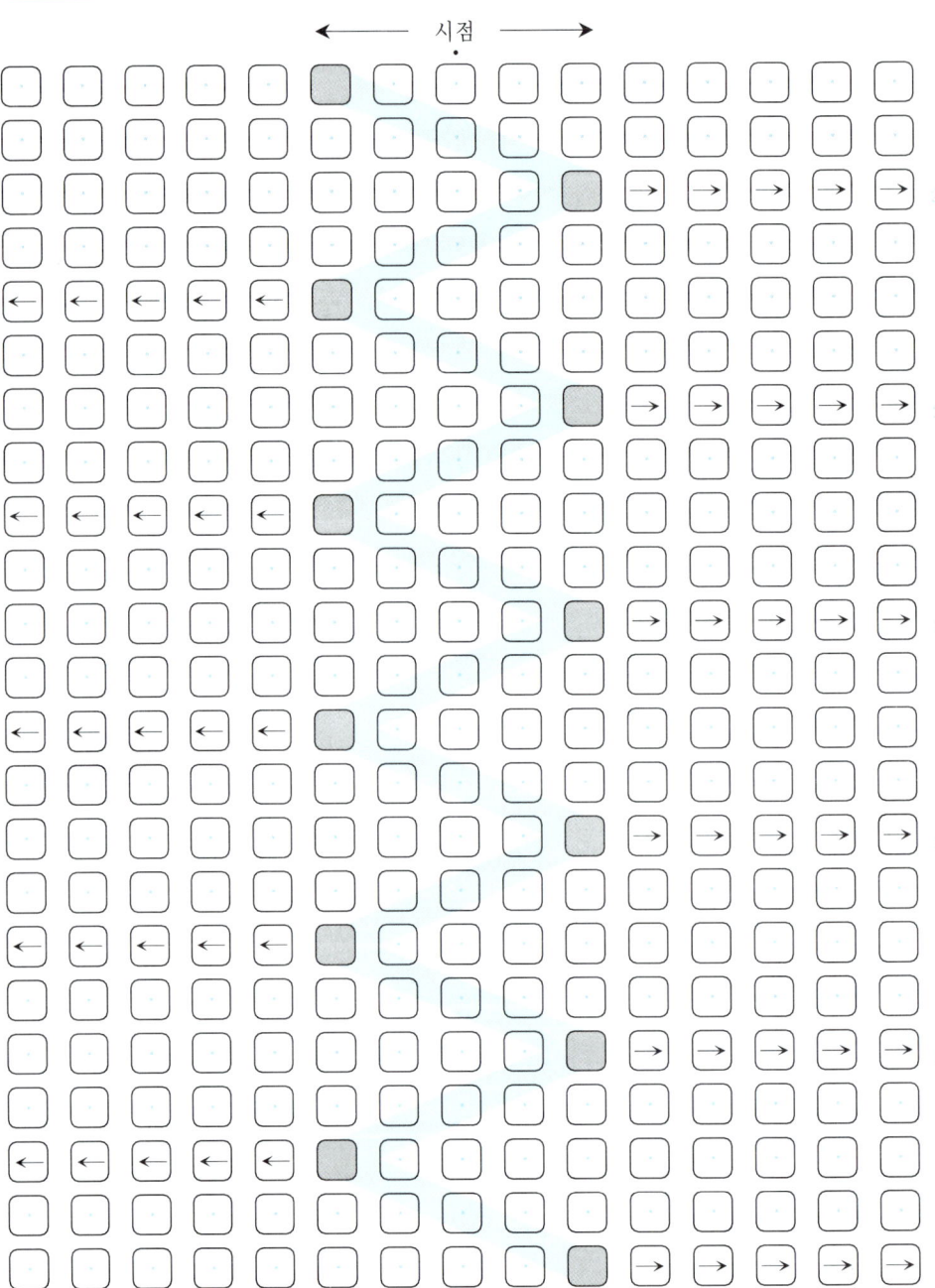

기호 뭉쳐보기 훈련 기호 ⑨호

설 명 시점을 중심에 두고 선을 따라 빠르게 이동한다.

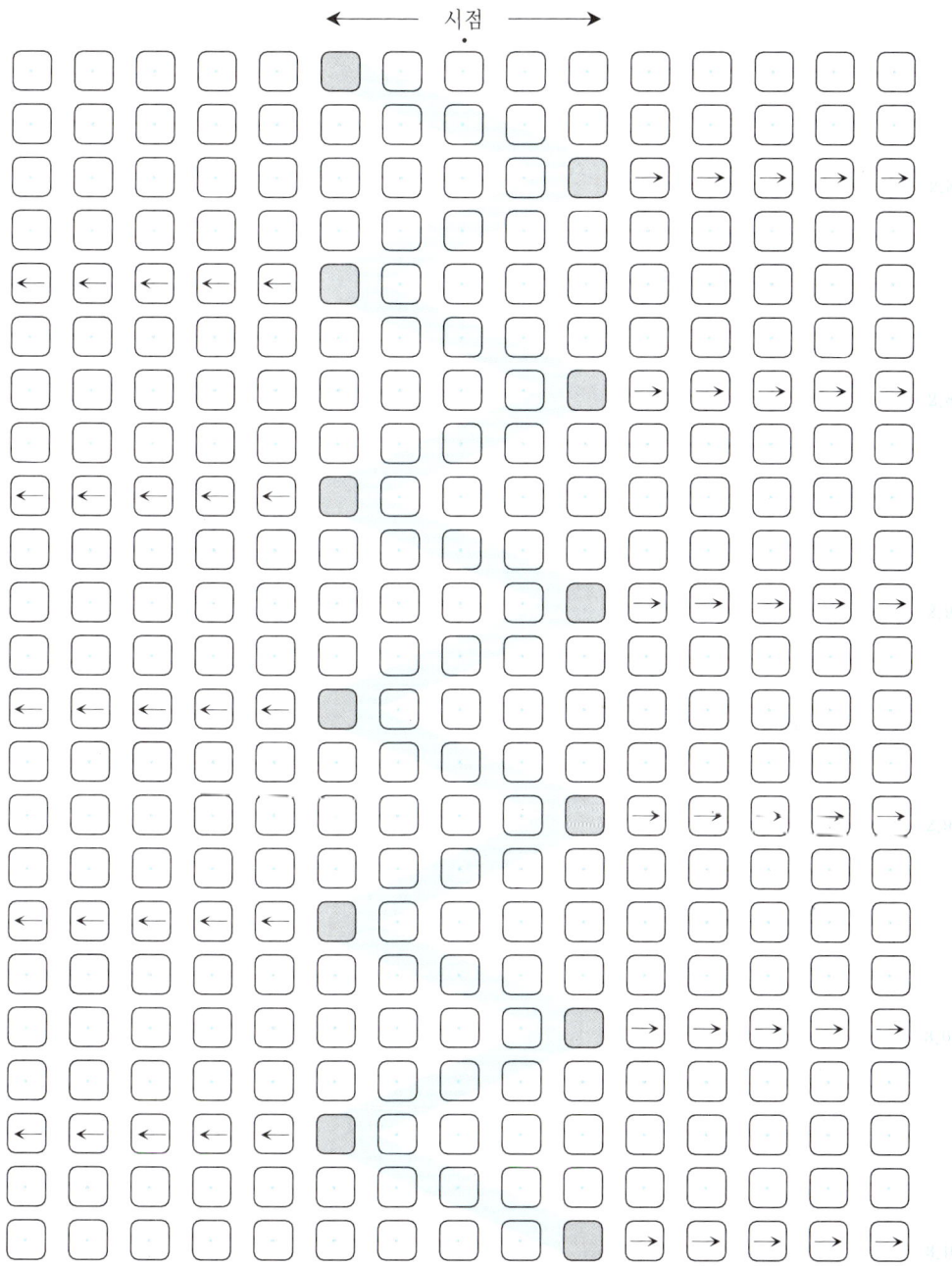

기호 뭉쳐보기 훈련 기호 ⑩호

> **설 명** 시점을 중심에 두고 선을 따라 빠르게 이동한다.

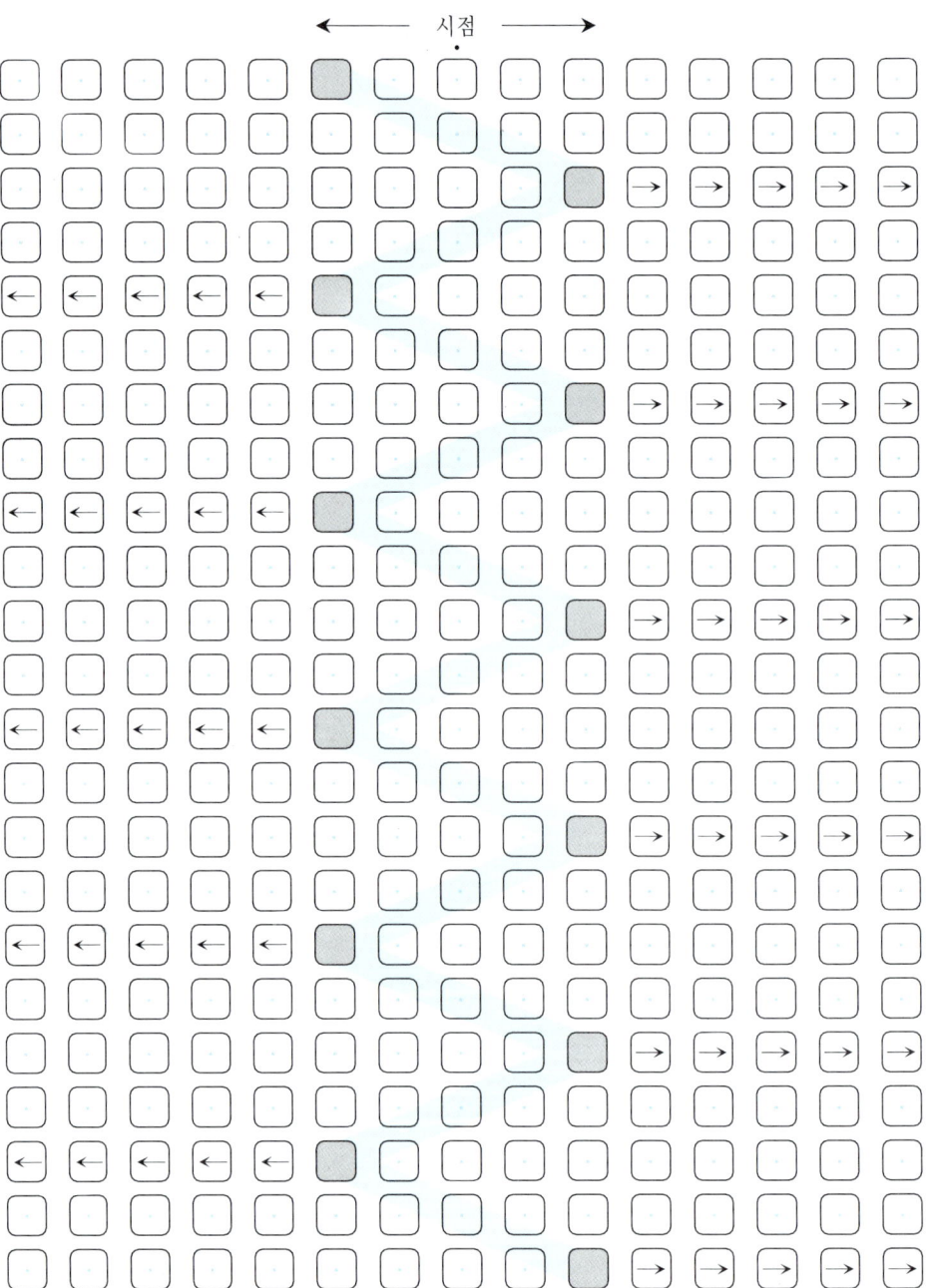

훈련 기록표
▶ 1 분씩 측정하여 자수를 기록한다.

1차	2차	3차
4차	5차	6차
7차	8차	9차
10차	11차	12차
13차	14차	15차
16차	17차	18차
19차	20차	21차
22차	23차	24차
25차	26차	27차
28차	29차	30차

Click & Memo

네 글자 인지 능력 훈련

1. 시점 중심 글자인지
2. 1호 ~ 10호 까지

네 글자 인지 능력 훈련

1 시점을 중심에 위치한다.

2 녹색 바탕 사각형 안에 글자를 기호 하나가 들어 있다고 생각하고 인지하여 나간다.

3 글자를 절대 읽지 말고 안구로만 빠르게 인지하여 이동한다.

4 글자를 인지하는 순간 마음의 느낌으로 읽는다.

5 ①호 ~ ⑩호까지 반복하여 1분 단위로 훈련한다.

6 충분히 훈련이 되었다면 ①호 ~ ⑩호까지 소요 시간을 측정 기록한다.

네 글자 인지 능력 훈련 1단계 ①호

백년대계　　　　고진감래

　　　감지덕지

불로장생　　　　자수성가

　　안하무인　　　　내유외강

　　가인박명　　　고립무원

　　　노갑이을

각자도생　　　　양약고구

　노발대발　　　　고육지책

　　　감언이설

　어부지리　　　　사생결단

살신성인　　　　각골난망

　결자해지　　　　노심초사

　　사필귀정　　　　어불성설

　삼천지교　　　　경거망동

　　곡학아세　　　　삼라만상

네 글자 인지 능력 훈련 1단계 ②호

| 교학상장 | 골육상잔 |
| 각골명심 | 역지사지 |

구태의연

| 누란지위 | 다다익선 | 단도직입 |

| 공전절후 | 우이독경 |

| 견마지성 | 삼순구식 |

유구무언

| 당구풍월 | 각골통한 |

| 견물치지 | 상전벽해 |

| 생불여사 | 일진월보 |

| 대경실색 | 과유불급 |

| 대기만성 | 견위치명 |

정경대원

| 결초보은 | 과전이하 |

| 도탄지고 | 타산지석 |

The Super Speed Reading
네 글자 인지 능력 훈련 1단계 ③호

교각살우 계란유골

대기만성

독불장군 각자무치

공중누각 생이지지

교언영색 동고동락

동가홍상

선견지명 공산명월

동병상련 구곡간장

등화가친

교우이신 동분서주

동상이몽 명약관화

구밀복검 구중심처

목불식정 설상가상

설왕설래 각주구검

군자삼락 동족방뇨

네 글자 인지 능력 훈련 1단계 ④호

- 간담상조
- 백해무익
- 궁여지책
- 구사일생
- 신언서판
- 등고자비
- 근묵자흑
- 막상막하
- 등하불명
- 감불생심
- 금석맹약
- 등화가친
- 아전인수
- 구상유취
- 금과옥조
- 막역지우
- 망양지탄
- 만시지탄
- 구우일모
- 은인자중
- 금지옥엽
- 어불성설
- 군계일학
- 명명백백
- 맹모단기
- 오합지졸
- 삼십육계
- 맹모삼천

네 글자 인지 능력 훈련 1단계 ⑤호

- 삼일천하
- 온고지신
- 감언이설
- 면종복배
- 생면부지
- 요산요수
- 세불십년
- 선견지명
- 군자불기
- 이구동성
- 명경지수
- 수어지교
- 감탄고토
- 궁여일책
- 전광석화
- 십중팔구
- 유유상종
- 수구초심
- 절세가인
- 궁여지책
- 갑남을녀
- 언중유골
- 목불식정
- 수불석권
- 조령모개
- 권모술수
- 일문일답

네 글자 인지 능력 훈련 1단계 ⑥호

강호연파 일장일단

중구난방 무릉도원

자문자답

문방사우 강호지락 수어지교

권불십년 지록위마

조족지혈 수어지우

파안대소

문전성시 개과천선

좌지우지 권선징악

수주대토 수즉다욕

일구월심 풍전등화

개세지재 물실호기

죽마지우

박람강기 견위치명

지동지서 근주자적

네 글자 인지 능력 훈련 1단계 ⑦호

금란지교   청천백일

과문불입

견물생심   금상첨화

걸인연천   숙호충비

박학다식   공명정대

기상천외

발산개세   격세지감

금성탕지   발본색원

공수래공수거

노소동락   금석지간

순망치한   견강부회

금의옥식   동시다발

대동소이   방약무인

배수지진   견리사의

망국지음   명경지수

The Super Speed Reading
네 글자 인지 능력 훈련 1단계 ⑧호

| 견마지로 | 무소부지 |
| 백골난망 | 금의환향 |

무용지물

| 시시비비 | 백가쟁명 | 식자우환 |

| 신상필벌 | 병가상사 |

| 문일지십 | 신출귀몰 |

사통팔달

| 백계무책 | 유비무환 |

| 송구영신 | 실사구시 |

| 백년하청 | 혼정신성 |

| 안거위사 | 반면지분 |

| 견위수명 | 양두구육 |

정문일침

| 기사회생 | 백면서생 |

| 백발백중 | 양상군자 |

네 글자 인지 능력 훈련 1단계 ⑨호

견인불발　　　　기상천외

불립문자

억강부약　　　난공불락

불문가지　　　　일망타진

좌불안석　　　　백절불굴

겸인지용

언어도단　　　　부지기수

난신적자　　　　여출일구

사해형제

닌형난제　　　　오합지졸

온고지신　　　　삼인성호

백중지간　　　　양호유환

오십보백보　　　　용두사미

용미봉탕　　　남부여대

내강외유　　　　일언반구

네 글자 인지 능력 훈련 1단계 ⑩호

주마간산   경국지색

유유상종   유유자적

청산유수

부화뇌동   일벌백계   일석이조

인사유명   북창삼우

단도직입   일일삼추

경천동지

일편단심   독서망양

불공대천   임기응변

낭중지추   이심전심

일장춘몽   마이동풍

계명구도   빈자일등

본연지성

이구동성   고장난명

설상가상   일어탁수

훈련 기록표
➡ 1 분씩 측정하여 자수를 기록한다.

1차	2차	3차
4차	5차	6차
7차	8차	9차
10차	11차	12차
13차	14차	15차
16차	17차	18차
19차	20차	21차
22차	23차	24차
25차	26차	27차
28차	29차	30차

Click & Memo

종합 글자 습득 훈련

1. 시점 중심 글자인지

2. 1호 ~ 10호 까지

종합 글자 습득 훈련

1 녹색 바탕 사각 위에 글자를 한 글자 보는 속도로 한번에 인지한다.

2 左·右로 빠르게 인지하여 수직으로 내려간다.

3 글자의 핵심 내용을 마음의 느낌으로 읽는다.

4 ①호 ~ ⑩호까지 반복하여 1분 단위로 훈련한다.

5 충분히 훈련이 되었다면 ①호 ~ ⑩호까지 소요 시간을 측정한다.

글자 인지 능력 훈련 2단계 ①호 독서의 명언

| 책은 희망찬 내일을 깨우고 | 절망의 늪을 잠들게 한다. |

책은 비장된 세상의 재산이요,

| 세대에 알맞는 | 민족상속의 재산이다. |

한 권의 책 속에는 또다른 세상과 | 세계가 있다.

| 청소년 시기에 읽은 책은 | 인생관을 바꾼다. |

재산과 명예와 권력도 독서로부터 얻어진다.

| 한 권의 책은 | 나에게 커다란 학교이다. |

| 빛과 어둠은 | 지식과 무식과 같다. |

제18장 종합 글자 습득 훈련

글자 인지 능력 훈련 2단계 ②호 독서의 명언

책은 값진 유산이요, 창조의 밑거름이다.

독서는 인간에게 사고 영역을 넓혀 주는 정신 운동이다.

좋은 책은 몇 번을 되읽어도 새로운 맛이 난다.

책은 인간에게 늘 생명을 불어 넣어 준다.

독서는 눈으로 읽고 마음으로 해독하라.

한 권의 책이 나의 인격을 좌우한다.

책은 짧은 시간에 여러 곳을 여행할 수 있게 한다.

책은 나의 유일한 재산이며

글자 인지 능력 훈련 2단계 ③호 독서의 명언

인생의 꽃이며,　　　정신의 주치의이다.

아무리 좋은 책도 독자를 만나지 못한다면 종이에 불과하다.

독서는 사람만이　　　필요한 지식을　　　얻을 수 있다.

부족한 사람이여!　　　책 속에 자신이 필요한 것이 있다.

책은 나의 행복을 지켜 주는　　　파수꾼이다.

한 권의 책을 읽었다면 한 친구를 사귀는 것과 같다.

죽은 자여!　　　그는 책의 진리를 몰라서이다.

호화스런 가구보다 책이 가득 찬 책장이　　　보기 좋다.

글자 인지 능력 훈련 2단계 ④호 독서의 명언

| 나를 일깨워 준 책 한 권이 | 귀중한 스승을 모신 것과 같다. |

독서는   내 생에 소중한 안내자이다.

책은 항상 살아 있으나   읽지 않으면 죽은 것이다.

책은 먼길을 떠나는 나그네에게 필요한

샘물이며,   소중한 지팡이이다.

책은 정신의 대지이며,   그 곳이 경작지이다.

책은 정신을 살찌우는   두뇌의 영양제이다.

책이 없는 방은 영혼이 없는 육체와 같다.

글자 인지 능력 훈련 2단계 ⑤호 독서의 명언

독서처럼 값싸고 　　　 영속적인 쾌락은 없다.

독서의 힘으로 그 사람의 인품을 　　　 알 수 있다.

책은 만인에게 매우 　　　 소중한 것이다.

사람은 죽었어도 책은 영원하다.

좋은 책은 　　　 황금의 촛대 위에 타오르는 등불이다.

책 속에서 아름다움을 찾았다면 　　　 나의 여인을 찾은 것이다.

독서는 견문을 넓힐 수 있고 사고력, 판단력을 길러 준다.

책은 꿈의 세계를 이어 주는 　　　 통신망이다.

글자 인지 능력 훈련 2단계 ⑥호 독서의 명언

늘 책을   가까이 하면 마음의 문이 열린다.

나약한 자는 책을 통하여   수많은 사람의 삶을 대신 살 수 있다.

명성을 얻지 못했다 하여 저질의   책은 아니다.

그 책 중에도   매우 좋은 책들이 숨어 있다.

책이 없는 궁전보다   책이 있는 마굿간이 낫다.

벗삼아 읽은 책이   내 평생 스승이 된다.

좋은 책을 만나는 것은 지적인   미인을 만나는 것과 같다.

책은 언제든지 이야기할 수 있는 좋은 친구다.

글자 인지 능력 훈련 2단계 ⑦호 독서의 명언

책은　　　　휴식과　　　　숙면의
공간을 제공해 주는　　　지붕과 울타리이다.

인류가 생각하고 있는 모든 것은 책 속에　들어 있다.

책은 위대한 천재가 인류에게 남겨 준 유산이며,
아직 태어나지 않은　　자손들에게 주는 선물이다.

현 세대에서 다음 세대로 전달하는　　전령사는 책이다.

책은 읽을 때마다 거듭　　나의 아침을 새롭게 열어 준다.

독서는　　자신의 삶에 윤활유가 되는 것이다.

책은 강한 정신력을 딛고　　일어설 수 있는 토지의 제공자이다.

글자 인지 능력 훈련 2단계 ⑧호 독서의 명언

책은 인간에게 강한 정신력을 주입하여

일어설 수 있는　　　　땅을 제공해 준다.

책은 생명을 지키는　　　　소중한 불꽃이다.

나는 모든 행복을　　　　책 속에서 구한다.

좋은 책은 그 속에 길이 보인다.

책을 펴 보지 않는다면　　　　휴지 조각이나 다름없다.

책은 변함 없이 항상 너를　　　　기다린다.

한 권의 책으로 짧은 시간에　　　　수십 년의 세월을 넘나든다.

글자 인지 능력 훈련 2단계 ⑨호 독서의 명언

| 독서 습관이 몸에 배게 되면 건강한 정신을 지켜 준다. |

| 책 속에는 | 보이지 않는 힘이 출렁인다. |

| 책은 사람과 같이 | 태어나고 사라지는 것이다. |

| 방 안은 책으로 채우고 정원은 꽃으로 채워라. |

| 독서는 가뭄 속의 한 줄기 | 소나기와 같다. |

| 좋은 책 한 권은 | 황금을 주는 것보다 낫다. |

| 책은 좋은 친구가 되도록 | 항상 노력하여야 한다. |

| 책은 생각을 담아 둘 수 있는 | 마음의 그릇이다. |

글자 인지 능력 훈련 2단계 ⑩호 독서의 명언

한 권의 책이지만   만인을 위해 존재하는 것이다.

독서는 나의 정신에   튼튼한 버팀목을 만든다.

책은 우리와 함께   살아가야 할 소중한 존재이다.

책을 읽는 사람은 상황에 따라   항상 변화한다.

독서는 투자한 시간 만큼만 소득이 있다.

책을 애인처럼   늘 아끼며   사랑하라.

한 권의 책이 나의   인생의 방향을 바꾼다.

좋은 책이란 참된 자식을 사회로 진출시킨   어머니이다.

훈련 기록표

> 1 분씩 측정하여 자수를 기록한다.

1차	2차	3차
4차	5차	6차
7차	8차	9차
10차	11차	12차
13차	14차	15차
16차	17차	18차
19차	20차	21차
22차	23차	24차
25차	26차	27차
28차	29차	30차

글자 인지 능력 훈련 3단계 ①호 독서의 명언

아무리 좋은 책이 많이 있다 하더라도

읽혀지지 않으면   종이 더미에 불과하다.

아무리 부자라도 책장에 책이 얼마 되지 않으면   부족해 보인다.

책을 마주하는 사람들은   진지한 삶을 영위한다.

책은   생명의 젖줄이요,

열매를 맺게 하는   무화과의 나무로다.

책 속에는 바르고 곧게 인생의 방향을 제시해 주는 힘이 있다.

재물보다는   독서의 환경을 만들어 주라.

글자 인지 능력 훈련 3단계 ②호 독서의 명언

책은 인생의 벗이요,   삶의 생명수이다.

독서는 충실한 인간을   만드는 힘이 있다.

책은 책 자신에 운명이 있다.

책 속에서 삶을   배울 수 있는 좋은 선배이다.

책은 사람과 사람을 이어 주는   끈과 같다.

책을 잘 이용하면 이득이요,   잘못 이용하면 해가 된다.

좋은 책은 지키지 말고   음미하는 면이 훨씬 보전하기 쉽다.

제18장 종합 글자 습득 훈련

글자 인지 능력 훈련 3단계 ③호 독서의 명언

책보다 　　　　더 좋은 스승은 없다.

책은 죽어 있는 것 같지만　　　영혼과 정신이 숨쉬고 있다.

좋은 책은 좋은 독자를 만나서부터 그 진가를 알 수 있다.

책을 집 안에 쌓아 두는 것과　　　나의 지식 안에 쌓아 두는　　　것과는 엄청난 차이가 있다.

책은 인간에게　　　눈과 귀 같은 존재이다.

책이 잔뜩 구비된 서재를 가지고도　　　머릿속에 아는 것 없이 텅 비어 있다면　　　쌀독에 쌀이 없는 것과 같다.

글자 인지 능력 훈련 3단계 ④호 독서의 명언

책은 끈질긴 생명력의　　　　소유자이다.

좋은 책이란　　훗날 진정한 가치를 인정 받는다.

미래를 이끌어 갈 수 있는 것은　　책의 힘이 있기 때문이다.

사람은 죽었어도 책은 살아서 공전한다.

책과 친구는　　수가 적고　　좋아야 한다.

재물은 한순간에 없어지지만　　한 권의 책을 깨우치면
평생 재물을 다시 얻는 것과　　같다.

책은 생명력을 가지고 인간과 함께 공전한다.

The Super Speed Reading
글자 인지 능력 훈련 3단계 ⑤호 독서의 명언

책은 항상   나를 기다리고 있다.

독서 과정에서 필히 거쳐야 할 독서는   고전이다.

독서 습관을   길들이기 위해 사 준
한 권의 책이   최상의 투자인 것이다.

책을 읽은 후 마음 속에   지식을 저축한다.

책은 우리에게 물질을 전하지 않지만 생각을 전한다.

독서 습관은   정신의 피와 살과 같다.

책은 봄·여름·가을·겨울   처럼 항상 변화한다.

글자 인지 능력 훈련 3단계 ⑥호 독서의 명언

고전은 인간 정신 속의   기초 구조물이다.

자식에게 천금을 넘겨 주는 것보다

그들에게 한 가지   재주를 가르쳐 주라.

책은 길 떠나는 사람의 외로운   벗이 된다.

책은 죽어 있는 것 같지만   내용은 살아 숨쉰다.

가장 도움이 되는 책이란 많이 생각하게 하는 책이다.

좋은 책은   내면의 아름다움을 가꾸는 마음의 화장품이다.

책은 한 장의 종이라기 보다   인간의 세포와 같다.

글자 인지 능력 훈련 3단계 ⑦호 독서의 명언

좋은 탁자보다 그 위에 놓여진 손때 묻은

작은 책 한 권이 집주인을 더욱   빛나게 해 준다.

인간은   소멸될지라도 책은 영원하다.

책은 독자에 따라서   그 의미와 감성이 달라진다.

책은 살아 있는   선(善)이다.

한 인간이 살아 온 흔적이 책 속에 숨어 있다.

책은 나의 영원한   친구며, 벗이다.

좋은 책을 읽는다는 것은   가장 훌륭한 사람과 대화하는 것이다.

글자 인지 능력 훈련 3단계 ⑧호 독서의 명언

공부하는 데 시간이 없다고   말하는 사람은
시간이 있어도 공부하지 못한다.

목적 없는 독서는   산책이지   학습은 아니다.

책은 인간에게   새로운 산소를 제공한다.

책이 없는 공허는 영혼 없는 관계와   같다.

좋은 책은 선택하는 것도 중요하지만
그 책을   올바로 이해하는 것이 더 중요하다.

좋은 책은 갈증을 해소시키는   샘물이기도 하다.

제 18 장 종합 글자 습득 훈련

글자 인지 능력 훈련 3단계 ⑨호 독서의 명언

한 마리의 고기를 주는 것보다 | 고기를 낚는 법을 가르쳐라.

책이란 | 읽어야 내 것이고, 내 것이 된 다음에
놓여질 자리에 놓여 있는 것이 | 가장 아름다운 장식품이다.

책은 세계의 보배 세대와 국민들이 상속 받기에 귀중한 재산이다.

책은 돌아오지 못할 | 영원의 길을 떠나 보내는 것이다.

자신의 능력에 맞는 책을 | 선별해 읽어라.

책과 자연은 | 볼 줄 아는 사람이 주인이다.

결과는 차선이나 | 과정은 최선을 다하자.

글자 인지 능력 훈련 3단계 ⑩호 독서의 명언

사람의 일생은 무거운 짐을 지고   먼길을 가는 것과 같다.

서두르지 말지어다.

부자유를 일상사로 생각하면   그리 부족한 것은 없는 법,

마음에 욕망이 샘솟거든   곤궁한 때를 생각할지어다.

이기는 것만을 알고   지는 일을 모르면

해가 그 몸에 미치는 법

참고 견딤은   무사장구의 근원이요,

노여움은 적이라 생각하라.

미치지 못하는 것이 지나친 것보다 나으니라.

훈련 기록표
➲ 1분씩 측정하여 자수를 기록한다.

1차		2차		3차	
4차		5차		6차	
7차		8차		9차	
10차		11차		12차	
13차		14차		15차	
16차		17차		18차	
19차		20차		21차	
22차		23차		24차	
25차		26차		27차	
28차		29차		30차	

단어 회생 훈련

1. 세 번 정류 훈련

2. 두 번 정류 훈련

3. 한 번 정류 훈련

글자 뭉쳐보기 ①호 1횡 3회 정류 단어 회생 훈련

설 명
❶ 시점을 중심에 두고 左·右로 안구를 이동한다.
❷ 원형 안에 글자를 세 번 정류하여 인지한다.
❸ 한 번 정류할 때 한 자 보는 속도로 빠르게 이동한다.
❹ 시야가 흐르는 지점에 내용을 감지하여 이어 달린다.
❺ 연속 3회 실시한 후에 다시 1회만 하여 소요 시간을 측정 기록한다.
❻ 눈을 감고 생각나는 단어 최소 10개 이상을 기억 회생해 본다.

◀── 시점 ──▶

소년은 개울가에서 소녀를 보자 곧 윤 초시네 증손녀 딸이라는 걸 알 수 있었다. 소녀는 개울에 손을 잠그고 물장난을 하고 있는 것이다. 서울서는 이런 개울물을 보지 못하기나 한 듯이. 벌써 며칠째 소녀는 학교에서 돌아오는 길에 물장난이었다. 그런데, 어제까지 개울 기슭에서 하더니, 오늘은 징검다리 한가운데 앉아서 하고 있다. 소년은 개울둑에 앉아 버렸다. 소녀가 비키기를 기다리자는 것이다. 요행 지나가는 사람이 있어, 소녀가 길을 비켜 주었다. 다음 날은 좀 늦게 개울가로 나왔다. 이 날도 소녀가 징검다리 한가운데 앉아 세수를 하고 있었다. 분홍 스웨터 소매를 걷어올린 목덜미가 마냥 희었다. 한참 세수를 하고 나더니, 이번에는 물 속을 빤히 들여다 본다. 얼굴이라도 비추어 보는 것이리라. 갑자기 물을 움켜 낸다. 고기 새끼라도 지나가는 듯. 소녀는 소년이 개울둑에 앉아 있는 걸 아는지 모르는지 그냥 날째게 물만 움켜 낸다. 그러나, 번번이 허탕이다. 그대로 재미있는 양, 자꾸 물만 움킨다. 어제처럼 개울을 건너는 사람이 있어야 길을 비킬 모양이다. 그러다가 소녀가 물 속에서 무엇을 하나 집어낸다. 하얀 조약돌이었다. 그리고 는 벌떡 일어나 팔짝팔짝 징검다리를 뛰어 건너 간다. 다 건너가더니만 획 이리로 돌아서며, "이 바보." 조약돌이 날아 왔다. 소년은 저도 모르게 벌떡 일어섰다. 단발 머리를 나풀거리며 소녀가 막 달린다. 갈밭 사잇길로 들어섰다. 뒤에는 청량한 가을 햇살 아래 빛나는 갈꽃뿐. 이제 저쯤 갈밭머리로 소녀가 나타 나리라. 꽤 오랜 시간이 지났다고 생각됐다. 그런데도

(총 글자 수 549자)

소요 시간	1회 :	2회 :	3회 :	4회 :	5회 :
	6회 :	7회 :	8회 :	9회 :	10회 :

글자 뭉쳐보기 ②호   1횟 3회 정류 단어 회생 훈련

The Super Speed Reading

> **설명**
> ❶ 시점을 중심에 두고 左·右로 안구를 이동한다.
> ❷ 원형 안에 글자를 세 번 정류하여 인지한다.
> ❸ 한 번 정류할 때 한 자 보는 속도로 빠르게 이동한다.
> ❹ 시야가 흐르는 지점에 내용을 감지하여 이어 달린다.
> ❺ 연속 3회 실시한 후에 다시 1회만 하여 소요 시간을 측정 기록한다.
> ❻ 눈을 감고 생각나는 단어 최소 10개 이상을 기억 회생해 본다.

◀── 시점 ──▶

워싱턴 광장 서쪽 좁게 지은 지역에는 구불구불한 골목길들이 이리저리 뻗어 있다. 골목길들은 그 지역을 여러 조각으로 쪼개 놓았다. 그 조각들을 사람들은 '플레이스'라고 불렀다. 그 플레이스의 모양은 기묘했다. 모퉁이나 구부러진 모양이 많고, 하나의 길이 쭉 이어지다가 다시 그 길로 돌아오는 경우도 있다. 그만큼 이 지역은 생김새가 복잡했다. 전에 어떤 화가는 이 거리를 잘 활용할 수 있는 가능성을 발견하였다. 물감이나 종이, 캔버스 등 물건 값을 받으러 온 사람을 따돌리는 데 이 거리처럼 안성맞춤인 곳은 찾기 어려울 것이다. 일단 이 길에 들어서면 돈을 한 푼도 받아내기 전에, 자신이 왔던 길로 되돌아 나가는 일이 많다는 것이다! 그래서 곧 이 낡고 이상한 모습의 그리니지 마을에는 온갖 종류의 예술가들이 찾아와 자리잡게 되었다. 이 마을의 집들은 북쪽으로 향한 창, 18세기식 박공, 네덜란드식 지붕 밑 다락방 따위를 갖추고 있었다. 그리고 무엇보다도 집세가 무척 쌌다. 예술가들은 그들은 6번가에서 양철 간단한 난로 따위를 두세 개 사서 이 마을로 찾아온다. 그리하여 이곳에는 일종의 예술인 마을이 만들어졌다. 수우와 존시는 볼품없는 3층 벽돌 건물 꼭대기에 화실을 가지고 있었다. 존시는 조안나의 애칭이었다. 수우는 메인 주 출신이고 존시는 캘리포니아 주 출신이었다. 두 사람은 8번가에 있는 델모니코 식당에서 만났다. 두 사람은 샐러드와 의상 – 신부 두루마기를 연상시키는 소매가 달린 – 에 대한 취미가 같았다. 그리고 무엇보다도 두 사람은 모두

(총 글자 수 541자)

소요 시간	1회:	2회:	3회:	4회:	5회:
	6회:	7회:	8회:	9회:	10회:

제 19 장 단어 회생 훈련

글자 뭉쳐보기 ③호 1횡 2회 정류 단어 회생 훈련

> **설명**
> ❶ 시점을 중심에 두고 左·右로 안구를 이동한다.
> ❷ 원형 안에 글자를 두 번 정류하여 인지한다.
> ❸ 한 번 정류할 때 한 자 보는 속도로 빠르게 이동한다.
> ❹ 시야가 흐르는 지점에 내용을 감지하여 이어 달린다.
> ❺ 연속 3회 실시한 후에 다시 1회만 하여 소요 시간을 측정 기록한다.
> ❻ 눈을 감고 생각나는 단어 최소 10개 이상을 기억 회생해 본다.

← 시점 →

하늘과 땅이 비
로소 열릴 때 만물 이 번성하니, 그 가
운데 귀한 것은 인생이며 천한 것은 짐승이었다. 날
짐승도 삼백이고 길짐승도 삼 백인데 꿩의 모습을 볼라치
면 의관은 오색이오 별호는 화충 이다. 산새와 들짐승의 천성으로
사람을 멀리하여 푸른 숲속 시냇가 에 휘두러진 소나무를 정자삼고, 상
하로 펼쳐진 밭과 들 가운데 널려 있 는 곡식을 주워 먹고 살아간다. 그러
나 꿩은 임자 없이 생긴 몸이라 관포수 (官砲手)와 사냥개에게 툭하면 잡혀 가
서 삼태육경 수령방백 새와 들짐승과 다 방골 제갈동지들이 싫도록 장복(長服)하
고 좋은 깃 골라내서 사령기(使令旗)에 살대 장식과 전방 먼지털이며 여러 가지
에 두루 쓰여지니 그 공적이 적다 하겠는 가? 평생을 두고 숨어 있는 자취와 좋은
경치를 보고자 하여, 구름 위로 우뚝 솟아 오른 높은 봉에 허위허위 올라가니 몸 가
벼운 보라매는 예서 떨렁 제서 떨렁하고, 몽치를 든 몰이꾼은 예서 '우여!' 제서 '우
여!' 하며, 냄새 잘 맡는 사냥개는 이리 컹 컹 저리 컹컹 솔잎포기 떡갈잎을 뒤적뒤
적 찾아 드니 살아날 길 바이 없구나. 사 잇길로 가려 하니 하도 많은 포수들이 총
을 메고 들어섰으니 엄동설한 굶주린 몸이 이제 다시 어느 곳으로 가야 한단
말인가? 하루 종일 푸른 산 더운 볕에 뉘 아래로 펼쳐진 밭이며 너른 들에
혹시라도 콩알이 있을 법하니, 한 번 주우러 가 볼거나. 이때 장끼 한 마
리 당홍대단 두루마기에 초록궁초 깃을 달아 흰 동정 씻어 입고 주먹
같은 옥관자에 꽁지 깃털 만신 풍채 장부 기상이 역연하구나.
또 한 마리의 꿩 까투리의 치장을 볼라치면 잔 누비 속
저고리 폭폭이 잘게 누 벼 위 아래로 고루 갖
추어 입고 아 홉 아들과 열

(총 글자 수 570자)

소요 시간	1회 :	2회 :	3회 :	4회 :	5회 :
	6회 :	7회 :	8회 :	9회 :	10회 :

글자 뭉쳐보기 ④ 호 1횡 2회 정류 단어 회생 훈련

설명
① 시점을 중심에 두고 左·右로 안구를 이동한다.
② 원형 안에 글자를 두 번 정류하여 인지한다.
③ 한 번 정류할 때 한 자 보는 속도로 빠르게 이동한다.
④ 시야가 흐르는 지점에 내용을 감지하여 이어 달린다.
⑤ 연속 3회 실시한 후에 다시 1회만 하여 소요 시간을 측정 기록한다.
⑥ 눈을 감고 생각나는 단어 최소 10개 이상을 기억 회생해 본다.

← 시점 →

"참말 이냐, 참 말이냐? 애고 애고, 이게 웬말인고? 못 가리라, 못 가리라. 네가 날더러 묻지도 않고 네 마음대로 한단 말이냐? 네가 살고 내가 눈을 뜨면 그는 마땅히 할 일이냐, 자식 죽여 눈을 뜬들 그게 차마 할 일이냐? 너의 어머니 늦게야 너를 낳고 초이래 안에 죽은 뒤에, 눈 어두운 늙은 것이 품안에 너를 안고 이집 저집 다니면서 구차한 말 해 가면서 동냥 젖 얻어 먹여 이만치 자랐는데, 내 아무리 눈 어두우나 너를 눈으로 알고, 너의 어머니 죽은 뒤에 걱정 없이 살았더니 이 말이 무슨 말이냐? 마라 마라, 못 하리라. 아내 죽고 자식 잃고 내 살아서 무엇하리? 너하고 나하고 함께 죽자. 눈을 팔아 너를 살 터에 너를 팔아 눈을 뜬들 무엇을 보려고 눈을 뜨리? 어떤 놈의 팔자길래 사궁지수(四窮之首)된단 말이냐? 네 이놈 상놈들아! 장사도 좋지마는 사람 사다 제사하는 데 어디서 보았느냐? 하느님의 어지심과 귀신의 밝은 마음 앙화가 없겠느냐? 눈 먼 놈의 무남독녀 철모르는 어린아이 나모르게 유인하여 값을 주고 산단 말이냐? 돈도 싫고 쌀도 싫다, 네 이놈 상놈들아. 옛 글을 모르느냐? 칠년대한(七年大旱)가 물 적에 사람으로 빌라 히니 탕 임금 어지신 말씀, '내가 지금 비는 바는 사람을 위함인데 사람 죽여 빌 양이면 내 몸으로 대신하리라.' 몸소 희생되어 몸을 정히 하여 상임 뜰에 빌었더니 수천 리 너른 땅에 큰 비가 내렸느니라. 이런 일도 있었으니 내 몸으로 대신 감이 어떠하냐? 여보시오. 동네 사람, 저런 놈들을 그저 두고 보오?" 심청이 아버지를 붙들고 울며 위로 하기를, "아버지 할 수 없어요. 저는 이미 죽지마는 아버지는 눈을 떠 밝은 세상 보시고 착

(총 글자 수 551자)

소요 시간	1회 :	2회 :	3회 :	4회 :	5회 :
	6회 :	7회 :	8회 :	9회 :	10회 :

글자 뭉쳐보기 ⑤호 1회 2회 정류 단어 회생 훈련

설명
❶ 시점을 중심에 두고 左·右로 안구를 이동한다.
❷ 원형 안에 글자를 두 번 정류하여 인지한다.
❸ 한 번 정류할 때 한 자 보는 속도로 빠르게 이동한다.
❹ 시야가 흐르는 지점에 내용을 감지하여 이어 달린다.
❺ 연속 3회 실시한 후에 다시 1회만 하여 소요 시간을 측정 기록한다.
❻ 눈을 감고 생각나는 단어 최소 10개 이상을 기억 회생해 본다.

◀──── 시점 ────▶

양반이란 사족(士族)들을 높여서 부르는 말이다. 정선군에 한 양반이 살았다. 이 양반은 어질고 글읽기를 좋아하여 매양 군수가 새로 부임하면 으레 몸소 그 집을 찾아가서 인사를 드렸다. 그런데 이 양반은 집이 가난하여 해마다 고을의 환자를 타다 먹은 것이 쌓여서 천 석에 이르렀다. 강원도 감사가 군읍을 순시하다가 정선에 들러 환곡의 장부를 열람하고는 대노해서 "어떤 놈의 양반이 이처럼 군량을 축냈단 말이냐?" 하고, 곧 명해서 그 양반을 가두게 하였다. 군수는 그 양반이 가난해서 갚을 힘이 없는 것을 딱하게 여기고 차마 가두지 못했지만 무슨 도리가 없었다.
양반 역시 밤낮 울기만 하고 해결할 방도를 차리지 못했다. 그 부인이 역정을 냈다. "당신은 평생 글읽기만 좋아하더니 고을의 환곡을 갚는 데는 아무런 도움이 안 되는군요. 쯧쯧 양반, 양반이란 한 푼어치도 안 되는 걸." 그 마을에 사는 한 부자가 가족들과 의논하기를, "양반은 아무리 가난해도 늘 존귀하게 대접 받고, 나는 아무리 부자라도 항상 비천(卑賤)하지 않느냐. 말도 못하고, 양반만 보면 굽신굽신 두려워해야 하고, 엉금엉금 가서 정하배(庭下拜)를 하는데, 코를 땅에 대고 무릎으로 기는 등 우리는 노상 이런 수모를 받는단 말이다. 이제 동네 양반이 가난해서 타먹은 환자를 갚지 못하고 시방 아주 난처한 판이니 그 형편이 도저히 양반을 지키지 못할 것이다. 내가 장차 그의 양반을 사서 가져 보겠다." 부자는 곧 양반을 찾아가 보고 자기가 대신 환자를 갚아 주겠다고 청했다. 양반은 크게 기뻐하며 승낙했다. 그래서 부자는 즉시 곡식을 관가에 실어 가서 양반의 환자를 갚았다. 군수는 양반이 환곡을 모두 갚은 것을 놀랍게 생각했고, 또 환자를 갚게 된 사정을 물어보려 군수가 몸소 찾아가서 양반을 위로하고 했다. 그런데 뜻밖에 양반이 벙거지를 쓰고 짧은 잠방이를 입고 길에 엎드려 '소인'이라고 자칭하며 감히 쳐다보지도 못하고 있지 않는가. 군수가 깜짝 놀라 내려가서 부축하고, "귀하는 어찌 이다지 스스로 낮추어 욕되게 하시는가?" 하고 말했다. 양반은 더욱 황공해서 머리를 땅에

(총 글자 수 721자)

소요 시간	1회 :	2회 :	3회 :	4회 :	5회 :
	6회 :	7회 :	8회 :	9회 :	10회 :

글자 뭉쳐보기 ⑥호 1횡 2회 정류 단어 회생 훈련

설명
1. 시점을 중심에 두고 左·右로 안구를 이동한다.
2. 원형 안에 글자를 두 번 정류하여 인지한다.
3. 한 번 정류할 때 한 자 보는 속도로 빠르게 이동한다.
4. 시야가 흐르는 지점에 내용을 감지하여 이어 달린다.
5. 연속 3 회 실시한 후에 다시 1 회만 하여 소요 시간을 측정 기록한다.
6. 눈을 감고 생각나는 단어 최소 10 개 이상을 기억 회생해 본다.

← 시점 →

등신불(等身佛)은 양자강(揚子江) 북쪽에 있는 정원사(淨願寺)의 금불각(金佛閣) 속에 안치되어 있는 불상의 이름이다. 등신금불(等身金佛) 또는 그냥 금불이라고 도 불렀다. 그러니까 나는 이 등신불, 등신금불로 불리워지는 불상에 대해 보고 들고 한 그대로를 여기다 적으려 하거니 와, 그보다 먼저, 내가 어떻게 해서 그 정원사라는 먼 이역의 고찰(古刹)을 찾게 되었었는지 그것부터 이야기 해야겠다.

내가 일본의 대정대학 재학 중에, 학병(태평양 전쟁)으로 끌려 나간 것은 일구삼사(1934)년 이른 여름, 내 나이 스물 세 살 나던 때였다. 내가 소속된 부대는 북경(北京)서 서주(徐州)를 거쳐 남경(南京)에 도착되었다. 그리하여 우리는 다른 부대가 당도할 때까지 거기서 머무르게 되었다. 처음에 주둔(駐屯)이라기보다 대기(待機)에 속하는 편이었으나 다음 부대의 도착이 예상보다 늦어지자 나중은 교체부대(交替部隊)가 당도할 때까지 주둔군(駐屯軍)의 임무를 맡게 되었다. 그때, 우리는 확실한 정보는 아니지만 대체로 인도지나 인도네시아 방면으로 가게 된다는 것을 어림으로 짐작하고 있었기 때문에, 하루라도 오래 남경에 머물면 머물수록 그만치 우리의 목숨이 더 연장되는 거와 같이 생각하고 있었다. 따라서 교체부대가 하루라도 더 늦게 와 주었으면 하고 마음 속으로 은근히 빌고 있는 편이기도 했다. 실상은 그냥 빌고 있는 심정만도 아니었다. 더 나아가서 이 기회에 기어이 나는 나의 목숨을 건져 내어야 한다고 결심했다. 나는 이런 기회를 위하여 미리 약간의 준비(조사)까지 해 두었던 것이다. 그 것은 중국의 불교 학자로서 일본에 와 유학을 하고 돌아 간—특히 대정대학 출신으로—사람들의 명단을 조사해 둔 일이 있었다. 나는 비장(秘藏)한 작은 쪽지에서 '남경 진기수(陣奇修)'란 이름을 발견했을 때, 야릇한 흥분으로 가슴이 두근거리며 머리 속까지 횡해지는 듯했다. 그러나 낯선 이역의 도시에서, 더구나 같은 일본군에 소속된 한국 출신 학병의 몸으로서, 그를 찾고 못 찾고 하는 일이 곧 내가 죽고 사는 판가름이라고 생각하지

(총 글자 수 681 자)

소요 시간	1회 :	2회 :	3회 :	4회 :	5회 :
	6회 :	7회 :	8회 :	9회 :	10회 :

글자 뭉쳐보기 ⑦호 한 줄 인지 훈련

설 명
1. 시점을 중심에 두고 한 줄을 인지한다.
2. 한 줄 인지하는 순간 안구는 左·右로 순간 도약 운동을 한다.
3. 그 상태에서 수직으로 빠르게 인지 내려간다.
4. 여러 번 훈련을 하면 3~4줄이 시야에 들어온다.
5. 이때 쯤 되면 수직 물결로 부드럽게 내려간다.
6. 연속 3회 실시한 후에 다시 1회만 하여 소요 시간을 측정 기록한다.
7. 눈을 감고 생각나는 단어 최소 10개 이상을 기억 회생해 본다.

⟵ 시점 ⟶

내가 뤼르봉 산에서 양을 치고 있을 때의 이야기입니다. 몇 주일씩이나 사람이라고는 통 그림자도 구경 못하고, 다만 양떼와 사냥개 검둥이를 상대로 홀로 목장에 남아 있어야 했습니다. 이따금 몽들뤼르의 은자가 약초를 찾아 그 곳을 지나가는 일도 있었고, 또는 피에몽에서 온 숯굽는 사람의 거무데데한 얼굴이 눈에 띄는 일도 있었습니다. 그러나, 그들은 하도 외로운 생활을 해 온 나머지, 좀처럼 입을 여는 일이 없는 순박한 사람들이어서 남에게 말을 거는 취미도 잃어버렸거니와, 도무지 무엇이 지금 산 아래 여러 마을이나 읍에서 이야깃거리가 되고 있는지를 통 모르는 사람들이었습니다. 그러기에, 두 주일마다 보름치의 양식을 실어다 주는 우리 농장 노새의 방울 소리가 언덕길에서 들려올 때, 그리고 꼬마 미아로(농장 머슴)의 그 또랑또랑한 얼굴이나 혹은 늙은 노라드 아주머니의 다갈색 모자가 언덕 위에 남실남실 떠오를 때면, 나는 너무나 기뻐서 어쩔 줄을 몰랐던 것입니다. 그때마다, 나는 어느 집 어린이가 영세를 했고 누가 결혼을 했는지, 그 사이 산 밑에서 일어난 소식을 연해 캐문는 것이었습니다. 그러나, 무엇보다도 관심이 쏠리는 것은 주인댁 따님, 이 근처 백 리 안에서 가장 예쁜 우리 스테파네트 아가씨가 어떻게 지내는지를 아는 일이었습니다. 그래서, 나는 과히 관심을 가지는 기색을 보이지 않고, 아가씨가 자주 잔치에 참석하며 저녁 나들이를 하는지, 또는 지금도 새로 나타난 멋쟁이들이 잇달아 아가씨의 환심을 사러 오는지, 이런 따위를 넌지시 알아보는 것이었습니다. 그리고, 만일 "네가, 산에 사는 보잘 것 없는 일개 목동인 네가, 그런 건 알아서 무엇하느냐?"고 묻는 사람이 있다면, 나는 나대로 지금도 대답할 말이 있습니다. ─그때 내 나이 스무살이었다고, 그리고, 스테파네트는 지금까지 한평생 내가 보아 온 사람들 중에서도 가장 아름다운 사람이었다고. ─그런데, 어느 일요일이었습니다. 보름치의 식량이 오기를 눈이 빠지도록 기다리고 있었는데, 식량은 그 날 따라 아주 늦게야 겨우 도착하였었습니다. 아침나절에는 이렇게 생각했습니다. "큰 미사를 보고 오기 때문일 테지."

(총 글자 수 749자)

| 소요 시간 | 1회 : | 2회 : | 3회 : | 4회 : | 5회 : |

글자 뭉쳐보기 ⑧호
한 줄 인지 훈련

> **설 명**
> ❶ 시점을 중심에 두고 한 줄을 인지한다.
> ❷ 한 줄 인지하는 순간 안구는 左·右로 순간 도약 운동을 한다.
> ❸ 그 상태에서 수직으로 빠르게 인지 내려간다.
> ❹ 여러 번 훈련을 하면 3~4줄이 시야에 들어온다.
> ❺ 이때 쯤 되면 수직 물결로 부드럽게 내려간다.
> ❻ 연속 3회 실시한 후에 다시 1회만 하여 소요 시간을 측정 기록한다.
> ❼ 눈을 감고 생각나는 단어 최소 10개 이상을 기억 회생해 본다.

◀──── 시점 ────▶

그 날 아침, 나는 학교에 굉장히 늦고 말았습니다. 거기다가 아멜 선생님이 말익히기에 대하여 질문하겠다고 했는데, 전혀 공부를 하지 않았습니다. 그래서 들을 꾸중을 생각하니 몹시 겁이 났습니다. 문득, 나는 차라리 학교에 결석하고 이리저리 쏘다닐까 하는 생각을 하였습니다. 날씨는 무척 맑고 따뜻하였습니다. 숲에서는 개똥지빠귀 울음소리가 들리고, 제재소 뒤의 리페르 목장에서는 프로이센 병사들이 훈련받는 소리가 들려 왔습니다. 이 모든 것은 말익히기보다 더 내 마음을 끌어 당겼습니다.
그러나 나는 그런 마음을 누르고 학교를 향해 뛰어갔습니다. 면사무소 앞을 지나면서 나무틀로 된 게시판 주변에 사람들이 모여 있는 것이 보였습니다. 지난 2년 동안 패전이니, 징역이니, 사령부의 명령이니 하는 나쁜 소식을 알리는 소식은 이곳에 붙여졌습니다. "또 무슨 일이 있었나?" 나는 뛰면서 그런 생각을 하였습니다. 광장을 가로질러 가고 있는데, 직공과 함께 거기 서서 게시판을 들여다보던 대장장이 바시테르 아저씨가 나를 보고 소리쳤습니다. "애야, 그렇게 서두를 것 없다. 지금 가도 늦지 않아!" 나는 대장장이 아저씨가 나를 놀리는 줄로 생각하였습니다. 숨이 차도록 뛰어서 학교의 작은 마당으로 뛰어들어갔습니다. 보통은 수업이 시작될 즈음 책상 서랍을 여닫는 소리, 귀를 막고 큰 소리로 책을 읽는 소리, 좀 조용히 해! 하고 책상을 두드리는 선생님의 막대기 소리가 한데 뒤섞여 한길까지 들려왔습니다.
나는 이런 소란한 틈을 이용해 슬그머니 내 자리에 들어가 앉을 참이었습니다. 그런데 그 날은 일요일 아침처럼 조용했습니다. 열려진 창문으로 벌써 제자리에 앉아 있는 친구들과 그 무서운 막대기를 옆구리에 끼고 책상 사이를 왔다갔다하시는 아멜 선생님이 보였습니다. 나는 얼굴이 홍당무처럼 달아오르고 가슴은 얼마나 조마조마하였는지 모릅니다. 그런데 뜻밖에도 아멜 선생님은 나를 보고도 화를 안 내시고 매우 부드러운 소리로 말씀하셨습니다. "프란츠, 어서 네 자리에 가 앉아라. 하마터면 너를 빼고 수업을 시작할 뻔했구나." 나는 재빨리 걸상을 타넘어 내 자리에 앉았습니

(총 글자 수 749자)

소요 시간	1회 :	2회 :	3회 :	4회 :	5회 :

Click & Memo

실전 속독 이해도 측정 훈련

1. 성황당

2. 목넘이 마을의 개

실전 속독 이해도 측정 훈련 ①호

총 글자 수 : 15,987 자

성 황 당

정 비 석

"제어길, 뭘 허구 송구 안 와!"

순이는 저녁밥 짓는 불을 다 때고 나서, 부지깽이로 닫힌 부엌문을 열어 젖히며, 눈 아래 언덕길을 내려다보았다. 그러나 아래로 뻗은 길에는 사람은 커녕 개 새끼 하나 얼씬하는 것이 없었다.

한참 멍하니 내려다보고 있던 순이는 다시 아까와 같이 중얼거리면서 부엌 바닥을 대강대강 쓸어, 검부러기를 아궁이에 지펴 넣는다. 그러고 나서 이번에는 빗자루를 든 채 뜰 아래로 나서더니, 천마령(天摩嶺) 위에 걸린 해를 쳐다본다. 산골의 해는 저물기 쉬웠다. 아침해가 앞산 위에 떴나 보다 하면, 벌써 뒷산에서는 해가 저물기 시작하였다.

그러기로 신새벽에 집을 나갈 때에 그렇게나 신신당부를 했으니, 여느 장날보다는 좀 일찍 돌아와야 할 것이고, 그러니까 이맘때에는 으레 돌아왔어야 할 텐데…… 하여간 순이는 기다리기가 몹시도 안타까웠다.

하긴 여느 때 마련하면 아직도 돌아올 무렵이 멀긴 했지마는 순이는 공연히 마음이 초조했다. 그도 그럴 것이, 붉은 고사댕기 한 감과 흰 고무신 한 켤레를 가져 볼 생각을 하면 금방도 어깨춤이 덩실덩실 나왔고, 이제 보름만 있으면 붉은 댕기에 흰 고무신을 신고, 오 리 밖에 있는 큰 마을에 그네 뛰러 갈 것을 생각하면 금시로 엉덩이가 절로 들썩거려졌다.

어느덧 밥이 바지직바지직 잦는다. 순이는 솥뚜껑을 열어 보고 나서는 또 밖으로 나와 언덕 아래를 내려다보았다. 아직도 아무것도 보이지 않았다. 순이는 이맛살을 찌푸렸다. 순이는 아까 집을 나갈 때의 남편의 말을 생각해 보지 않을 수 없었던 것이다.

"올 수리(단오)날이 송구 보름이 남았는데, 벌써부터 댕긴 사다 뭘해? 그럴 돈이 있으문 술이나 사 먹지! 참, 오늘은 강냉이 한 말 사구 남은 돈은 술이나 한잔 사 먹어야겠군!"

하던 현보(賢輔)의 말에 순이는,

"흥! 그래만 보갔디! 난 아예 달아나고 말걸!"

하고 대꾸를 하며 남편을 따라 웃고 말았지마는 아직도 돌아오지 않는 것을 보면 그때 현보의 말이 노상 농담만도 아니었던 것 같다.

정말 현보는 남은 돈으로 술을 사먹는 것이나 아닐까? 술을 그렇게 좋아하는 현보의 일이니, 사실 그럴는지도 모른다고 순이는 점점 불안스러워져서, 이제는 집 뒤 언덕으로 기어올라 더 멀리를 바라보았다. 그래도 아무것도 보이지 않는다. 그래 순이는 집 앞에 있는 느티나무 아래 성황당에 돌을 던져서, 제발 남편이 신발과 댕기를 사오기를 축수하고 나서, 짜장 댕기와 고무신을 사오지 않으면 사생결단으로 싸워 보리라 마음먹었다.

그래도 마음은 놓이지 않았다. 가만있자, 현보가 술먹어본 지가 한 달…… 아니 허 좌상네 제사 때 먹은 것이 마지막이었으니, 장근 두 달이나 되었다. 정말 오늘은 댕기 살 돈으로 술을 사 먹을는지 모른다. 그러기에 아직도 안 오는 게지. 숯 두 섬 팔아서 강냉이 한 말하고 댕기 한 감에 신 한 켤레 사기는 잠깐일 것이 아니냐? 술만 안 먹는다면 벌써 돌아온 지 오래였을 것이다.

저녁 해가 천마령 너머로 잠기고 말았다. 산골짜기에는 산들바람이 불었다. 나뭇잎이 설렁설렁 갈리고, 그런 저녁이면 으레 뒷산 숲에서는 부엉이가 운다. 순이는 차차 불안스러웠다.

밥을 담아 놓기까지 부엌 문턱이 닳도록 드나들었건만 아무런 소용도 없었다. 밥을 담아 놓고는 가만히 서 기다릴 수가 없어, 횡하니 언덕길을 내려갔다.

언덕길을 다 내려가 다시 이번에는 맞은편 언덕길을 추어올라야 한다. 이 언덕이라는 것이 이른바 삼 천마 — 귀성 천마(龜城天摩), 삭주(朔州) 천마, 의주(義州) 천마라는 큰 재[嶺]였다. 이 재를 경계로 하여 귀성, 삭주, 의주의 세 고을로 나뉘어진 것이다. 이 재의 꼭대기까지 오르자면 시오 리는 넉넉히 되었다.

순이는 가쁜 숨을 쉬일 새도 없이 두 활개를 치면서 올랐고, 꾸부러진 굽이를 돌 때마다 고개를 들어 머리 위에 보이는 길을 쳐다보곤 한다. 장꾼도 이제는 거근해서 간혹 한두 사람씩 보일 뿐이었고, 멀리서 두런거리며 걸어오는 발소리가 들릴 때마다 행여 현보가 아닌가 하고 가슴을 졸였으나, 막상 마주치고 보면 생면부지의 남들이었다. 그런때면 순이는 가만히 한숨을 쉬면서 맥 풀리는 다리를 가누며 언덕을 올랐다. 언덕을 오르기만하면 내림길 시오 리는 한눈에 바라볼 수 있었다. 순이는 점점 골이 났다. 제길! 만나기만 하면 댓바람에 멱살을 부여잡고 악다구니를 치리라 하였다.

어느덧 황혼이 짙었다. 깊은 산골짜기에서 피어나기 시작한 황혼은, 나무를 에워싸고 개울을 덮고 산허리로 해서 야금야금 산마루로 뻗기 시작하였다. 바람이 어느 때보다 차갑게 불었다. 갓 나온 떡깔나무 잎이 바람을 맞아 사르륵사르륵 소리를 내고 있었다. 길 옆 숲 속에서는 금방 범이나 산돼지가 튀어나오지 않을까 싶게 굴 속같이 캄캄하였다.

그러나, 순이는 그런 것은 조금도 무섭지 않았다. 산에서 나서 산에서 자란 순이였다. 순이는 현보가 붉은 고사댕기와 흰 고무신을 사 가지고 올 것을 생각하면 아무것도 두렵지 않았다. 그는 다시 발을 빨리 놀렸다.

순이가 시오 리 고개를 다 올랐을 때, 저편에서 흥어리 타령을 하며 오는 사람이 있었다. 그 음성은 틀림없는 현보였다. 그것이 현보인 것을 알자, 대뜸 순이의 가슴은 덜컥 내려앉았다.

    산골에 귀물은 머루나 다래
    인간의 귀물은 우리 임 허리

이것은 현보가 아는 단 하나의 노래였고, 그리고 현보는 으레 술이 얼근히 취해야만 이 노래를 부르는 것이 아니었던가?

순이는 그 노래를 듣자, 댕기도 고무신도 '허양낭창' 이로구나 생각하니, 가슴 밑바닥에서부터 끓어오르는 분노를 참을 수 없어, 길가에 딱 버티고 서며, 주먹을 불끈 쥐고 어둠 속에서 가까이 오는 현보를 노려보았다. 현보는 등에 짐을 걸머진 채 흥얼거리며 그대로 지나가려다가 다시 한 번 쳐다보더니, 그제야 순이를 알아보고 깜짝 놀라며,

"순인가? 너 어떻게 여기까지 왔네? 옳지. 내 마중 왔구나. 응?"

하고 얼근히 취한 혀를 굴리며 순이의 어깨를 붙잡으려 하였다.

"그래 신은 사오는 거요?"

순이는 현보의 팔을 뿌리치며 독기 있는 말로 톡 쏘았다.

"뭐? 그럼 날 마중 나온 게 아니구, 신 사오는가 해서 여기꺼정 왔구나, 응? 허허, 신 사오구말구! 쌔헌 고무신, 순이 신을 고무신, 말쑥헌 하이칼라 신, 사오구 말구!"

하며 현보는 다시 순이의 치맛자락을 붙잡았다. 순이는 천만뜻밖에도 신을 사왔다는 바람에, 담박 감정이 풀리며 반갑기만 해서 아무 반항도 하지 않았다.

"정말 사오우?"

"그럼 안 사올까, 원! 순이 고무신을 내래 안 사다 주문 누구래 사다 준다구!"

"어디 좀 봅수다."

순이가 채근하기 전에 현보는 진작 부스럭부스럭하더니, 고무신 한 켤레를 등짐에서 끄집어내어 순이에게 주면서,

"여기서 한번 신어 보련?"

하는 현보의 말에,

"글쎄, 좀 쉬어 갑수다."

둘은 덜 저문 줄도 모르고 길섶 풀밭 위에 나란히 주저앉았다. 순이는 얼른 종이를 풀고 어둠 속에서도 눈처럼 흰 고무신을 보자, 입이 헤작해지며 다 헤어진 짚신을 빗고 새 고무신을 신어 본다.

"맞디?"

"응! 아니, 좀 크우다래! 겨냥보다 큰 걸 사왔수다래."

"좀 큰 편이 날 것 같아서……."

"그래두 과히 큰가봐."

"좀 큰 편이 낫대두 그래! 올 한 해만 신을 것두 아니구…… 발은 크지 않나 원!"

"크문 돈두 더허지 않갔소?"

"돈은 같애! 아따 같은 값이면 처녀라구, 돈이 같기에 큰 걸 사왔디."

"돈은 같아요? 그름 큰 거 낫디 뭐……. 참, 댕긴?"

순이는 그제야 생각난 듯이 댕기 독촉을 하였다.

"댕기 생각두 났지만, 댕긴 시집을 때 디리구 온 거 있잖은가?"

"아구만나 ! 시집 올 때 웬 댕기래 있었나, 뭐? 시집오던 날 디리구 온 건 놈해래 돼서 사흘 만에 도루 돌려주디 않았소!"

"아, 그랬던가? 난 또 시집올 때 디리구 온 댕기 생각이 나기에 옳다, 잘됐다. 오늘은 댕기 값이 남았으니, 술 먹을 돈이 생겼다구 막걸리 몇 잔 걸티구 왔디! 난 참 그런 줄은 깜빡 잊었드랬구먼, 허어 그러니 헐 수 있나, 다음 당(장)에는 꼭 사다 주디."

"여보, 그렇게야 놈으 생각을 못해 주갔소?"

"아니 생각을 못헌 게 아니라, 있는 댕기야 또 사올 거 없갔기 그랬디. 내가 님자 댕기 사오는 거 아까워 그랬간나? 그렇지 않어? 응 순이!"

하며 현보는 순이의 허리를 껴안았다. 순간 술냄새가 물씬 얼굴에 끼쳐졌다.

"아이구 망칙해라!"

"망칙은 무슨 망칙, 아무두 보는 사람 없는데!"

하고 현보는 성난 범처럼 덤벼들었다. 순이는 고무신 사다 준 것만도 다행으로 여겨, 아무 반항도 하지 않았다.

어느덧 열 여드렛 달이 천마재 위에 비죽이 솟았다. 산속은 괴괴하다. 나무 사이로 세차게 흐르는 달빛이 더욱 적막을 돋우었다. 숲 위에서 반짝이는 별들만이 순이와 현보를 지키고 있었다. 어디선가 간혹 접동새 울음이 들려왔고. 그것이 그치면 알지 못할 산짐승이 짝을 찾는 듯, 구슬프게 우는 소리 뿐이었다.

순이는 밤새도록 자지 않고 신만 신었다 벗었다 하였다. 신코가 뾰족한 것도 신기롭거니와, 휘어잡으면 한움큼 되었다가도 손을 놓으면 팔딱 제 모양대로 돌아가지는 것이 퍽은 재미스럽다. 순이는 버선 위에도 신어 보고 맨발에도 신어 보았다. 그는 참말 별안간에 하늘에 올라간 것 만큼이나 기뻤다. 이런 신은 아무리 돈 많은 사람이라도 함부로 신을 것이 못 되어 보였다. 아랫마을에도 흰 고무신 신은 여편네라고는 구장댁 한 사람 뿐인 것만 보아도 알 것이라고, 순이는 등잔을 끄고 그만 자리라고 자리에 누웠다가도 다시 불을 켜고는 고무신을 어루만져 본다. 그리고, 이런 모든 것이 성황당님의 은덕이라고 믿는 것이었다. 순이는 시집올 때에 성황당 앞에 서 배례하고 배필이 되기로 맹세한 것을 새삼스러이 행복되게 생각하는 것이었다. 순이는 이세상 모든 재앙과 영광은 성황님께서 주장하는 줄로만 믿는다.

　순이가 처음 시집왔을 때 시어머니는,

　"우리집 일은 무엇이나, 앞에 계신 성황님께 빌면 순순히 되는 줄만 알아라."

하고 타이르던 것과, 시증조부모 때에 한 번 성황님께 불공 안 했다가, 집이 도깨비불에 타고 말았다는 말까지도 잊혀지지 않았다.

　순이는 지금 고무신을 신게 된 것도 틀림없는 성황님의 은덕이라고 믿는다.

　이튿날 아침 순이는 먼동이 트기 전에 일어나서, 신을 또 한번 신어 보고는 밖으로 나와 이리저리 돌아가며, 돌을 주워 들고 성황당 앞으로 가 공손히 던졌다.

　순이는 성황당에 돌을 던질 때가 가장 행복스러웠다. 돌을 여남은 개 던지고 나서는, 고개를 수그려 합장 배례하고 잠깐 섰다가 집으로 돌아왔다. 그러자 현보도 잠이 깨어 옷을 걸치며 마당으로 나왔다. 숯가마에 일하러 가는 것이었다.

　"곤허갔는데. 좀더 자구 가구래."

　순이는 고무신 사다 준 것이 생각할수록 고마워서 현보를 보고 발쭉 웃었다.

　"괜찮어! 어서 가 보야디."

　현보도 순이를 보고 히쭉 마주 웃고 나서, 눈을 비비며 집 뒤 등마루로 올라간다. 숯가마는 고개 너머 산골짜기에 있었다. 현보가 한창 고개를 올라가노라니까 순이는 생각난 듯이 큰소리로,

　"여보! 여보!"

하고 급히 쫓아오며 현보를 불렀다.

　"와 그래?"

　"좀 왔다 가우! 왔다 가라구요!"

하고 순이는 소리를 질렀다. 이윽고 현보는,

　"와 그루? 와 그래?"

하며 순이에게로 되돌아왔다.

　"인자 갈 때 성황님께 비는 것 잊어버렸디요?"

　"난 또 큰 변 났다구!"

　"그럼, 큰 변 아니구요! 성황님께 불공 안 했다간 큰 변 나는 줄 모르우?"

하면서 순이는 벌써 돌을 열 개나 남짓 모아다가 현보에게 주면서 던지라고 하였다.

현보는 돌을 받아서 공손히 던졌다. 그리고 나서 합장하였다. 현보는 다시 순이를 쳐다보며 웃고 나서 집을 떠날 때에 퍽 행복스러웠다. 나이 스물여덟이 되어서야 겨우 색시랍시고 코를 질질 흘리는 열 네 살짜리 순이를 데려온 것이 어제 일 같은데, 순이는 벌써 열 여덟이 되어서 이제는 제법 아내 꼴이 박혔고, 게다가 기특하게도 남편에게 재앙이 없도록 성황님께 축수하기를 잊어버리지 않는 것을 보고는 현보는 그지없이 마음이 흐뭇하였다.

현보에게는 이 천마령과 순이만이 온 천하의 모든 것이었다. 순이만 있으면 현보는 조금도 외로울 것이 없었다. 그리고 또 이 천마령에 있는 동안에는 잡나무[雜木]도 끝이 없을 것이요, 그리고 보면 숯구이도 끝이 없을 것이니, 먹기 걱정은 영 없었다. 세상이야 어떻게 변동되건, 어떤 풍파가 일어나건, 그런 것은 현보에게 아무런 상관도 없었다. 세상 일로서 현보와 관계되는 것이 있다면, 그것은 오직 숯값 내리는 것 뿐이었다. 그러나 그것도,

"제길! 제 아무리 멋하기로니 제놈들이 숯이야 안쓰구 배겨날 수 있나 원!"

하고 생각하면, 그것조차 걱정할 것이 없었다. 현보는 그저 행복스러웠다.

전나무, 잣나무, 박달나무, 물푸레나무, 떡갈나무, 소용나무…… 아름드리 나무, 나무들이 기운차게 활기를 쭉쭉 뻗고 별 겯듯 서 있는 숲 속을 거닐면서 현보는 다시 빙그레 웃었다.

무성한 나무 나무! 그것은 얼마나 친근한 현보의 벗이었으리요! 순이도 떼어 버리고는 살 수 없을 만큼 사랑스럽다. 그러나 현보에게는 이 나무들도 순이보다 조금도 못하지 않게 사랑스러웠다.

봄이 오면 나뭇잎이 싱싱하게 생겨나고, 그래야만 현보의 마음에도 봄이 오는 것이었다. 친근하기로 말하자면 산은 말할 필요조차 없다. 온갖 나무를 키워 주고 온갖 풀을 키워 주는 것이 산이 아니더냐? 현보를 낳아 준 것도 산이었고, 현보를 먹여 살리는 것도 산이었고, 현보의 어머니가 마지막으로 돌아간 곳도 역시 산이 아니더냐? 현보는 산 없는 곳에서는 하루도 살지 못할 것 같았다. 이런 생각을 하는 사이에 어느덧 현보는 숯가마에 다다랐다.

숯가마 속에는 그저께 차곡차곡 모아 놓은 나무들이 그대로 있었다. 현보는

옆에 쌓여 있는 불나무[火木]를 도끼로 패기 시작했다. 도끼를 번쩍 들어 뒤로 견줄 때마다 턱 버그러진 구리쇠빛 앞가슴의 근육이 불끈 내솟았다가는, 도끼를 탁 내리갈기면 어깻죽지가 블쑥 부풀어오르고, 그와 동시에 장작이 팡 하고 두 갈래로 갈라지는 것이었다. 이렇게 한 번 한 번 내리갈길 때마다 도끼 소리는 쩌르렁 산에 울리고, 조금 있으면 또 쩌르렁 하고 맞은편 산에서 메아리가 들려오는 것이었다. 그리하여 현보는 혼자이면서도 장단 맞추어 둘이 일하는 때와 꼭 같이 조금도 힘이 들지 않았다.

한참 패고 나서는 하늘을 우러러본다. 해는 조반때가 훨씬 겨웠다. 아침 해는 벌써 천마령 꼭대기를 벗어났다. 현보는 이번에는 언덕길을 올려다보았다. 아직도 순이가 조반을 가져오는 것이 보이지 않는다. 패던 장작을 마저 패고 허리를 펴며 일어서니, 이제껏 안 보이던 순이가 어느 틈에 눈앞에 나타났다.

"아아니, 금방 안 보이더니 어느 틈에 왔어?"

"쳐다보기에 나무 그늘에 숨었드랬어. 히히!"

"요, 앙큼한 것이……."

하고 현보는 때려갈길 듯이 을러메며 싱글 웃는다.

"힝."

순이는 입술을 배죽 내밀어보이고 나서, 현보를 따라 풀밭에 주저앉더니 바구니를 연다. 바구니 속에서는 강낭밥 두 그릇과 산나물이 나왔다. 그리고 맨 마지막으로 삶은 감자 다섯 개가 나왔다.

"응! 웬 감잔구?"

"궐 자시라구 삶아 왔디, 히히힝!"

하고 순이는 연방 싱글벙글하였다.

"감자가 송구 남아 있었던가?"

"요것뿐야! 궐 생일날 쓰려던 걸 오늘 삶아 왔어!"

하고 순이는 수줍은 듯이 고개를 비꼰다.

현보는 눈물이 핑 돌도록 고마웠다.

조반을 마치자, 현보는 지게를 지고 나무하러 산속으로 들어가고, 순이는 숯가마에 불을 때기 시작하였다. 순이는 불나무를 한 아궁이 그득히 지펴 넣고는 바구니를 끼고 나물하러 나섰다.

겨울이 어제 같더니 어느덧 산에는 맛나물이 두 치나 자랐다. 이윽고 고사리도 돋아나리라고 생각하면서, 순이는 눈에 띄는 대로 맛나물, 알바꾸기, 소리채, 민들레…… 이런 것을 캐어서는 바구니에 넣고 한다. 그러다가는 다시 숯가마에 와서 불이 스러지지 않도록 나무를 지펴 넣었다.

해는 중낮이 되었다. 별 곁듯 빽빽이 서 있는 나무숲 속도 훤히 밝았다. 겹겹이 땋인 숲 속에서는 졸졸졸 얼음 녹은 물이 흐르고 있다.

온 산은 적막 속에 잠겼다. 산새도 울지 않았다. 다만 보이지 않는 곳에서 종달새 소리가 들려올 뿐이었고, 그것마저 구름 속에 잠겨지자, 생각난 듯이 미라부리가 한 곡조 부르면서 멀리로 날아갈 뿐이었다. 순이는 나물을 캐다 말고, 미라부리가 사라진 먼 하늘을 고요히 우러러보고 있었다. 그런 때에는 순이도 자연의 한 부분에 지나지 않았다.

산속의 봄은 유난히 짧다. 뻐꾸기가 울어서 봄이 왔나보다 하고 한겨울의 칩거(蟄居)에서 해방되어 산으로 오르기 시작하면, 벌써 두견새와 꾀꼬리가 노래를 부르고, 뒤이어 매미가 맴맴맴 맴맴맴 하고 한가로운 산속의 여름 날을 돕는다. 그러기에 산사람들에게는 봄보다도 여름이 더욱 친근하였다. 하루하루 산은 무성하는 나뭇잎으로 무거워가고, 각색 새들의 노래노래에 산사람의 마음은 흔들져간다.

할미꽃, 앉은뱅이, 진달래가 한물 지나고, 도라지꽃, 제비꽃, 학이꽃, 범부채, 물구지, 소리채……가 먼저 다투어 필 무렵이면, 스러졌던 잔디밭에서도 새싹이 머리를 들고, 그러노라면 풀밭에서는 밈충이, 식세리, 귀뚜라미가 노래를 부른다.

토끼가 춤을 추고, 여우, 노루가 양지쪽에서 낮잠을 자는 것도 그런 때이다.

한나절이 되자 날은 점점 무더워 왔다. 사방이 병풍으로 휘두른 듯 산으로 감싸여 있었고, 게다가 나무가 들어차서, 바람 한 점 얻을 수 없었다. 순이는 아궁이 속을 한참 휘저어 불을 되살리고 나니, 얼굴이 활활 달아오르고 전신에 땀이 물 흐르듯 하였다.

벌거벗은 웃통에서도 젖가슴 사이로 땀방울이 줄줄 흘렀다.

순이는 나무를 듬뿍 지피고 나서는 저고리를 벗어든 채 개울가로 내려왔다.

그래서 그는 치마와 베바지마저 훨훨 벗어 바위 위에 내던지고, 첨벙 물 속으로 뛰어들었다. 산골 물은 옥구슬처럼 맑고 얼음처럼 차가웠다. 순이는 젖통까지 물속에 잠겨서, 두 손으로 물을 앙구어 세수를 하고 나서는, 어깨와 목덜미에 물을 끼얹고 그리고는 앞가슴을 씻었다. 한참 미역을 감고 나니 몸은 날 듯이 가벼워졌다.

순이는 물에서 나와 몸을 말리고 나서 옷을 입으려고 바위에 앉으려니, 바위가 몹시도 따가워 찬물을 두어 번 끼얹고 앉았다.

이제껏 맑던 하늘에 어느새 검은 구름이 한두 점 나타났다. 소나기가 오려는가 하고 고개를 드니, 천마령 위에서는 먹장 갈아 부은 듯한 구름이 자꾸 솟아올랐다. 순이는 어서 소나기 내리기 전에 숯가마에 나무를 듬뿍 지펴 넣어야겠다고 생각하면서 부산히 옷 둔 곳으로 달려와 보니, 분명히 돌 위에 놓아 둔 옷이 없어졌다. 혹시 딴 데 놓지 않았나 하고 벌거숭이 채로 이리저리 아무리 찾아도 보이지 않는다.

'숯가마에 벗어 놓구 왔나?'

하면서도 분명히 숯가마에는 벗어 두지 않아서 아래위로 샅샅이 찾아보아도 보이지 않았다. 순이는 '귀신이 곡을 할 노릇'이라고 혼자 안타까워 돌아가노라니까 저편 숲속에서,

"하하하하하!"

별안간 커다란 웃음소리가 들려왔다. 순이는 깜짝 놀라 본능적으로 아래를 가리며 맞은편 언덕을 쳐다보니, 숲 속에서 당꼬바지 입은 산림간수 김 주사가 자지러지게 웃으면서 순이의 옷을 쳐들어 보이고 있었다.

'제길! 망할 쌍놈어 새끼!'

순이는 속으로 이렇게 욕하며,

"입성 갖다 달라요, 거!"

하고 커다란 소리로 고함쳤다.

"이거 입성 아니가! 갯다 입갔디! 누구래 입딜 말래나?"

하고 김 주사는 여전히 빙글빙글 웃었다.

"놈은 입성은 와 개갔소, 와 개가시오?"

"내래 개왔나, 뭐."

"고름 누구래 개가구? 날래 갖다 달라구요, 여보!"

"개다 입갔디. 누구래 갯다꺼정 줄꼬글?"

"글디 말구 갯다 주구래, 여보!"

"자, 이놈어 송화(성화)야 받어 주나?"

하고 김 주사는 순이의 옷을 들고 개울가로 내려온다.

"싫어요! 오디 말라요! 아이구 망칙해 죽갔다!"

김 주사가 가까이 오자 순이는 돌아서며 발을 동동 굴렀다.

"자, 이런 성화가 있나! 입성 갯다 달라기 개져가문 또 오디 말라구 그럼, 난 몰루?"

하고 김 주사는 풀밭에 옷을 던진다.

"거기 놔두구, 더어기 멀리루 가라구요!"

"가구 안 가구야 내 맘이디 머!"

"글디 말구, 어서 더어기 가라구요. 점단은 량반이 거 뭘 그루."

"허, 이거 참!"

하며 김 주사는 숯가마 쪽으로 몇 걸음 걸어 간다. 김 주사가 옷 있는 곳에서 멀리 간 다음에 순이는 얼른 옷을 입으려고 뛰어갔다. 그러자 그와 동시에 김 주사는 순이에게로 달려오면서.

"뒈어 뒈어 이놈어 멧돼지 봐라! 뒈어 뒈!"

하고 무슨 산짐승이라도 몰아 쫓듯이 두 팔로 훠얼훨 활개를 치며 달려왔다.

순이가 재빠르게 바지를 추서입자, 달려온 김 주사는 순이의 저고리를 빼앗아 들었다.

"글디 말라요, 여보! 점단은 량반이 거 뭘 그루!"

"난 점단티 못해!"

"조고리 날래 달래요, 여보!"

"멀 줘! 길에서 얻은 조고릴 내래 와 줄꼬?"

"어서 달라구요!"

하고 순이는 짜증을 내면서 웃통을 벗은 채 김 주사에게 덤벼들었다.

"글쎄 못 준대두."

하고 김주사는 저고리를 등뒤로 돌리면서 연적처럼 토실토실하고 고무공처럼 탄력 있는 순이의 젖통을 검칙스러운 눈으로 바라본다.

"어서 달래는데 그래요!"

"그럼 줄 테니, 내 말 듣간나?"

"말은 무슨 말이라구 그루…… 어서 달라요!"

"글쎄, 내 말 듣가서?"

"응! 들을 거니 조고린 주구래!"

"정말 듣디?"

"응! 들어."

"거짓부리 아니디?"

"정말 들을 거니 조고린 달라요!"

김 주사는 그제야 만족한 듯이 빙그레 웃으면서 순이에게 저고리를 건네 주었다. 순이는 저고리를 다 입고 나서,

"흥! 개떡 겉다. 누구래 말을 들을 줄 알구!"

하고 홱 돌아서더니 숯가마께로 힝하니 달아난다.

"순이! 정말 이러기야?"

하고 김 주사는 잠깐 멍하니 선 채 순이의 뒷 모양을 바라보다가 별안간 순이 뒤를 따라온다. 순이는 숯가마에 다 닿자 쓸쓸하니 시치미를 떼고 아궁이에 장작을 몰아 넣는다.

아까부터 퍼지기 시작한 검은 구름이 이제는 하늘을 휘덮고, 써늘한 바람이 홱 지나간다. 굵은 빗방울이 드문드문 떨어진다. 산에서는 별안간 나뭇잎 갈리는 소리가 소란하였다.

덮눌러 온 김 주사는 순이에게로 와락 달겨들더니 가쁜 숨으로,

"순이! 정말 말 안 들을 테야!"

"누구래 말을 듣갔다기 추근추근 이래?"

"분홍 갑사 저고리 사줄 테니 말 들어. 웅!"

"싫어, 글쎄! 분홍 갑사 저고리 누구래 입갔대기! 흥!"

하면서도 아닌게 아니라, 순이는 분홍 갑사 저고리가 입고 싶지 않은 것은 아니었다.

그러나 순이는 김 주사의 행실머리가 아니꼬웠다.

현보네 집에 늘 놀러 오는 사람 중에 순이를 눈에 걸고 있는 사람이 둘이 있었다. 하나는 김 주사이고, 또 한 사람은 산 너머 광산에서 일하는 칠성이였다.

칠성이는 돈벌이는 김 주사만 못해도 생긴 품은 김 주사 열 갑절 잘생겼다. 그러기에 순이는 마음을 허하자면 김 주사보다는 오히려 칠성이 편이었다. 칠성이에게 오늘처럼 이런 곳에서 시달린다면…… 하고 생각하다가, 순이는 속으로 고개를 설레설레 흔들었다.

'칠성인 다 뭐레. 현보가 있는데.'

김 주사는 잠깐 궁리하다가,

"정말 싫으니?"

"정말 싫어요!"

소나기는 내리붓기 시작하였다. 거기 따라 순이의 마음도 점점 굳세어 갔다. 순이와 김 주사는 숲 속으로 들어가서 비를 그었다.

"너 나허구 틀렸다가는 큰 일날 줄 모르니?"

"흥! 난 그까짓 큰 일 무섭디 않아!"

"정말? 너의 현보가 오늘두 소나무 찍는 것을 내 눈으로 보구 왔는데두?"

"그래, 소나무 찍었으문 와 어때?"

"너, 올 봄부터 허가 없이 소나무를 찍었다가는 징역 가는 법이 생긴 줄 모르니?"

"알문 어때? 빌어먹을! 다 성황님이면 고만이지 뭘 그래!"

순이는 순이대로 김 주사가 엄포할수록 저도 뻗대었다. 법이라는 것이 은근히 무섭지 않은 것도 아니지마는, 그렇다고 김 주사 따위에게 슬슬 기고 싶지는 않았다. 그까짓 것 성황당에 축수만 하면 그만이 아니냐 싶었던 것이다.

"순이! 그러지 말어! 내가 모르는 체하고 눈 감아 줄 테니 내 말 한 번만 들어!"

"난 싫대두 그래!"

"그럼, 현보 징역 가두 좋은가?"

"징역을 와 가? 뭣 때문에? 힝!"

순이는 입술을 비쭉 내밀어 보였다. 그러자 김 주사는 하도 예뻐 못 참겠다는 듯이 순이에게로 달려들어 허리를 휘어감으려 하였다. 순이는 그 순간 날쌔게 몸을 비키었다.

　비는 체굽으로 받듯 내리쏟았다. 숲 속에도 빗방울이 떨어지기 시작하였다. 김 주사는 또 잠깐 겸연쩍은 듯이 가만히 서 있다가,

　"정말 안 들을 테냐? 똑똑히 말해 봐!"

　그렇게 다지는 두 눈은 쌍심지를 켠 듯 몹시 충혈되었다. 음성은 왈살스럽고도 거칠었다. 그러나 순이는 범을 보고도 놀라지 않고 자라난 탓으로 아무렇지도 않은 듯이,

　"글쎄 백번 그래야 소용없대두."

하고 도리질을 하였다. 그 말을 듣자 김 주사는 성난 표범처럼 순이에게로 덤벼들어 순이를 휘어넘기려 하였다. 순이는 휘끈 뒤로 자빠지려던 다리에 힘을 주어 떡 버티고 서며, 붙잡힌 저고리 소매를 낚아채려 하는 순간에, 벌써 사내의 뜨거운 입술이 이마로 와 닿았다. 순이는 더 참을 수 없어,

　"쌍 개 같은 놈어……."

하면서 눈알이 빠져라고 사내의 면판을 휘갈기고, 제비같이 날쌔게 숲 속으로 뛰어나와 체굽받듯하는 비를 맞으며 언덕길을 핵핵 달리어 집으로 돌아온다. 숲 속에서는 뺨 맞은 사내가 달아나는 순이의 뒷모양을 노려보면서,

　"이년, 두고 보자!"

할 뿐이었다.

　비는 좍좍 내리쏟았다. 비안개에 싸여, 산도 하늘도 보이지 않았다. 만산이 한참 흐드러지게 웃는 것처럼 나뭇잎 와슬렁거리는 소리뿐이었다. 한참 언덕을 오르던 순이는 사내가 따라오지 않는 것을 알자, 발을 멈추고 코로 입으로 흐르는 빗물을 씻었다. 그리고 나서 상그레 웃으며 뒤를 돌아보고는 다시 언덕을 추어오른다.

　순이는 비가 좀더 퍼부었으면 싶었다. 비가 퍼부면 퍼불수록 마음이 튼튼해질 것 같았다. 고개를 다 올랐을 때에는 순이는 모든 것을 깡그리 잊어버리고, 집에 가면 흰 고무신 신어 볼 생각에 마음은 날뛰었다. 발부리에서 메추리가 포드드드 날아났다.

　비는 자꾸만자꾸만 퍼부었다.

이틀이 지나, 산림간수 김 주사가 읍내 순경과 함께 현보를 잡으러 왔다. 현보는 아무 말도 못하고 얼빠진 사람처럼 한참을 발부리만 내려보고 있었고, 따라온 김 주사만이 뜻있는 웃음을 빙글빙글 순이에게 건네고 있었다. 순이는 어안이 벙벙하였다.

"날래 가! 빨리 빨리!"

하는 순경의 재촉에 마지못하여 현보는 무거운 발길을 옮겨 놓으면서, 글썽글썽 눈물 괸 눈으로 순이를 돌아다본다. 순이는 현보와 눈이 마주 치자 울음이 복받쳐 올랐다. 그럴 줄 알았더라면 김 주사 말을 들어 주었던 편이 더 좋았을 걸 하고 후회하였다. 그러나 그보다 더 큰 후회는 그저께 그길로 돌아오면서 성황님께 빌기를 잊어버린 것이었다.

그때 성황님께 한번만이라도 빌었다면 오늘 같은 일은 일어나지 않았을 것이 아니냐?

현보는 도살장으로 끌려가는 늙은 소 모양으로 고개를 수그리고 앞서서 읍으로 걸어간다. 순이는 참다못해서,

"언제쯤 돌아올까요?"

하고 순경에게 간신히 물었다.

"한 십 년 있다 올 줄 알아!"

하고 순경은 혼자 씩 웃는다. 순이는 순경이 웃을 적에는 대단한 죄는 아니라고 짐작은 하면서도, 십 년이라는 말에 눈앞이 아뜩하였다.

"너 이젠 또 시집가야 갔구나!"

김 주사는 몹시 비꼬는 웃음을 보내며 지껄인다. 순이는 아무 대꾸라도 않고 입속으로,

'이놈, 두고 보아라! 내래 성황당님께 빌어서 네놈을 망덕을 허게 헐 적을······.'

하고 중얼거렸다.

순이는 현보가 보이지 않을 때까지 집 앞에 서 있었다. 마침내 현보의 뒷모양이 안개에서 사라지자, 순이는 참았던 울음보가 탁 터져서 목을 놓아 통곡하였다.

단둘이 살던 살림에 현보가 잡혀갔으니 누구를 믿고 살 것이랴. 순이는 맘껏

맘껏 울었다. 이런 때에는 아이라도 하나 있었으면 하고 생각하니, 새삼스러이 현보 잡혀간 것이 슬펐다. 그러나 잡혀간 것은 하는 수 없는 일이고, 이제부터는 몇 해 만에 나오든지 나오는 날까지 혼자서 벌어 먹어야 할 것을 생각하고, 순이는 한낮이 겹자 숯가마로 갔다. 순이는 전에 현보가 하던 모양대로 도끼를 들어 장작을 패고, 틈틈이 겨울 준비로 도라지, 고사리 같은 산나물도 캐 모았다. 순이는 다른 날보다 퍽 늦어서야 집에 돌아왔다. 집에 와 보니 김 주사가 능청맞게 아랫목에 자빠져서 기다리고 있었다.

"순이 인제 오는 게야? 오늘은 늦었구먼?"

하고 사내는 현보를 잡아갈 때와는 딴판으로 다정한 태도를 보인다. 순이는 속으로,

'이자식이 왜 왔어?'

하면서도 행여 현보의 소식을 알 수 있을까 싶어서,

"벌써 읍내까지 갔던 거요?"

하고 공손히 물었다.

"아니, 난 읍엔 안 갔어!"

"그럼 우리 쥔은 어떻게 됐소?"

"경찰서까지 가게 되었디."

"언제쯤 나오게 될까요?"

"그야 내 말에 달렸디!"

하고 김 주사는 순이를 뻔히 쳐다본다.

순이는 속말로 '네까짓거!' 하고 아니꼽게 생각하면서도 잠자코 있었다. 김 주사는 몇 날 전에 산에서 한 짓을 사죄하라는 것과, 그리고 이제라도 제말을 들으라는 것쯤은 순이로서도 눈치챌 수 있었지마는 행차 뒤에 나팔 격으로, 이제는 일이 글러지고 말았으므로, 순이는 자꾸 엇나가고 싶었다.

"정말 순이가 안타깝다면 현보를 내일루래두 내보내 줄까?"

김 주사는 순이가 저만 보면 슬슬 길 줄 알았는데 뜻밖에도 쓴 도라지 보듯 하니까, 적지않이 실망하는 모양이었다.

그래 저편에서 먼저 수작을 붙이는 것이었다.

"난 괜찮아요. 근심 말구, 거저 십 년이고 이십 년이구 맘대로 둬둬 주."

"허! 말룬 그래두 속에서는 불이 날터이지?"
"불커녕 화두 안 나오다."
"순이! 그래디 말어 응! 내가 말 잘해서 니어 내보내 주게 하디."
"……"

그 말엔 순이도 대꾸를 않았다.

한참 침묵이 계속되었다. 바깥은 차차 캄캄해 왔다. 하늘에는 별이 총총 떠서 열어 놓은 문으로 북두칠성이 마주 보였다. 바로 집 뒤에서는 접동새가,

"접동 접동 해오라비 접동!"

하고 처량히 울었다.

순이는 김 주사가 현보를 고자질한 것을 생각하면 이에 신물이 돌아서 공알 주먹으로 목덜미를 한 대 쥐어박고 싶었지마는, 열 도깨비 복은 못 주어도 화는 준다고, 그러다가 또 어떤 작폐를 부리는지 몰라 어름어름해 두었다. 그랬더니 사내는 좀처럼 돌아갈 생각을 아니하고 진기를 쓰고 있어 순이는 점점 울화가 치밀었다. 그까짓 김 주사 같은 사내 하나쯤 덤벼든대야 조금도 겁날 것은 없지마는, 저편에서 덤벼드는 판이면 순이도 가만 있을 수 없으니 그것이 성가시었다.

"현보가 나오구 못 나오구는 내 말 한 마디면 그만인데, 순인 와 그리 고집을 부리누?"

김 주사는 다시 수작을 붙였으나 순이는 건으로 잠자코 있었다.

"순이! 현볼 내일 놔 주도록 해 줄까?"

하며 김 주사는 순이의 치마폭을 슬며시 잡아 당겼다.

"인 놔요!"

순이는 치마를 낚아채었다.

"흥! 내 말 안 들어야 순이에게 손해 될 것밖에 있나?"

사내는 점쩍김 싱글 웃고 나서 담배를 피워 문다. 순이는 덤덤히 앉아 있었다. 여름밤은 덧없이 깊어 갔다. 순이는 사내가 어서 가 주었으면 싶었다. 현보가 없기 때문에 이런 작자가 염치없게도 밤중에 와서 지근덕대는구나 생각하니, 새삼스러이 현보가 그리워지며 울화가 치밀었다.

"인전 잘래요! 어서 가라우요?"

순이는 사내에게 톡 쏘아붙였다.

"이 오밤중에 가긴 어딜 가란 말야?"

"못 가면 어쩔 테요?"

"여기서 순이허구 자구 가야겠는걸!"

"흥, 비위탁이 삼 백은 살겠다. 어서 가우!"

"이 캄캄한 밤에 어딜 가란 말야. 글쎄?"

"궐네네 집으루 가라요!"

"그럼, 순이 데려다 주겠나?"

"흥! 별꼴 다 보갔다."

순이는 사내에게 눈을 흘겨 보이고는 밖으로 달아나왔다.

순이는 어둠 속에서 돌을 주워 가지고 또 성황당 앞으로 가, 성황님께 현보가 속히 나오게 해 달라고 빌었다. 그는 몇 번이고 허리를 굽신거리며 큰절을 하였다. 그러는 동안에 어둠 속에서 발소리가 나더니 문득 '에헴!' 하는 기침소리가 들려왔다.

칠성이가 현보 잡혀갔다는 소리를 듣고 산너머에서 찾아온 것이었다. 순이는 김 주사의 농락을 받고 있는 지금에, 칠성이가 찾아와 준 것을 퍽 다행하게 여겨서, 이내 방으로 데리고 들어왔다. 김 주사는 순이가 이제나 들어올까 저제나 들어올까 하고 눈이 감도록 기다리던 판에 웬 낯선 사내를 데리고 들어오니까, 일변 실망하고 일변 겁을 집어먹으며 눈만 껌벅이고 있었다.

"흑깨(퍼) 어둡디요?"

하고 순이는 김 주사 보란 듯이 칠성이에게 상냥히 말을 걸었다. 그러나 칠성이는 칠성이대로 아지 못하는 사내가 방에 혼자 앉아 있는데 놀래어, 얼른 대답을 못하고 멍하니 앉아 있었다. 허나 다음 순간 칠성이는 직각적으로 눈치를 채자 모진 눈으로 김 주사를 노려보았다. 칠성이가 들어오자, 김 주사는 침 먹은 지네가 되는 것을 보고, 순이는 웃음을 참지 못하였다.

산속의 밤은 접동새의 울음 속에 깊어 갔다. 무한한 적막이 깃들어 있는 깊은 산이건마는, 그러나 순이를 에워싸고 희미한 등잔 밑에 마주앉아 있는 두 사내 사이에 오고가는 시선은 각일각으로 일촉즉발의 위기를 띠어 갔다. 아연같이 무거운 공기 속에서 칠성이와 김 주사는 제각기 눈앞에 폭풍을 깨달으면서 호흡

까지 죽이고 있었다.
"웬 사람이오?"
드디어 김 주사는 질식할 긴장을 이겨낼 수가 없어 혼잣말 비슷이 중얼거리며, 순이와 칠성이를 번갈아 보았다.
"산너머 있는 칠성이네야요."
하고 순이는 칠성이를 쳐다보면서 대답을 가로 막았다. 김 주사는 칠성이가 쭈그리고 겁먹는 듯이 앉아 있는 것을 보자 한층 깔보았는지,
"무슨 일이 있어 왔나? 이 밤중에……?"
하고 제법 위엄있게 반말로 대들었다.
"일은 무슨 일이갔소? 거저 마을돌이 왔디요!"
이번에도 순이가 가로맡아 대답해 주었다.
"일두 없이 밤중에 남으 여편네 혼자 있는 데를 와?"
하고 김 주사 어조는 더한층 높았다.
"대관절 당신은 어떤 사람인데?"
마침내 잠자코 있던 칠성이가 약간 떨리는 소리로 침착히 반문하였다. 싸움을 사려는 말투였다. 칠성의 주먹은 어느덧 굳게 쥐어져 있었다. 칠성이가 별안간 큰소리를 치고 나서는 바람에 김 주사는 잠시 찔끔해 있다가,
"나? 난 산림간수야! 현보가 산림법칙을 위반해서, 조사할 것이 있어 왔어."
"산림간수는 남으 여편네 혼자 있는 밤중에 조사를 해야 맛인가?"
칠성이는 가슴을 약간 앞으로 솟구며 따지고 들었다.
"그야 조사할 필요만 있으면 언제든지 조사하는 규칙이지……."
"세상에 그런 빌어먹을 규칙이 어디 있단 말이냐?"
이번에는 칠성이가 정면으로 김 주사를 노려본다. 순이는 꼼짝 않고 앉아 있었다.
"에끼, 고약한 놈! 그런 말버르장머리가 어딨늬? 아무리 불학무식한 놈이기로니!"
"이 자식아! 뭐 어때? 유식헌 놈은 똥이 관을 쓰구 나오니?"
칠성이는 상반신을 일으켜 김 주사 앞으로 다가갔다.
"이놈아!"

김 주사는 고함을 치며 칠성의 따귀를 번개같이 때려갈겼다. 그와 동시에,
"이 간나새끼 어디 보자!"
하기가 무섭게 칠성이도 김 주사 멱살을 추켜 잡았다. 김 주사도 칠성이를 맞잡았다. 다음 순간 둘은 서로 엎치락뒤치락 뒤채었다. 그 바람에 등잔불이 홱 꺼졌다. 별안간에 방안은 수라장이 되었다.
"아이구머니!"
순이는 외마디 소리를 부르짖으면서 밖으로 뛰어나왔다.
"아코!"
"에이, 쌍!"
"아코, 아고고……"
하는 비명이 방안에서 연방 들려 나왔지마는, 순이는 그 목소리가 누구인지도 분간하지 못하였다. 순이는 어쩔 줄을 몰라 발만 동동 구르며,
"아이구테나! 아니구테나!"
하다가, 문득 성황당이 생각이 나서 느티나무 밑으로 부리나케 달려오더니,
"성황님! 성황님! 데 쌈을 좀 말려 주십사! 데 쌈을 좀 말려 주십사!"
하고 두 손을 싹싹 비비었다.
방안에서는 아직도
"에이 쌍, 에이 쌍!"
하는 소리가 연방 들려 나왔다.

이틀이 지나도 사흘이 지나도, 현보는 돌아오지 않았다.
칠성이는 저번날 밤 김 주사와 싸우고 가서는 나흘째 오지 않았다. 떠도는 말에 의하면 칠성이는 김 주사의 머리에 상처를 입혔기 때문에 그날 밤으로 어디론지 도망을 치고 말았다 한다.
순이는 낮이면 산나물을 하였고, 밤이면 성황당에 치성을 드리면서 그날그날을 보내었다. 현보가 잡혀간 뒤로는 숯은 한 가마를 구웠을 뿐이었다. 순이는 저녁에 집에 돌아올 때처럼 쓸쓸한 적이 없었다. 다른 때 같으면 현보와 함께 돌아와서 저녁도 마주 앉아 먹을 터인데, 이제는 혼자 오도카니 앉아 먹자니 밥이 목구멍을 넘어가지 않았다. 순이는 나물을 하다가도 숲 속에서 장끼와 까투

리가 서로 꾸둑거리며 희롱하는 것을 보고는, 문득 현보 생각이 머리에 떠올라 한참은 우두커니 서서 지나간 일을 회고해 보는 것이었다.

그러나 숲 속에서 꾀꼬리가 울고 뻐꾸기가 울고, 마라부리가 울고 할 때에는 순이의 마음은 평화스러웠고, 도끼를 드는 팔에도 힘이 넘쳤다.

산에만 오면 순이는 어머니 품속에 안긴 것처럼 마음이 듬뿍하여 온갖 새들과 함께 노래 부르고 싶었다. 새들의 노래를 들을 때에는 순이의 마음에는 슬픔이라고는 손톱만큼도 없었다. 나무가 무성히 자라고 새들이 노래부르는데, 순이의 가슴에 검은 구름이 있을 턱 없었다. 그런 때에는 순이는 현보가 성황님 덕택에 이내 나을 것을 굳게 믿는 것이었다.

그러나 해가 저물고 산골짜기가 어두움에 잠기면 순이의 마음도 어두워졌다. 제 둥지로 돌아가는 까마귀가 어쩌다가 순이네 집 위에서,

"까우! 까우!"

하고 울 때면, 순이의 마음은 납덩이같이 무거워졌다. 옛날부터 저녁 까마귀가 울면 집안이 불길하다는 것을 순이도 알기 때문이었다. 순이는 현보가 내일도 돌아오지 못하려는가, 정말 십 년씩이나 갇혀 있게 될 것인가 하고, 머리를 쥐어짜며 생각하다가 마침내는 벌떡 일어나서 성황당으로 달려간다.

그런 때면 순이는 성황당 앞에 엎드려 오래오래 치성을 드리는 것이었다. 순이는 모제기(샛별)가 서편 하늘에 퍽 기울어진 때에야 잠자리에 누웠다. 허나 어쩐지 잠이 오지 않았다. 눈을 감고 있노라니 현보와 칠성이와 김 주사의 얼굴이 제각기 나타났다. 순이는 아까 산에서 장끼와 까투리가 장난치던 것을 생각하고, 이내 언젠가 현보가 장에서 고무신 사오던 날, 저녁 일이 기억에 떠올랐다. 그래서,

'이번에 나오면, 현보허구 둘이서 성황님께 아들 낳게 해달라구 빌어야지.'

하고 혼자 궁리하다가 씩 웃었다.

괴괴한 밤이었다. 순이는 끙 하고 돌아눕다가 문득 귓결에,

"응응응응응……."

하는 소리를 듣고 머리를 번쩍 들었다.

'여우가 울어?'

순이는 가슴이 또 철렁 내려앉았다. 여우가 울 때에, 그 입을 향한 곳에는 반

드시 흉사가 있다기에, 순이는 벌떡 일어나서 문밖으로 뛰어나와 어딜 향해 우는지 알아보려 하였다. 그러나 토방에 서서 귀를 기울였지마는, 울음소리만 듣고는 어딜 향하고 우는지 알 수가 없었다. 그저 꼭 순이네를 향하고 우는 것만 같았다.

'현보가 영 못 나오려나?'

순이의 가슴은 점점 미어져 왔다. 순이는 성황님께 무슨 죄를 지었던가 스스로 생각해 보았다. 그리고, 역시 성황님께 정성이 부족한 탓에 까마귀가 울고, 여우가 방정을 떠는 것이라고 믿었다. 까마귀나 여우나 모두가 성황님의 마음대로 되는 것이라고 순이는 믿었던 것이다. 그래 순이는 다시 성황님으로 모신 느티나무 아래에 와서 무릎을 꿇고 앉아 손을 비비었다. 순이는 참된 마음으로 성황님께 사죄를 하였다. 한 시간이 지나고, 두 시간, 세 시간이 지났건만 순이의 마음에는 오히려 부족하여. 그는 하룻밤을 치성으로 꼬박이 밝혔다. 그랬더니, 이튿날 아침 순이의 마음은 도로 명랑하여졌다.

아침 볕에 무르녹은 녹음을 보면, 순이의 마음은 옥구슬같이 맑아진다. 순이가 막 집을 나서 숯가마로 가려는데, 난데없던 까치 두마리가 순이네 지붕 위에 날아와 앉더니,

"까까까까까……"

하고 열성스럽게 짖었다.

"옳다. 됐다!"

순이의 눈은 기쁨에 이글이글 빛났다. 아침 까치가 짖으면 손님이 온다는데, 아마 오늘은 현보가 돌아오려나 보다 싶었다. 현보가 오면 무엇부터 이야기할까? 김 주사 이야기, 까마귀 이야기, 여우 이야기, 장끼와 까투리가 놀던 이야기…… 모두 신기스러운 이야기 재료 같았다. 아니 그보다도 성황님이 얼마나 신령하시다는 것을 말해서 둘이서 아이를 점지해 주도록 축수를 하리라 하였다.

순이는 기쁨에 일이 손에 붙지 않았다. 개금아리가 갈갈갈갈 하기만 하여도 고개를 들고 멍하니 섰곤 한다. 그러다가는 현보가 오지 않나 하고 언덕길을 내려다보곤 한다.

한낮이 겹자 더위는 찌는 듯하였다. 순이는 웃통을 벗은 채 나물을 하다 말고, 그늘진 풀밭에 펄썩 주저앉았다. 바로 머리 위에서 산비둘기가 '구우구우' 하

고 울었다. 순이는 고개를 들어 비둘기를 찾았다.

 소나무 가지에서는 두 마리의 비둘기가 서로 주둥이를 맞대 보기도 하고, 머리를 비비기도 한다. 순이는 멀거니 그것을 쳐다보고 있노라니, 가슴은 공연히 쓸쓸하였다. 오늘도 현보가 돌아오지 않으려는가 싶어 한숨을 쉬면서 먼 하늘을 우러러 보았다. 바로 그때,

 "순이!"

하고 어디선가 부르는 소리가 들렸다. 순이는 꿈인가 놀라며 성큼 일어서니, 맞은편 숲 속에 칠성이가 서 있었다.

 "아! 칠성이네! 어디로 도망을 갔다더니?"

 순이는 반가웠다. 그렇지 않아도 저희 때문에 칠성이가 죄를 짓고 도망을 갔대서 미안히 여기던 판이었는데, 뜻밖에 만나니 참말 반가웠던 것이다.

 "나 말이야, 순이! 그동안 한 삼백 리 되는 곳에 도망을 갔드랬어! 그자식 대가리를 깨뜨려 주었거든! 그래서 도망을 가기는 갔지만, 암만해두 순이 생각을 잊을 수가 있어야지. 그래 순이를 데리러 왔어!"

하고, 사내는 순이에게로 가까이 다가왔다. 순이는 저고리를 입으면서,

 "아이구 망칙해라! 내래 와 칠성이넬 따라갈꼬!"

 말은 그러나, 저를 생각해 주는 마음씨가 노상 싫지는 않았다.

 "안 가믄 어쩌누? 현보는 언제 나올지도 모르는 걸……."

 "와 몰라! 오늘은 나올 텐데!"

 "오늘? ……흥! 적어두 삼 년은 있어야 해!"

 "삼 년?"

 이번에는 순이가 놀란다.

 "그러티! 삼 년은! 그러나 그동안 순이 혼자 어떻게 사누? 그러기 현보 나올 동안 나허구 같이 가 있자구."

 "……"

 "그뿐인가. 인제 현보가 나온대두 다른 벌이를 해야지, 숯구이는 못 하거든!"

 "와 어드래서요?"

 "숯두 말야, 이제부터는 검사를 하거든. 법에 가서 검사를 하지 않고는 못 팔아먹는대. 그 검사가 오줄기 어렵다구!"

"누구래 그릅더까?"

"누군 누구야! 다 그러는데! 발쎄 신문에두 났다는걸."

순이는 점점 안타까워서,

"그까짓 법이 뭐기! 성황님께 빌면 그만이지."

하고 혼자 짜증을 내었다.

"성황님! ……흥, 어디 잘 빌어 봐. 되나 안 되나!"

순이는 어찌할 도리를 몰랐다.

"순이! 내래 발쎄 순이 입성 다 해 가지구 왔어. 이것 좀 봐."

하고 칠성이는 손에 들었던 보퉁이를 풀기 시작한다.

순이는 잠자코 보퉁이만 쳐다본다. 보퉁이 속에서 분홍 항라 적삼과 수박색 목메린스 치마가 나오는 것을 보고, 순이는 눈이 휘둥그래진다.

"이거 다 순이 입을 거야!"

하고 칠성이가 순이 앞에 옷을 내미는 순간, 순이는 기쁨을 참을 수 없어 빙그레 웃으면서 집에 있는 흰 고무신을 생각해 보았다. 그것을 다 갖추어 입고 나서면 그까짓 장끼 지체쯤 어림도 없어 보였다.

"어서 입어 보라구!"

그말에 순이는 치마 저고리를 입었다. 순이는 기쁨에 날뛰었다. 산 속이 갑자기 환해지는 것 같았다.

"순인 참 절색이야!"

하고 감탄하며 칠성이는 순이의 손을 끌어당겼다. 순이는 가만히 생글생글 웃기만 하였다.

"구우구우구우!"

산비둘기가 또 울었다. 지금 순이에게는 칠성이가 현보와 꼭 같이 정답게 보였다.

"구우구우!"

산비둘기가 울 때마다 순이의 가슴은 화로 위의 눈덩이처럼 슬슬 녹아내렸다.

그날 저물녘에 순이는 칠성이를 따라 먼 길을 떠났다. 머리에는 붉은 댕기를 디리고, 게다가 분홍 항라 적삼과 수박색 치마를 떨쳐 입고, 흰 고무신까지 받쳐 신고 나서니, 순이는 세상에 부러울 것이 없었다. 발을 옮겨 놓을 때마다 걸음

걸음에 치마폭 너풀거리는 것이 제가 보기에도 무지개보다도 고왔다.
"빨리 가자구! 어둡기 전에 백 리는 내대어야겠는데……."
칠성이는 걸음을 재촉하였다. 순이와 칠성이는 저녁때에야 삼백리 길을 떠나게 되었던 것이다. 밤길이 불편은 하지마는, 낮에는 아차 잘못하여 김 주사 눈에 띄면 큰일이기 때문에 일부러 밤을 택하였다. 순이는 가벼운 걸음으로 삼십 리는 언뜻 걸었다. 그러나, 천마령 고개를 다 넘고 들길로 접어들자, 순이의 마음은 점점 불안스러워 왔다.
"엉야! 좀 쉬어 가자구요!"
순이는 애원하듯 말하였다.
"다리가 아픈가 머?"
"아니! ……그래두……."
"쉬어 가디! 순인 그래두 풀밭에 마구 앉진 마러! 입성에 풀물 오르믄 안 돼!"
"그럼 어떡하노?"
"그래두 서서 쉬어야디."
'칠성이를 따라 가는 것이 옳을까?'
순이는 풀밭에 주저앉고 싶었다. 그러나 풀밭에 주저앉으면 안 된다구 하여 순이는 불안스러웠다. 장차 알지도 못하는 지방으로 가는 것이 더더구나 불안스러웠다.
"이제 가는 데두 산이 많은가요?"
하고 순이는 물었다.
"산이 머야! 들판이디! 그까짓 산 댈까!"
"그럼 노루나 꿩 같은 건 없갔구만요?"
"없구말구!"
"부엉이랑 뻐꾸기 같은 것두?"
"그따우두 다 없어! 그래두 사람은 많디! 살기 좋은 곳인 줄만 알갔디!"
"고사리, 도라지 같은 산나물은 있나?"
"산이 없는데 그런 게 어떻게 있누! 글쎄 근심 마러! 썩 좋은 데 데리구 갈 터이니."
그러나 순이는 기분이 내키지 않았다. 가는 곳이 아무리 좋다 해도 산이 없고 나무가 없다면, 그 허허벌판에서 무엇에 마음을 의탁하고 살아간단 말인가? 더구나 공연히 사람만 많이 모여서 복작복작 들끓는다는 그런 곳에 가서…….

 사람만 많은 곳에 가서 지금처럼 고운 저고리에 고운 치마를 입고 마음대로 주저앉지도 못하고 새색시처럼 곱다랗게 앉아 있어야만 한다면 무슨 재미로 살아간다는 말인가?

 순이는 문득 천마령 안골짜기 자기집이 그리웠다. 오막살이일망정 고대광실 부럽지 않게 정다운 그집이었다. 지금쯤은 앞산 뒷산에서 부엉이, 접동새가 울고 있으리라 생각하니, 삼십 리밖에 떨어지지 않은 여기부터가 싫었다. 순이는 고운 옷 입은 기쁨도 사라졌다.

 그는 불현듯 현보가 그리웠다. 성황님께 어젯밤 그 만큼이나 치성을 올렸고, 또 오늘 아침에 까치도 지저귀었으니 지금쯤은 현보가 집에 돌아왔을지도 모르리라 싶었다.

 '현보가 왔다면 나를 얼마나 기다릴까?'

 현보와 둘이서 나무하고 숯 굽던 장면이 문득 떠올랐다. 아무리 생각해도 순이는 천마령과 현보를 떠나서는 살아갈 재미도 없거니와 살지도 못할 것 같았다. 더구나 죄를 지으면 성황님이 벌을 준다는데, 삼백 리가 멀다고 벌 못 주랴 싶어, 순이는 고대 집으로 돌아가지 않고서는 안 될 것 같았다.

 "자아 또 떠나 보자구!"

하고 칠성이가 성큼 일어섰다.

 "나 나, 뒤 좀 보구 길거니 슬근슬근 민저 가라요."

 순이는 간신히 입을 열었다.

 "뒤? 그럼, 저기서 기다릴 거니, 이내 오라구!"

 "응."

 순이는 선대답을 하고 숲 속으로 들어갔다.

 숲 속으로 들어가자, 순이는 얼른 치마와 저고리를 벗어 나뭇가지에 걸었다. 그까짓 입고 주저앉지도 못하는 옷이라고 생각하니, 조금도 애착이 없었다. 고무신은 벗어 들었다. 순이는 옷을 나무에 걸어 놓고, 고무신을 든 채 아까 오던 길을 되돌아 서서 힁하니 달음질을 치기 시작하였다. 캄캄한 산길이건마는, 순이는 익숙하게 달렸다. 얼마를 달려오니까 그제야,

"접동접동 접접동······."

하고 접동새 우는 소리가 들렸다. 순이의 마음은 가벼워졌다. 이제야 제가 살 곳을 옳게 찾아온 것 같았다. 고개에 올라서서 굽어보니, 마주 건너다 보이는 순이네 집에서 빨간 불이 비치었다.

"아, 현보가 왔구나!"

순이는 기쁨에 설레이는 가슴을 안고 쏜살같이 고개를 달음질쳐 내려왔다. 다시 언덕을 추어서 집을 향해 올라올 때 순이는,

"성황님! 성황님!"

하고 부르짖었다.

모든 것이 성황님의 덕택 같았다.

집 앞에까지 다다랐을 때에 문득,

"에헴!"

하는 귀에 익은 현보의 기침 소리가 들려왔다.

"아! 성황님! 성황님!"

순이는 다시 한번 그렇게 부르짖으며, 느티나무 밑으로 달려왔다.

접동새가 울었다.

부엉이도 울었다.

늘 듣던 울음 소리였다.

그러나 오늘밤따라 새소리는 순이의 가슴을 파고드는 듯이 정다웠다.

총 글자 수	15,987

소요 시간	1회:	분	초	2회:	분	초	3회:	분	초
	이해도:		%	이해도:		%	이해도:		%

핵심 내용 영상 처리 기법

성황당 (이해도 테스트)

1 현보가 시장에 간 사이에 순이가 집 앞에 있는 느티나무 아래 성황당에 돌을 던지며 축수한 까닭은?

① 술 많이 먹지 말라고   ② 사고 나지 말라고
③ 신발과 댕기를 사오라고   ④ 집에 빨리 돌아오라고

2 남편 현보는 시장에서 무엇을 사왔는가?

① 작은 흰 고무신   ② 흰 고무신과 댕기
③ 댕기   ④ 큰 흰 고무신

3 순이가 개울에서 미역을 감는 동안 바위에 놓은 옷을 누가 감추었나?

① 칠성이   ② 김 주사   ③ 현보   ④ 아이들

4 현보네 집에서 칠성이와 김 주사가 싸웠는데 누가 머리에 상처를 입었나?

① 김 주사   ② 현보   ③ 순이   ④ 칠성이

5 순이는 누구와 함께 도망을 가는가?

① 순경   ② 칠성이   ③ 김 주사   ④ 현보

6 순이는 도망갔던 중에 왜 다시 집으로 돌아 왔는가?

① 현보가 돌아와 화를 낼까봐
② 경찰이 무서워서
③ 자연 속에 자유로운 토속생활이 그리워서
④ 김 주사가 너무 좋아서

실전 속독 이해도 측정 훈련 ②호

총 글자 수 : 16,664 자

목넘이 마을의 개

황순원

　어디를 가려도 목을 넘어야 했다. 남쪽만은 꽤 길게 굽이 돈 골짜기를 이루고 있지만, 결국 동서남북 모두 산으로 둘러싸여 어디를 가려도 산목을 넘어야만 했다. 그래 이름 지어 목넘이 마을이라 불렀다.

　이 목넘이 마을에 한 시절 이른봄으로부터 늦가을까지 적잖은 서북간도 이사꾼이 들러 지나갔다. 남쪽 산목을 넘어오는 이들 이사꾼들은 이 마을에 들어서서는 으레 서쪽 산 밑 오막살이 앞에 있는 우물가에서 피곤한 다리를 쉬어 가는 것이었다.

　대개가 단출한 식구라고는 없는 듯했다. 간혹 가다 아직 나이 젊은 내외인 듯한 남녀가 보이기도 했으나, 거의가 다 수다한 가족이 줄레줄레 남쪽 산목을 넘어 와닿는 것이었다. 젊은이들은 누더기가 그냥 내뵈는 보따리를 짊어지고, 늙은이들은 쩔룩거리는 다리를 질질 끌면서도 애들의 손목을 잡고 있었다. 여인들은 애를 업고도 머리에다 무어든 이고 있고.

　이들은 우물가에 이르자 능수버들 그늘 아래서 먼첨 목을 축였다. 쭉 한 차례 돌아가며 마시고는 다시 또 한 차례 마시는 것이었는데, 보채는 애, 아직 젖도 떨어지지 않은 어린것에게도 물을 먹이는 것이었다. 나지도 않는 젖을 물리느니보다 이것이 나을 성싶은 모양이었다.

　다음에는 부르트고 단 발바닥에 냉수를 끼얹었다. 이것도 몇 차례나 돌아가며 끼얹는 것이었다.

어른들이 다 끝난 다음에도 애들은 제 손으로 우물물을 길어 얼마든지 발에다 끼얹곤 했다. 그러나 떠날 때에는 여전히 다리를 쩔룩이며 북녘 산목을 넘어 사라지는 것이었다.

저녁녘에 와닿는 패는 마을서 하룻밤을 묵는 수도 있었다. 그럴 때에는 또 으레 서산 밑에 있는 낡은 방앗간을 찾아들었다. 방앗간에 자리잡자 곧 여인들은 자기네가 차고 가는 바가지를 내들고 밥 동냥을 나섰다. 먼저 찾아가는 곳이 게서 마주 쳐다보이는 동쪽 산기슭에 있는 두 채의 기와집이었다. 그리고 바가지 든 여인의 옆에는 대개 애들이 붙어 따랐다. 그러다가 동냥밥이 바가지에 떨어지기가 무섭게 집어삼키는 것이었다. 바가지 든 여인들은 이따 어른들도 입놀림을 해 봐야 않느냐고 타이르는 것이었으나, 두 기와집을 돌아나오고 나면 벌써 바가지 밑이 비는 수가 많았다. 이런 나그네들이 다음날 새벽 동이 트기 퍽 전인 아직 어두운 밤 속을, 북녘으로 북녘으로 흘러 사라지는 것이었다.

어느 해 봄철이었다. 이 목넘이 마을 서쪽 산밑 간난이네 집 옆 방앗간에 웬 개 한 마리가 언제 방아를 찧어 보았는지 모르게, 겨 아닌 뽀얀 먼지만이 앉은 풍구 밑을 혓바닥으로 핥고 있었다. 작지 않은 중암캐였다. 그리고 본시는 꽤 고운 흰 털이었을 것 같은, 지금은 황톳물이 들어 누르칙칙하게 더러워진 이 개는, 몹시 배가 고파 있는 듯했다. 뒷다리께로 달라붙은 배는 숨쉴 때마다 할딱할딱 뛰었다. 무슨 먼 길을 걸어온 것도 같았다. 그러고보면 목에 무슨 끈 같은 것을 맺던 자리가 나 있었다. 이렇게 끈에 목을 매여 가지고 머나먼 길을 왔다는 듯이.

전에도 간혹 서북간도 이사꾼이 이런 개의 목에다 끈을 매 가지고 데리고 지나간 일이 있은 것처럼, 이 개의 주인도 이런 서북간도 나그네의 하나가 아닐까. 원래 변변치 않은 가구 중에서나마 먼 길을 갖고 가지 못할 것은 팔아서 노자로 보태고, 그래도 짐이라고 꾸려 가지고 나설 때 식구의 하나인 양 따라 나서는 개를 데리고 떠난 것이리라. 애가 있어 개를 기어코 자기네가 가는 곳까지 데리고 가자고 졸라대어 데리고 나섰대도 그만이다. 그래 이런 신둥이 개를 데리고 나서기는 했지만, 전라도면 전라도, 경상도면 경상도 같은 데서 이 평안도까지 오는 새에, 해 가지고 떠나온 기울떡 같은 것도 다 떨어져, 오는 길에서 빌어먹으며 굶으며 하는 동안, 이 신둥이에게까지 먹일 것은 없어, 생각다 못해 길가 나무 같은 데 매 놓았었는지도 모른다. 누가 먹일 수 있는 사람은 풀어다가 잘 기르도록 바라서. 그래 신둥이는 주인을 찾아 울대로 울고, 있는 힘대로 버두룩거리고 하여 미처 누구에게 주워지기 전에 목에 맸던 끈이 끊어져 나갔는지도 모른다. 이래서 주인을 찾아 헤매다가 이 목넘이 마을로 흘러 들어왔는지도. 혹은 서북간도 나그네가 예까지 오는 동안 자기네가 가는 목적지까지 데리고 갈 수 없음을 깨닫고 어느 동네를 지나다 팔아 버렸는지도 모른다. 혹은 또 끼니를 얻어먹은 집의 신세 갚음으로 잘 기르라고 주고 갔는지도. 그것을 신둥이가 옛주인을 못 잊어 따라 나섰다가 이 마을로 흘러 들어왔는지도.

그러고 보면 또 신둥이 몸에 든 황톳물도 어쩐지 평안도 땅의 황토와는 다른 빛깔 같았다. 그리고 지금 방앗간 풍구 밑을 아무리 핥아도 먼지뿐인 것을 안 듯 연자맷돌께로 코를 끌며 걸어가는 뒷다리 하나가 사실 먼 길을 걸어온 듯 쩔룩거렸다.

신둥이는 연자맷돌도 짤짤 핥아보았으나 거기에도 덮여 있는 건 뽀얀 먼지뿐이었다. 그래도 신둥이는 그냥 한참이나 그것을 핥고 나서야 핥기를 그만두고, 다시 코를 끌고 다리를 쩔룩이며, 어쩌면 서북간도 나그네인 자기 주인이 어지러운 꿈과 함께 하룻밤을 머물고 갔을지도 모르는, 그러니까 어쩌면 이 방앗간에서들 자기네의 가련한 신세와 더불어 길가에 버려 두고 온 이 신둥이의 일을 걱정했을지도 모르는, 이 방앗간 안을 이리저리 다 돌고 나서 그 곳을 나오는 것이었다.

방앗간을 나온 신둥이는 바로 옆인 간난이네 집 수수깡 바자문 틈으로 들어갔다. 토방 밑에 엎디어 있던 간난이네 누렁이가 고개를 들고 일어서더니 낯설다는 눈치로 마주 나왔다. 신둥이는 저를 물려고 나오는 줄로 안 듯 꼬리를 찰싹 올라붙은 배 밑으로 껴 넣고는 쩔룩거리는 걸음으로 달아나오고 말았다.

게딱지 같은 오막살이들이 끝난 곳에는 채전이었다. 신둥이는 채전 옆을 지나면서 누렁이가 뒤따라오지 않는다는 것을 안 다음에도 그냥 쩔룩거리는 반 뜀걸음으로 달렸다. 채전이 끝난 곳은 판이 고르지 못한 조각때기 밭이었다. 조각때기 밭들이 끝난 곳은, 가물에는 물 한 방울 남지 않고 조약돌이 그냥 드러나는, 지금은 군데군데 끊긴 물이 괴어 있는 도랑이었다. 신둥이는 여기서 괴어 있는 물을 찰딱찰딱 핥아먹었다.

도랑 건너편이 바로 비스듬한 언덕이었다. 이 언덕 위 안쪽에 목넘이 마을 주인인 동장네 형제의 기와집이 좀 새를 두고 앉아 있었다. 이 두 기와집 한중간에 이 두 집에서만 전용하는 방앗간이 하나 있었다. 신둥이는 이 방앗간으로 걸어 갔다. 그냥 쩔뚝이는 걸음으로. 그래도 여기에는 먼지와 함께 쌀겨가 앉아 있었다. 신둥이는 풍구 밑을 분주히 핥으며 돌아갔다. 이러는 신둥이의 달라붙은 배는 한층 더 바삐 할딱이었다.

신둥이가 풍구 밑을 한창 핥고 있는데 저편에서 큰 동장네 검둥이가 보고 달려왔다. 이 검둥이가 방앗간 밖에서 잠깐 걸음을 멈추고 이쪽을 향해 그 윤택한 털을 거슬러 세우면서 이빨을 시리물고 으르렁댔을 때, 신둥이는 벌써 이미 한군데 물어뜯기우기나 한 듯이 깽 소리와 함께 꼬리를 뒷다리 새에 끼면서도 핥는 것만은 멈추지 않았다. 그러자 검둥이는 이내 신둥이가 자기와 적대할 상대가 안 된다는 것을 알아챈 듯이 슬금슬금 신둥이의 곁으로 와 코를 대 보는 것이었다.

신둥이가 암캐인 것을 안 검둥이는 아주 안심된 듯이 곁에 서서 꼬리까지 저었다. 신둥이는 이런 검둥이 옆에서 또 자꾸만 온몸을 후들후들 떨었다. 그러나 핥는 것만은 여전히 멈추지 않았다. 신둥이는 풍구 밑이며 연자맷돌이며를 핥고 나서 두 집 뒷간에도 들렀다 와서는 풍구 밑에 와 엎디어 버렸다. 그리고는 절로 눈이 감기는 듯 눈을 끔벅이기 시작했다. 점점 끔벅이는 도수가 잦아져 가다가 아주 감아 버리는 것이었다. 검둥이가 저만큼 떨어져 앉아서 이편을 지키고 있었다.

그 날 저녁때였다. 큰 동장네 집에서 여인의 목소리로, 워어리 워어리 하고 개 부르는 소리가 들려 나왔다. 검둥이가 집을 향해 달려갔다. 신둥이도 일어났다. 그리고 아까번에 핥아먹은 자리를 되핥기 시작했다. 그러다 신둥이는 무엇을 눈치챈 듯 큰 동장네 집으로 쩔뚝쩔뚝 걸어가는 것이었다.

사실 대문에서 들여다 뵈는 부엌문 밖 개 구유에는 검둥이가 붙어 서서 첩첩 첩첩 밥을 먹고 있었다. 신둥이는 저도 모르게 꼬리를 뒷다리 새에 끼고 후들후들 떨면서 그리로 가까이 갔다. 그러나 신둥이가 채 구유 가까이까지 가기도 전에 검둥이는 그 윤택한 털을 거슬러 세우며 흰 이빨을 시리물고 으르렁대기 시작하는 것이었다. 신둥이는 걸음을 멈추고 구유 쪽만 바라보다가 기다리려는 듯이 거기 앉아 버렸다.

좀만에야 검둥이는 다 먹었다는 듯이 그 길쭉한 혀를 여러 가지 모양의 길이로 빼내 가지고 주둥이를 핥으며 구유를 물러났다. 신둥이는 곧 일어나 그냥 떨리는 몸으로 구유로 가 주둥이부터 갖다 댔다. 그래도 밑바닥에 밥이 남아 있었고, 구유 언저리에도 꽤 많은 밥알이 붙어 있었다. 신둥이는 부리나케 핥았다. 그러는 신둥이의 몸은 점점 더 떨리었다. 몇 차례 되핥고 나서 더 핥을 나위가 없이 된 뒤에야 구유를 떠나, 자기 편을 지키고 앉았는 검둥이 옆을 지나 그 집을 나왔다.

신둥이가 다시 방앗간을 찾아가는 데 개 한 마리가 앞을 막아 섰다. 작은 동장네 바둑이였다. 신둥이는 또 겁먹은 몸을 움츠릴 밖에 없었다. 바둑이는 신둥이 몸에 코를 갖다 대었다. 그러자 이번에는 신둥이 편에서 무슨 냄새를 맡아 낸 듯 코를 들었다. 그리고는 바둑이의, 금방 밥을 먹고 나온 주둥이에 붙은 물기를 핥기 시작하는 것이었다. 바둑이가 귀찮다는 듯이 자기 집 쪽으로 걸어갔다. 신둥이는 그 뒤를 바싹 따랐다. 바둑이는 자기 집 안뜰로 들어가더니 한가운데 자리를 잡고 앉아 버렸다. 신둥이는 곧장 부엌문 앞 구유로 갔다.

구유 바닥에는 큰 동장네 구유 밑처럼 밥이 남아 있었고, 언저리로 돌아가며 밥알이 꽤 많이 붙어있었다. 신둥이는 급히 그것을 짤짤 핥아먹고 나서야 그 곳을 나와 방앗간 풍구 밑으로 갔다.

밤중에 궂은 비가 내리기 시작했다. 이튿날도 그냥 구질게 비가 내렸다. 신둥이는 날이 밝자부터 빗속을 떨며, 어제보다는 좀 나았으나 그냥 저는 걸음걸이로, 몇 번이고 큰 동장과 작은 동장네 개구멍을 드나들었는지 몰랐다. 처음에는 몇 번을 왔다 갔다 해도 구유 속은 궂은 비에 젖어 있을 뿐, 좀처럼 아침 먹이가 나오지 않는 것이었다. 그러는 동안에 밥이 나왔으나 이번에는 주인 개가 구유에서 물러나기를 기다려야 했다. 이렇게 해서 주인 개들이 먹고 남은 구유를 핥아먹고, 그리고 뒷간에를 들러 방앗간 풍구 밑으로 가서는 다시 누워 버렸.

낮쯤 해서 신둥이는 그 곳을 기어 나와 빗물을 핥아먹고 되돌아가 누웠다.

저녁때가 돼서야 비가 멎었다. 신둥이는 또 미리부터 두 기와집 새를 여러 번 왔다 갔다 해서 구유에 남은 밥을 얻어먹을 수 있었다. 이 날 저녁은 작은 동장네 바둑이가 입맛을 잃었는지 퍽이나 많은 밥을 남기고 있었다.

　다음날은 아주 깨끗이 개인 봄날이었다. 이 날도 신둥이는, 꼭두새벽부터 두 집 새를 오고 가고 해서야 구유에 남은 밥을 얻어먹을 수 있었는데, 이 날 신둥이의 걸음은 거의 절룩거리지 않았다. 방앗간으로 돌아가자 볕 잘 드는 곳에 엎디어 해바라기를 시작했다.

　늦은 조반 때쯤 해서 이쪽으로 오는 인기척 소리가 나더니, 두 동장네 절가(머슴)가 볏섬을 지고 나타났다. 절가가 지고 온 볏섬을 방앗간 안에다 쿵 내려놓고 온 길을 되돌아서는데, 절가와 어기어 키를 든 간난이 할머니와 망판을 인 간난이 어머니가 방앗간으로 들어섰다. 간난이 할아버지가 전에 동장네 절가 살이를 산 일이 있어 뒤에 절가 살이를 나와 가지고도 이렇게 두 동장네 크고 작은 일을 제 일 제쳐놓고 봐 주는 터였다.

　간난이 어머니가 비로 한참 연자맷돌을 쓸어내는데 절가가 다시 볏섬을 지고 돌아왔다. 한 손에는 소 고삐를 쥐고. 풀어헤치는 볏섬 속에서는 먼저 구들널기한 냄새가 풍겨 나왔다. 신둥이가 무슨 밥내나 맡은 듯이 섬께로 갔다. 그러자 절가가 개 편을 눈여겨보지도 않고 그저, 남 이제 한창 바쁠 판인데 개새끼 같은 게 와서 거추장스럽다고 발을 들어 신둥이의 허리를 밀어찼다. 그다지 힘 줘 찬 것도 아니건만 꿋꿋하고 억센 다리라 신둥이는 그만 깽 소리를 지르며 옆으로 나가 쓰러졌다. 신둥이는 다시 해바라기하던 자리로 가 눕고 말았다.

　첫 확을 거의 다 찧었을 즈음, 작은 동장이 왔다. 작달막한 키에 머리를 빡빡 깎았다. 얼굴의 혈색이 좋아 마흔 가까운 나이가 도무지 그렇게 뵈지 않는 작은 동장은 방앗간 안으로 들어서며 다부진 몸집처럼 야무진 목소리로,

　"잘 말랐디?"

했으나 그것은 무어 누구에게 물어 보는 말은 아니었던 듯 누구의 대답도 기다리지 않고,

　"깨디디 않두룩 딯게."

했다. 소 뒤를 따르던 간난이 할머니가 연자의 쌀을 한 움큼 쥐어 눈 가까이 갖다 대고 찧어지는 형편을 살피고 나서 말없이 도로 놓았다. 잘 찧어진다는 듯.

　작은 동장이 돌아서다가 신둥이를 발견했다.

　"이게 누구네 가이야?"

절가와 간난이 할머니와 간난이 어머니가 이쪽으로 고개를 돌릴 새도 없이, 작은 동장의 발길이 신둥이의 허리 중동을 와 찼다. 신둥이는 뜻 않았던 발길에 깽 비명을 지르며 달아날 밖에 없었다. 얼마를 와서 그래도 이 방앗간을 떠나지 못하겠다는 듯이 뒤돌아보았을 때에는 벌써 절가와 간난이 할머니와 간난이 어머니는 그게 누구네 개건 내 아랑곳 아니라는 듯이 자기네 일에만 열중해 있었는데, 다만 작은 동장만이 이쪽을 지키고 섰다가 돌멩이라도 쥐려는 듯 허리를 굽히는 게 보여 신둥이는 다시 있는 힘을 다해 달아나야 했다. 비스듬한 언덕길을 내리기 시작하는데 과연 돌멩이 하나가 날아와 옆에 떨어졌다.

  신둥이는 어제 비에 제법 물이 흐르는 도랑을 건너, 김 선달이 일하는 조각때기 밭 새를 지나기까지 그냥 뛰었다. 이런 신둥이는 요행 다리만은 절룩이지 않았다. 서쪽 산 밑 간난이네 집 옆 방앗간으로 온 신둥이는 또 먼지만 내려앉은 풍구 밑으로 가 누웠다. 그러나 얼마 뒤에 신둥이는, 그곳을 나와 다시 동장네 방앗간을 찾아가는 것이었다. 비스듬한 언덕을 올라 방앗간 쪽을 바라보는 신둥이는 그 곳에 작은 동장의 모양이 뵈지 않음에 적이 안심된 듯 그 쪽으로 발을 옮기기 시작했으나, 문득 지금 한창 풍구를 두르고 있는 것을 보매, 우악스러울 것만 같은 절가에게 눈이 가자 주춤 걸음을 멈추고 그편을 한참 지켜 보다가 그만 돌아서 온 길을 되걷는 것이었다.

  낮이 기울어서야 간난이 할머니와 간난이 어머니가 앞집 수수깡 바자 울타리를 끼고 이리로 오는 것이 보였다. 간난이 할머니와 간난이 어머니는 자기네 집으로 들어가기 진에 이쪽을 바라보았다. 신둥이는 이들이 자기를 어쩌지나 않을까 싶어 일어나 피하려는 눈치를 보였으나 두 여인은 물론 신둥이를 어쩌는 일 없이 자기네 집으로 들어가 버렸다.

  신둥이는 그 길로 동장네 방앗간으로 갔다. 방앗간은 비로 한 번 쓸었으나, 그래도 여기저기 꽤 많은 쌀겨가 앉아 있었고, 기둥 같은 데도 꽤 두툼하게 겨가 붙어 있었다. 신둥이는 풍구 밑부터 들어가 마구 핥았다.

  그 날 초저녁이었다. 신둥이가 큰 동장네 대문 안에 서서 지금 거의 다 먹어 가는 검둥이의 구유 쪽을 바라보고 섰는데, 방문이 열리며 큰 동장이 나왔다. 역시 작은 동장처럼 작달막한 키에 머리를 빡빡 깎았다. 또한 혈색이 좋아 아주 젊어 뵈었다. 얼른 보매 작은 동장과 쌍둥이나 아닌가 싶게 그렇게 모습이 같았다. 그러지 않아도 처음 보는 사람은 이 두 사람을 서로 바꿔 보는 수가 많았다. 이 큰 동장이 뜰로 내려서면서 지금 구유 쪽에만 정신이 팔려 있는 신둥이를 발견하자 보지 못하던 개임에, 이놈의 가이새끼, 하고 발을 굴렀다. 목소리마저 작은 동장처럼 야무졌다. 신둥이는 깜짝 놀라 개구멍을 빠져 달아나고 말았다.

큰 동장이 대문을 나서는데, 마침 저녁을 먹고 이리로 나오던 작은 동장이 신둥이를 보고, 이 개가 오늘 아침에 자기가 방앗간에서 쫓은 개라는 것과 지금 또 이 개가 형한테 쫓겨 달아나는 사실에 미루어, 언뜻 보지 못했던 이놈의 개새끼가 혹시 미친개가 아닌가 하는 생각이 든 듯, 갑자기 야무진 목청으로, 미친가이 잡아라! 하고 고함을 지르는 것이었다. 그러자 큰 동장 편에서도 지금 꼬리를 뒷다리 새로 끼고 달아나는, 뒷배가 찰딱 올라붙은 저놈의 낯선 개새끼가 정말 미친 갠지도 모른다는 생각이 든 듯, 데 놈의 미친가이 잡아라 소리를 따라 질렀는가 하자, 대문 안으로 몸을 날려 손에 알맞는 몽둥이 하나를 집어 들고 나오더니, 신둥이의 뒤를 쫓으며 연방 미친가이 잡아라 소리를 질렀다.

동장네 형제가 비스듬한 언덕까지 이르렀을 때 신둥이는 벌써 조각뙈기 밭새를 질러 달아나고 있었는데, 마침 늦도록 밭에 남아 있던 김 선달이 동장네 형제의 미친개 잡으라는 고함 소리를 듣고 두리번거리던 참이라, 이놈의 개새끼가 미친개로구나 하고 삽을 들고 신둥이의 뒤를 쫓아가기 시작했다. 동장네 형제는 게서 더 신둥이의 뒤를 쫓을 염은 않고, 두 형제가 서로 번갈아 미친가이 잡아라 소리만 질렀다. 그것은 마치 자기네의 목소리를 듣고 김 선달이 한층 더 기운을 내어 쫓아가 그 삽날로 미친개의 허리 중동을 내리찍도록 하라는 듯한, 그리고 자기네의 목소리를 듣고 어서 저쪽 서산 밑 사람들도 뭐든 들고 나와 미친개를 때려잡으라는 듯한 그런 부르짖음이었다. 이 부르짖음은 신둥이가 서쪽 산 밑 오막살이 새로 사라져 뵈지 않게 되고, 사이를 두어 김 선달의 그 특징 있는 뜀질할 때의 웃몸을 뒤로 젖힌 뒷모양이 뵈지 않게 된 뒤에도 그냥 몇 번 계속되었다.

동장 형제의 목고대를 돋운 부르짖음이 그치자, 아까보다도 별나게 고즈넉해진 것만 같은 이른 저녁 속에 서쪽 산 밑 사람들의 웅성거리는 소리가 바로 손에 잡히게 솟아오르더니, 좀 사이를 두어 엷은 안개가 어리기 시작하는 속을 몇 몇 동네 사람들을 뒤로 하고 김 선달이 나타났다. 첫눈에 미친개를 못 잡은 것만은 분명했다. 그래도 김 선달이 채전을 지나 조각뙈기 밭 새로 들어서기 전에 작은 동장이 그 쪽을 향해 소리를 질렀다.

"어떻게 됐노오?"

그것은 제가 질러 놓고도 고즈넉한 저녁 속에서는 너무 지나치게 큰 소리를 질렀다고 생각되리 만큼 큰 고함 소리가 되어 퍼져 나갔다. 대답이 없다. 그것이 답답한 듯 이번에는 큰 동장이 같이 크게 울리는 고함 소리로, "어떻게 됐어, 응?" 했다.

"파투웨다(실패했다). 그놈의 가이새끼 날래기가 한덩이 있어야지요. 뒷산으루 올라가구 말았어요."

이것이 무슨 조화일까. 김 선달의 말소리가 바로 발 밑에서 하는 말소리 같으면서도 또 한껏 먼 데서 들려 오는 말소리 같음은? 그만큼 고즈넉한 산골짜기의 이른 저녁이었다.

"그래 아무리 빠르믄 따라가다 놔 뿌리구 말아? 무서워서 채 따라가딜 못한 게로군. 그까짓 가이새낄 하나 무서워서······."

큰 동장의 말이었다. 김 선달은 노상 무섭지 않은 것도 아니라는 듯, 그렇게 곧잘 누구나 웃기는 익살꾼답지 않게, 큰 동장의 말에는 아무 대꾸도 없이 안개 속을 좀전에 일하던 밭으로 들어가 호미랑 찾아 드는 것이었다.

이 날 어두운 뒤, 서쪽 산 밑 사람들은 아직 마당에들 모여 앉기에는 좀 철이 튼 때여서, 몇 사람 안 되는 사람들이 자손이네 마당귀에 쭈그리고 앉아 금년 농사 이야기며 햇보리 나기까지의 양식 걱정 같은 것을 하던 끝에, 오늘의 미친개 이야기가 나왔다. 그러자 김 선달이, 바로 그젯밤에 소를 빌리러 남촌에를 갔다 늦어서야 산목을 넘어오는데 꽤 먼 뒤에서 이상한 개 울음 소리가 들려와 혼났다는 이야기를 꺼냈다. 흡사 병든 개가 앓는 듯한 소린가 하면, 누구에게 목이 매여 끌리면서 지르는 듯한 소리기도 하더라는 것이었다. 그런데 이상한 것은 누가 목을 잡아매어 끄는 것 치고는 한 자리에서 그냥 지르는 소리더라는 것이었다. 그래 지금 와서 생각하니 그놈이 아까의 미친개였는지도 모르겠다는 것이었다.

쩍하면 남을 잘 웃기는 꾸밈말질을 잘해, 벌써부터 동네에서뿐 아니라 근동에서들까지 현세의 봉이 김 선달이라 하여 김 선달이란 별호로 불리는 사람의 말이라, 어디까지가 정말이고 어디서부터가 꾸밈말인지를 분간하기 어렵다고 동네 사람들은 생각하는 것이었으나, 차손이 아버지가 김 선달의 말 가운데 누가 개 목을 매 끌 때 지르는 것 같은, 그러면서도 한 자리에서 그냥 지르는 개 울음이더라는 대목에 무언가 생각키우는 바가 있는 듯 담배침을 퉤 뱉더니, 혹시 그것이 며칠 전 이 곳을 지나간 서북간도 이사꾼의 개인지도 모른다는 말을 했다. 그 서북간도 나그네가 어느 나무에다 매 논 것이 그만 발광을 해 가지고 목에 맨 줄을 끊고 이렇게 동네로 들어온 것인지도 모른다는 것이었다. 그리고 짐승이란 오랫동안 굶으면 발광을 하는 법이라고 하며, 기실 김 선달이 들은 개 울음소리는 이렇게 발광한 개가 목에 맨 끈을 끊으려고 지른 소리였음에 틀림없다는 것이었다.

그러나 거기 한 자리에 앉았던 간난이 할머니는 차손이 아버지의 말도 그럴듯하다고는 생각했지만, 좀전에 마누라에게서 들은 아침에 동장네 방앗간에서 보았을 때나, 방아를 다 찧고 돌아오는 길에 이쪽 방앗간에서 보았을 때나, 그 신둥이 개가 미친개로는 뵈지 않더라는 말이 떠올라, 좌우간 그 개가 참말 미쳤는지 어쨌는지 자기가 직접 보지 않고는 알 수 없는 일이라고 했다. 그 개가 미쳤건 안 미쳤건 이제 다시 동네로 내려올 것도 분명하니, 차손이 아버지도 그놈의 미친개가 이제 틀림없이 또 내려올 테니 모두 주의해야겠다고 했다.

그런데 이 때 벌써 신둥이는 어둠 속에 묻혀 서쪽 산을 내려와 조각때기 밭새를 지나 반 뜀걸음으로 동장네 집들을 찾아가고 있었다. 어둠 속에서도 주의성 있는 걸음걸이였다. 언덕길을 올라서서는 멈칫 걸음을 멈추고 방앗간 쪽이며, 두 동장네 집 쪽을 살펴보는 것이었다. 그리고 나서야 아주 조심성 있는 반뜀걸음으로 큰 동장네 집 가까이로 갔다.

개구멍을 들어서니 검둥이는 이제는 신둥이와는 낯이 익다는 듯이 아무 으르렁댐 없이 맞아 주었다. 신둥이는 곧장 구유부터 가서 핥기 시작했다. 작은 동장네 바둑이도 이제는 신둥이와는 낯이 익다는 듯이 맞아 주었다. 여기서도 신둥이는 곧장 구유부터 가서 핥았다.

작은 동장네 집을 나온 신둥이는 동장네 방앗간으로 가 낮에 한 물 핥아먹은 자리며 남은 자리를 또 핥았다. 그러나 거기서 잘 생각은 없는 듯 그곳을 나와 다시 서쪽 산 밑을 향하는 것이었다.

　이튿날 아침, 일찍 일어나기로 유명한 간난이 할아버지가 수수깡 바자문을 열고 나오다가 방앗간 풍구 밑에 엎디어 있는 신둥이를 발견하고 되들어가 지겟작대기를 뒤에 감추어 가지고 나왔다. 미친개기만 하면 단매에 죽여 버리리라. 신둥이 편에서도 인기척 소리에 놀라 일어났다. 그러면서 어느새 신둥이는 꼬리를 뒷다리 새로 끼고 있었다. 저렇게 꼬리를 뒷다리 새로 끼는 게 재미쩍다. 간난이 할아버지는 한 자리에 선 채 신둥이 편을 노려보았다. 뒤로 감춘 작대기 잡은 손에 부드득 힘을 주며. 그래도 주둥이에 거품을 물었다든가 군침을 흘린다든가 하지 않는 걸 보면, 이 개가 미쳤대도 아직 그닥 심한 고비엔 이르지 않은 것 같았다. 눈을 봤다. 신둥이 편에서도 이 사람이 자기를 해치려는 사람인가 어떤가를 알아보기나 하려는 것처럼 마주 쳐다보았다. 미친개라면 눈알이 붉게 충혈되거나 동자에 푸른 홰를 세우는 법인데 도무지 그렇지가 않았다. 그저 눈곱이 끼어 있는 겁먹은 눈이었다. 이런 신둥이의 눈은 또, 보매 키가 장대하고 검은 얼굴에 온통 희끗희끗 세어가는 수염이 덮여 험상궂게만 생긴 간난이 할아버지의 역시 눈곱이 낀, 그리고 눈꼬리에 부챗살 같은 굵은 주름살이 가득 잡힌, 노리는 눈이긴 했으나 그래도 이 눈이 아무렇게 보아도 자기를 해치려는 사람의 눈이 아님을 알아챈 듯이 뒷다리 새로 껴 넣었던 꼬리를 약간 들기 시작하는 것이었다. 미친개가 아니다. 적어도 아직까지는 미치지는 않은 개다. 간난이 할아버지는 뒤로 감추었던 작대기 든 손을 늘어뜨리고 말았다.

　그러자 간난이 할아버지의 손에 쉬인 작대기를 본 신둥이는 깜짝 놀라 허리를 까부라뜨렸는가 하자, 쑥 간난이 할아버지의 옆을 빠져 달아나는 것이었다. 이런 신둥이의 뒤를 또 안뜰에 있던 누렁이가 어느 새 보고 나왔는지 쫓기 시작했다. 간난이 할아버지는 언뜻 그래도 저 개가 미친개여서 누렁이를 물지나 않을까 하는 생각이 들어, 워어리 워어리 누렁이를 불렀다. 그러나 그때는 벌써 누렁이가 신둥이를 다 따라 막아섰을 때였다. 신둥이는 뒷다리 새에 꼈던 꼬리를 더 끼는 듯했으나, 누렁이가 낯이 익다는 듯 저쪽의 코에다 이쪽 코를 갖다 대었을 때에는 신둥이 편에서도 코를 마주 내밀며 꼬리를 쳐들기 시작했다. 간난이 할아버지는 다시 한 번 미친개는 아니라고 생각했다.

　이 날 언덕을 올라선 신둥이는 그 길로 동장네 뒷산으로 올라가는 것이었다. 거기서 신둥이는 큰 동장과 작은 동장이 집에서 나가기를 기다리려는 듯이. 조반 뒤에 큰 동장과 작은 동장은 그 즈음 아랫골 천둥지기 논 작답하는 데로 나갔다. 차손이네가 부치는 큰 동장네 높디높은 다락배미 논을 낮추어, 간난이네가 부치는 작은 동장네 깊은 우물배미 논에다 메워 두 논 다 논다운 논을 만들려는 것이었다. 차손이네와 간난이네는 벌써 해토 무렵부터 온 가족이 나서다시피 해서 이 작답 부역을 해 오고 있었다.

 큰 동장, 작은 동장이 작답 감독을 나간 뒤에도 한참만에야 신둥이는 조심스레 산을 내려와 두 집의 구유를 핥았다. 방앗간으로 가 새로 앉은 먼지와 함께 겨도 핥았다. 뒷간에도 들렀다. 그리고는 그길로 다시 동장네 뒷산으로 올라가 어느 나무 밑에 엎디어 버리는 것이었다. 그래 낮이 기울고, 저녁때가 지나 밤이 되어 아주 어두워진 뒤에야, 또 산을 내려와 두 집에를 들렀다가 서쪽 산 밑 방앗간으로 돌아오는 것이었다. 돌아오는 길에 도랑에 고인 물을 핥아 먹고서.

 아침마다 간난이 할아버지가 수수깡 바자문을 나서면 신둥이가 마치 간난이 할아버지보다 먼저 일어나기로 마음이라도 먹은 듯이 이미 방앗간을 나와 저쪽 조각뙈기 밭 샛길을 걸어가는 뒷모양이 보이곤 했다.

 이러한 어떤 날 밤, 신둥이가 큰 동장네 구유를 한창 핥고 있는데 방문이 열리며 동장이 나왔다. 큰 동장은 발소리를 죽여 광문 앞에서 몽둥이 하나를 집어들고 살금살금 신둥이 뒤로 다가왔다. 그제야 신둥이는 진작부터 큰 동장의 행동을 모르는 바 아니었으나 차마 구유에서 혓바닥을 뗄 수가 없어 그냥 있었다는 듯이 홱 돌아서 대문 쪽으로 달아나는 순간, 큰 동장은 신둥이의 눈이 있을 위치에 이상히 빛나는 푸른 빛을 보았다. 정말 미친개다, 하는 생각이 퍼뜩 큰 동장의 머릿속을 스쳤으나 웬일인지 고함을 지를 수가 없었다.

 신둥이가 대문 옆 개구멍을 빠져나갈 때에야 큰 동장은, 데놈의 미친가이 잡아라 소리를 지르며 뒤를 쫓았다. 어둠 속에서도 신둥이가 뒷산 쪽으로 꺼불꺼불 달아나는 것을 알 수 있었다. 큰 동장은, 데놈의 미친가이 잡아라 소리를 연방 지르며 신둥이의 뒤를 그냥 쫓아갔다. 그러나 바싹 따라서 몽둥이질할 염은 못 냈다. 자꾸 신둥이와 가까워지기가 무서워지는 것이었다. 그 대신 이번에는 큰 동장의 입에서 미친가이 잡아라 소리가 점점 더 그악스럽게 커가는 것이었다. 신둥이가 뒷산으로 올라가 뵈지 않게 되고 거기서 몇 번 더, 데놈의 미친가이 잡아라 소리를 지른 다음, 지금 이 큰 동장의 고함 소리를 듣고 이리로 달려오는 작은 동장이며, 집안 사람들 쪽으로 내려오면서 큰 동장은, 일전에 김 선달보고 그까짓 미친개 한 마리쯤 따라가다 무서워서 채 못 따라갔느냐고 나무라던 일이 생각나, 정말 지금 안뜰에서 단번에 그놈의 허리 중동을 부러뜨리지 못한 것도 분하지만 밖에 나와서도 기운껏 따라가면 따를 수도 있을 듯한 걸, 무서워서 따라가지 못한 자신에게 부쩍 골이 치밀던 차라, 이리로 몰려오는 집안 사람들을 향해, 너희들은 뭣들 하고 있느냐고, 버럭 소리를 지르는 것이었다.

다음날 아침, 큰 동장은 작답 감독 나가기 전에 서산 밑 동네로 와서 만나는 사람마다, 그놈의 미친개가 아주 진통으로 미쳤더라고, 어젯밤 눈알에 새파란 홰를 세워 가지고 달겨드는 걸 겨우 몽둥이로 쫓아버렸다고, 그러니 이번에는 눈에 띄기만 하면 어떻게 해서든지 즉살을 시켜야지 큰일나겠더라는 말을 했다. 동네 사람들은, 벌써 어젯밤 이쪽 산 밑에서 빤히 들린 큰 동장의 그악스런 고함 소리로 또 미친개가 나타났었다는 걸 알고 있었으나, 그 미친개가 눈에다 새파란 홰까지 세워가지고 사람에게 달겨들게 됐으면 이만저만하게 미친 게 아니라는 불안과 함께, 정말 눈에 띄기만 하면 처치해 버려야겠다는 맘들을 먹는 것이었다.

그런데 신둥이 편에서는 신둥이대로 더욱 조심이나 하는 듯, 큰 동장 작은 동장에게는 물론, 크고 작은 동장네 식구 어느 한 사람에게도, 그리고 서쪽 산 밑 누구한테도, 눈에 띠지 않는 것이었다.

그러한 어떤 날 밤, 뒷간에 나갔던 간난이 할머니가 뛰어들어오더니, 지금 막 뒷간에 미친개가 푸른 홰를 세워가지고 와있다는 말을 했다. 언젠가 신둥이가 처음 이 마을에서 미친개로 몰리었을 때 자기 보기에는 그렇지 않더라던 간난이 할머니도, 눈에 홰를 세운 신둥이를 보고는 정말 아주 미친개로 말하는 것이었는데, 이 간난이 할머니의 말을 듣고도 그냥 간난이 할아버지는 사람이나 개나 할것없이 굶거나 독이 오르면 눈에 홰가 커지는 법이라는 말로, 그 개도 뭐 반드시 미쳐서 그런 건 아닐 거라는 말을 했다. 그러니 뭐 와서 다닌다고 그렇게 무서워할 건 없다고 했다. 그러다가 간난이 할아버지는 문득 신둥이가 자기네 뒷간에 와 있다는 것은 다름 아닌 자기네 귀중한 거름을 먹기 위함일 거라는 데 생각이 미치자 다짜고짜 밖으로 나가 지겟작대기를 들고 뒷간으로 갔다. 과연 뒷간 인분이 떨어지는 바로 그 자리에 번뜩 푸른 홰가 보였다. 이놈의 가이새끼! 소리와 함께 간난이 할아버지의 작대기가 뒷간 기둥을 딱 후려갈겼다. 푸른 홰가 휙 돌더니 저편 바자 틈으로 희끄무레한 것이 빠져나가는 게 보였다.

이런 일이 있은 후부터 신둥이의 그림자는 통 누구의 눈에도 띄지 않았다. 그러다가 그 해 첫여름 두 동장네 새로 작답한 논에 때마침 온 비로 모를 내고 난 어느 날, 마을에 소문이 하나 났다.

김 선달이 조각뙈기 밭에서 김을 매다가 쉴 참에 담배를 한 대 피우고 있노라니까, 저쪽 큰 동장네 뒷산 나무 새로 무언가 어른거리는 것이 있어 눈여겨 보았더니 그게 다름아닌 미친개더라는 것이다. 그런데 이 미친개는 혼자가 아니고 뒤에 다른 개들을 데리고 있더라는 것이다. 그것은 큰 동장네 검둥이요, 작은 동장네 바둑이요, 또 누구네 개인지는 분명치 않으나 한 마리 더 끼어 있더라는 것이다. 사실 이 김 선달의 입에서 나온 말대로 큰 동장네 검둥이며 작은 동장네 바둑이가 이틀씩이나 집에 들어오지 않았다. 크고 작은 두 동장은 그놈의 미친개가 종시 자기네 개들을 미치게 해가지고 데려갔다고 분해하고 한편 겁나 했다. 그런데 이 때 동네에서는 간난이 할아버지가 집안 사람들보고 아예 그런 말은 내지 못하게 해서 모르고 있었지만, 간난이네 개도 나가서 이틀씩이나 들어오지 않는 것이었다.

그러는 동안 동네에서는 어제 오늘 동장네 뒷산에서 으르렁대는 개소리를 들었다는 사람이 적지 않았다. 낮뿐 아니라 밤중에도 그런 소리를 들었다는 사람들이 있었다. 크고 작은 동장은 그놈의 미친개를 몰이 해서 쳐죽이지 않은 게 잘못이라고 분해 했다.

사흘 만에 크고 작은 동장네 개들은 전후 해서 들어왔다. 간난이네 개도 들어왔다. 개들은 집에 들어오자마자 그늘을 찾아 엎디더니 침이 질질 흐르는 혀를 빼가지고 헐떡이다가 눈을 감고 잠이 들어 버리는 것이었다. 이틀 새에 한결 파리해진 것 같았다.

크고 작은 동장은 그 날도 새로 작답한 논의 모낸 구경을 나갔다가 일부러 알리러 나온 절가의 말을 듣고, 그럼 됐다고, 들어온 김에 잡아치우자고, 절가와 간난이 할아버지를 앞세우고 들어왔다. 간난이 할아버지가 맨손으로 검둥이께로 갔다. 큰 동장이랑 보고 있던 사람들은, 저 늙은이가 저러다 큰일 날려고! 하는 마음으로 멀찌감치 떨어져 서서 바라보고 있었다. 간난이 할아버지는 검둥이의 머리를 쓰다듬어 주었다. 검둥이가 졸린 듯 눈을 다시 감으며 반갑다는 표시로 꼬리를 움직여 비마냥 땅을 몇 번 쓸었다.

간난이 할아버지가, 무엇이 이 개가 미쳤다고 그러느냐고 큰 동장 편으로 돌아섰다. 그러나 큰 동장은 아직 미쳐 나가게 되지 않은 것만은 다행이라고 하면서, 눈을 못 뜨고 침을 흘리는 것만 봐도 미쳐 가는 게 분명하니 아주 미쳐 나가기 전에 잡아치우자고 했다.

절가가 미친개는 밥을 안 먹는다는데 어디 한 번 주어 보자고 부엌으로 들어가 밥을 물에다 말아가지고 나왔다. 그러나 검둥이는 자기 앞에 놔 주는 밥을 무슨 냄새나 맡듯이 주둥이를 갖다 댔는가 하자 곧 도로 눈을 감아 버리는 것이었다. 큰 동장은, 자 보라고 했다.

간난이 할아버지는 지금 검둥이가 저러는 것은 며칠 동안 수캐 구실을 하고 돌아온 탓이라고 했다. 그랬더니 큰 동장은 펄쩍 뛰며, 그 미친가이하구? 그럼 더구나 안 된다고 어서 올가미를 씌우라는 것이었다. 그러면서 큰 동장은 혼잣말처럼, 마침 초복날이 며칠 남지 않았으니 복놀이 겸 잘됐다고 했다.

간난이 할아버지는 하는 수 없었다. 이미 개 목에 끼울 올가미까지 만들어 가지고 섰는 절가의 손에서 밧줄을 받아 가지고 그것을 검둥이의 목에 씌우고 말았다. 밧줄 한 끝은 절가가 잡고 있었다. 절가는 재빠르게 목을 꿴 검둥이를 대문세로 끌고 가더니 밧줄을 대문턱 밑으로 뽑아 가지고 잡아죄었다. 뜻 않았던 일을 당한 검둥이는 아무리 깨갱 소리를 지르며 버두룩거려도 쓸 데 없었다. 검둥이의 깨갱 소리를 듣고 작은 동장네 바둑이는 바라다뵈는 곳까지 와서, 서쪽 산 밑 개들은 한길까지 나와서 짖어 댔다. 그러는 동안 검둥이의 눈에 파란 불이 일고 발톱은 소용없이 땅바닥이며 대문턱을 마지막으로 할퀴고 있었다. 큰 동장은 개 잡을 적마다 늘 보는 일이건만 오늘 검둥이의 눈에 켜진 불은 별나게 파랗다고 하며 아무래도 미쳐 가는 개가 분명하다고 다시 한 번 생각하는 것이었다. 검둥이는 똥을 갈기고 그리고는 온 몸에 마지막 경련을 일으키며 축 늘어지고 말았다.

작은 동장네 집으로 갔다. 바둑이는 벌써 자기가 당할 일을 알아차린 듯 안뜰로 피해 들어가 슬슬 뒷걸음질만 치고 있었다. 그래 목에 올가미를 씌우는 데도 손이 걸렸다. 그리고 절가는 더 날쌔게 밧줄을 잡아당겨야 했다. 이렇게 해서 바둑이도 죽고 말았다.

뒤껼 밤나무 밑에다 큰 동장네 큰 가마솥을 내다 걸었다. 개 튀길 물을 끓여야 했다. 그러는데 큰 동장과 작은 동장이 무슨 의논을 하는 듯하더니 절가더러, 북쪽 목 너머에 있는 괸돌 마을의 동장과 박 초시를 모셔오라는 것이었다.

두 마리의 개가 토장국 속에서 끓어날 즈음, 오른골을 포마드로 진득이 재워 붙인 괸돌 동장과 잠자리 날개같이 모시 고의적삼에 감투를 쓴 똥똥이 박 초시가, 이 곳 동장네 절가 어깨에다 소주 두 되를 지워 가지고 왔다. 곧 술좌석이 벌어졌다. 먼저 익었을 내장부터 꺼내 술안주를 했다. 술이 두어 순배 돌자 큰 동장이 먼저 저고리를 벗어 젖히며,

"자 웃통들 벗읍세, 그리구 우리 놀민놀민 한 번 해 보세."

했다. 큰 동장이나 작은 동장은 지금 자기네가 먹는 개고기가 미쳐 가는 개의 고기란 걸 말 않기로 했다. 그런 말을 해서 상대편의 식욕을 덜든지 하면 재미 없는 일이니.

"초복 놀이 미리 잘 하는."

하고 괸돌 동장이 웃통을 벗었다. 작은 동장도 따라 벗었다.

박 초시만은 모시 적삼을 입은 채였다. 여태까지 아무런 술좌석에서도 웃통을 벗지 않을 뿐 아니라, 오늘처럼 아무리 가까운 곳이라 해도 출입할 때 두루마기 를 입지 않고 온 건만 해도 예의에 어그러졌다고 생각하는 박 초시인지라, 그보 고는 누가 더 웃통을 벗으라는 말을 하지 않았다.

"복날엔 우리 동리서 한 번 해 보디?"

하며 괸돌 동장이, 그 때는 한몫 얼려야 하네 하는 뜻인 듯 박 초시를 쳐다보니 박 초시도 좋다는 듯이 고개를 한 번 끄덕여 보였다. 괸돌 동장이 그냥 박 초시 를 쳐다보며,

"왜 길손이네 가이 있디 않아? 걸 팔갔다데, 요새 길손이 채독 땜에 한창 돈이 몰리는 판이라 눅게 살 수 있을 거야, 개가 먹을 걸 먹디 못해 되기 말랐 디만 그 대신 틀이 커서 괜티않아."

했다. 박 초시는 괸돌 동장의 말이 다 옳다는 듯이 다시 한 번 감투 쓴 고개를

끄덕여 보였다.

개 앞다리의 살이 상에 올랐다. 뒷다리의 살이 상에 올랐다. 간난이 할아버지는 술안주를 당해 내느라 분주히 고기를 뜯어야 했다. 그러는 새 저녁이 빠른 이 곳에 어느덧 기나긴 첫여름날의 저녁 그늘이 깃들기 시작하였고, 술좌석에서는 한 되의 술이 아가리를 벌리고 자빠지자 이어 새 병이 들어와 앉았다. 모두 웬만큼씩 취했다.

큰 동장도 이제는 취한 기분에 오늘 잡은 개는 사실은 미친개였다는 말과 미친개 고기는 보약이 되는 것이니 마음 놓고들 먹으라는 말쯤 하게 됐다. 그러면 괸돌 동장은 또 맞받아, 보약이 되답뿐인가, 이 가이고기가 별나게 맛이 있다 했더니 그래서 그랬군, 우리 배꼽이 한번 새빨개디두룩 먹어 보세, 하고 이런 때의 한 버릇인 허리띠를 풀어 배꼽을 드러내놓기까지 하는 것이었다.

작은 동장이 또 버릇인 자기 까까머리를 자꾸 뒤로 쓸어넘기며 괸돌 동장과 박 초시에게, 개새끼 하나 얻어 달라는 말을 했다. 괸돌 동장이 먼저 받아, 마침 절골에 사는 자기 사돈집에 이즘 새끼 낳게 된 개가 있으니 염려 말라는 말로, 개 종자도 참 좋다는 말을 했다. 여기서 작은 동장은, 그저 꼭 한 마리 얻어 달라고, 그래 길러서 또 잡아먹자고 했다.

박 초시는 그저 좋은 말들이라고 가만한 웃음을 띈 채 고개만 끄덕였다. 그러는 박 초시의 등에는 땀이 배어 흰 모시 적삼을 먹어들어가고 있었다. 다른 세 사람의 벗은 등과 가슴에서는 개기름 땀이 번질거렸으나 모두 차차 저녁 그늘 속에 묻히어 들어가고 있다.

절가가 남포등을 내다 밤나무 가지에 걸었다. 남포 불빛 아래서 개기름 땀과 괸돌 동장의 포마드 바른 머리가 살아나 번질거렸다. 그리고 겔겔이 풀어진 눈들을 하고 둘러앉아 잔을 돌리고 고기를 뜯고 그러다가 모기라도 와 물면 각각 제 목덜미며 가슴패기를 철썩철썩 때리는 것이란, 흡사 무슨 짐승들이 모여 앉았는 것 같기도 했다. 괸돌 동장이 소리를 한번 하자고 하며, 제가 먼저 혀 굳은 소리로 노랫가락을 꺼냈다. 작은 동장이 그래도 꽤 온전한 목소리로 받았다. 박 초시는 그저 혼자 조용히 무릎장단만 쳤다. 첫여름 밤 희미한 남폿불 밑에서 이러는 것이 또 흡사 무슨 짐승들이 한데 모여 앉아 울부짖는 것과도 같았다.

그러지 않아도 서쪽 산밑 차손이네 마당귀에 모여 앉았던 사람들 가운데, 김 선달은 전부터 개고기를 먹고 하는 소리란 에누리 없이 그 때 잡아 먹는 개가 살아서 짖던 청으로 나온다는 말을 해 모두 웃겨오던 터인데, 이 날 밤도 괸돌 동장과 작은 동장의 주고받는 소리를 두고, 저것은 검둥이 목소리, 저것은 바둑이 목소리 하여 사람들을 웃기는 것이었다. 그리고는 웃긴 김·선달이나 웃는 동네 사람들이나 모두 한결같이, 그까짓건 어찌 됐던 언제 대보았는지 모르는 비린 것을 한번 입에 대보았으면 하는 생각뿐이었다. 이날 밤 큰 동장네 뒤곁 밤나뭇가지에는 밤 깊도록 남포등이 또한 무슨 짐승의 눈알이나처럼 매달려 있었다.

다음날 크고 작은 동장은 서쪽 산 밑으로 와서 자기네 개 외에 다른 개도 한 마리 미친개를 따라다니는 걸 보았다니, 대체 누구네 개인지 하루바삐 처치해 버리라고 했다. 그리고 만일 자기네 개가 미친개 따라갔던 걸 알면서도 감추어 두었다가 이후에 드러나는 날이면, 그 사람은 이 동네에서 다 사는 날인 줄 알라는 말까지 하는 것이었다.

물론 간난이 할아버지는 누렁이를 그냥 두었다. 닷새가 지나고 열흘이 지나도 미쳐 나가지 않았다. 그 새 서산 밑 사람들은 오래간만에 방앗간 먼지를 쓸고 보리방아를 찧었다. 신둥이는 밤에 틈을 타 가지고 와서는 방앗간 주인이 다 쓸어 가지고 간 나머지 겨를 핥곤 했다. 이런 데 비기면 이제 와서는 바구미 생기는 철이라고 동장네 두 집이, 조금씩 자주자주 찧어 가는 방앗간의 쌀겨란 말할 수 없이 훌륭한 것이었다.

두 달이 지나도 누렁이는 미쳐 나가지 않았다. 서쪽 산 밑 사람들은 오조 갈을 해들였다. 방아를 찧었다. 가난한 사람들은 일 년 중에 이 오조밥 해먹는 일이 큰 즐거움의 하나였다. 어떻게 그렇게 밥맛이 고소하고 단 것일까. 그리고 가난한 사람들은 이런 오조밥을 먹으면서, 옛말에 오조밥에 열무김치를 먹으면 처녀가 젖이 난다는 말이 있는 것도 딴은 그럴 만하다고 늘 생각하는 것이었다.

이 즈음 신둥이는 밤 틈을 타서 먹을 것을 찾아 먹고는 이 서산 밑 방앗간에 와 자곤 했다. 그 동안 누구한테도 눈에 띄지 않아 얼만큼 마음이 놓이는 모양이었다. 그러나 다음날은 사뭇 일찍이 그 곳을 나와 산으로 올라가는 것을 잊지 않았다. 간난이 할아버지의 눈에도 띄지 않게스레.

이러한 어떤 날, 동네에는 이전의 그 미친개가 서산 밑 방앗간에 와 잔다는 소문이 났다. 차손이 아버지가 보았다는 것이다. 아직 어두운 새벽에 달구지 걸

댓감을 하나 꺾으러 서산에를 가는 길에 방앗간에서 무엇이 나와 달아나기에, 유심히 보니 그게 이전의 미친개더라는 것이다. 그리고 이 미친개는 어두운 속에서도 홀몸이 아니더라는 것이다. 밤눈이 밝은 차손이 아버지의 말이라 모두 곧이들었다.

언덕 위 크고 작은 동장이 이 말을 듣고 서산 밑 동네로 내려왔다. 오늘밤에 그 산개 ―(지금에 와서는 크고 작은 동장도 그 개를 미친개라고는 하지 않았다. 그것은 그 개가 정말 미친개였더라면, 벌써 아무것도 먹지 못하고 나중에 제가 제 다리를 물어뜯고 죽었을 것이라는 걸 알기 때문에) ― 를 지켰다가 때려잡자는 것이었다. 홀몸이 아니고 새끼를 뱄다면 그게 승냥이와 붙어 된 것일 테니 그렇다면 그 이상 없는 보양제라고 하며, 때려 잡아 가지고는 새끼만 자기네가 차지하고 다른 고길랑 전부 동네에서 나눠 먹으라는 것이었다.

밤이 되기를 기다려 크고 작은 동장은 서쪽 산 밑 동네로 와, 차손이네 마당에 사람들을 모아 가지고 제각기 몽둥이 하나씩을 장만해 들게 했다. 그 속에 간난이 할아버지도 끼어 있었다. 간난이 할아버지는 물론 그 신둥이 개가 전과 달라졌다고는 생각지 않았으나 이 개가 그 동안도 자기네 집 옆 방앗간에 와 자곤 했으면 으레 자기네 귀한 뒷간의 거름을 축냈을 것만은 틀림없는 일이니, 그대로 내버려 둘 수는 없다는 생각으로 이 기회에 때려 잡아 버리리라는 마음을 먹은 것이었다. 한편 동네 사람 누구나가 그렇듯이 이런 때 비린 것이라도 좀 입에 대어 보리라는 생각도 없지 않아서.

밤이 퍽이나 깊어 망을 보러 갔던 차손이 아버지가 지금 막 산개가 방앗간으로 들어갔다는 걸 알렸다. 동네 사람들은 벌써 제각기 입 안에 비린내 맛까지 느끼며 발소리를 죽여 방앗간으로 갔다. 크고 작은 동장은 이 동네 사람들과는 꽤 먼 사이를 두고 떨어져 서서 방앗간 쪽을 지켜보고 있었다.

동네 사람들이 방앗간의 터진 두 면을 둘러쌌다. 그리고 방앗간 속을 들여다 보았다. 과연 어둠 속에 움직이는 게 있었다. 그리고 그게 어둠 속에서도 흰 짐승이라는 걸 알 수 있었다. 분명히 그놈의 신둥이 개다. 동네 사람들은 한 걸음 한 걸음 죄어들었다. 점점 뒤로 움직여 쫓기는 짐승의 어느 한 부분에 불이 켜졌다. 저게 산개의 눈이다. 동네 사람들은 몽둥이 잡은 손에 힘을 주었다. 이 속에서 간난이 할아버지도 몽둥이 잡은 손에 힘을 주었다. 한 걸음 더 죄어들었다. 눈앞의 새파란 불이 빠져 나갈 틈을 엿보듯이 휙 한 바퀴 돌았다. 별나게 새파란 불이었다. 문득 간난이 할아버지는 이런 새파란 불이란 눈 앞에 있는 신둥이 개 한 마리의 몸에서 나오는 것이 아니고 여럿의 몸에서 나오는 것이 합쳐진 것이라는 생각이 들었다. 말하자면 지금 이 신둥이 개의 뱃속에 든 새끼 몫까지 합쳐진 것이라는. 그러자 간난이 할아버지의 가슴 속을 흘러 지나가는 게 있었다. 짐승이라도 새끼 밴 것을 차마?

이 때에 누구의 입에선가, 때레라! 하는 고함소리가 나왔다. 다음 순간 간난이 할아버지의 양 옆 사람들이 욱 개를 향해 달려들며 몽둥이를 내리쳤다. 그와 동시에 간난이 할아버지는 푸른 불꽃이 자기 다리 곁을 빠져 나가는 것을 느꼈다. 뒤이어 누구의 입에선가, 누가 빈틈을 냈어? 하는 흥분에 찬 목소리가 들렸다. 그리고 저마다, 거 누구야? 거 누구야? 하고 못마땅해 하는 말소리 속에 간난이 할아버지의 턱밑으로 디미는 얼굴이 있어,

"아주반이웨다레."

하는 것은 동장네 절가였다. 그러자 저편 어둠 속에서 궁금한 듯 큰 동장의,

"어떻게들 됐노?"

하는 소리가 들렸다.

"파투웨다."

절가의 말에 크고 작은 동장이 한꺼번에 지르는 목소리로,

"파투라니?"

하는 소리에 이어 큰 동장이 이리로 걸어오는 목소리로,

"틈새를 낸 놈이 누구야?"

하는 결난 소리가 들려 왔다. 간난이 할아버지는 옆의 자기 집으로 들어갔다. 좀 뒤에 역시 큰 동장의 결난 목소리로,

"늙은 것은 뒈데야 해, 뒈데야 해."

하는 소리가 집안까지 들려 왔다.

이런 일이 있은 지 한 달쯤 뒤, 가을도 다 끝나고 이제 곧 겨울 나무 준비로 바쁜 어느 날, 간난이 할아버지는 서산 너머의 옛날부터 험한 곳이라고 해서 좀처럼 나무꾼들이 드나들지 않는, 따라서 거기만 가면 쉽게 나무 한 짐을 해 올 수 있는 여웃골로 나무를 하러 갔다. 손쉽게 나무 한 짐을 해 가지고 돌아오는

길에, 무심코 길 한 옆에 눈을 준 간난이 할아버지는 거기 웬 짐승의 새끼가 몽켜 있는 걸 보았다. 이게 범의 새끼나 아닌가 하고 놀라 자세히 보니, 그것은 다른 것 아닌 잠든 강아지들이었다. 그리고 저만큼에 바로 신둥이 개가 이쪽을 지키고 서 있는 것이었다. 앙상하니 뼈만 남아 가지고.

15,781자

간난이 할아버지가 강아지께로 가까이 갔다. 다섯 마린가 되는 강아지는 벌써 한 스무 날은 넉넉히 됐을 성싶었다. 그러자 간난이 할아버지는 다시 한 번 속으로 놀라고 말았다. 잠이 들어 있는 다섯 마리 강아지 속에는 틀림없는 누렁이가, 검둥이가, 바둑이가 섞여 있는 게 아닌가.

그러나 다음 순간, 이건 놀랄 일이 아니라 응당 그럴 일이라고, 그 일견 험상 15,919자 궂어 뵈는 반백의 텁석부리 속에 저절로 미소가 지어지는 것이었다. 좀만에 그곳을 떠나는 간난이 할아버지는 오늘 예서 본 일은 아무한테나, 집안 사람한테도 이야길 말리라 마음 먹었다.

이것은 내 중학 이삼 년 시절, 여름방학 때 내 외가가 있는 목넘이 마을에 가 16,020자 서 들은 이야기로, 그 때 간난이 할아버지와 김 선달과 차손이 아버지가 서산 앞 우물가 능수버들 아래에 일손을 쉬며 와 앉아, 이런 이야기 저런 이야기 끝에 한 이야기다. 간난이 할아버지가 주가 되어 이야기를 해 나가는 도중 벌써 수삼 년 전 일이라, 이야기의 앞뒤가 바뀐다든가 착오가 있으면 서로 바로잡고 빠지는 대목은 서로 보태 가며 하는 것이었다.

16,159자

간난이 할아버지는 여웃골에서 강아지를 본 뒤로부터는 한층 조심해서, 누가 눈치 채시 못하게 나무하러 가서는 이 강아지들을 보는 게 한 재미였다. 사람이 먹기에도 부족한 보리범벅이었으나, 그 부스러기를 집안 사람 몰래 가져다 주기도 했다. 아주 강아지가 밥을 먹게쯤 됐을 때, 간난이 할아버지는 집안 사람들 보고 아무 곳 아무개한테서 얻어 오는 것이라 하며 강아지 한 마리를 안고 내 16,312자 려왔다. 한동네 곱단이네도 어디서 얻어 준다고 하고 한 마리 안아다 주었다. 그리고 여웃골에서 그냥 갈 수 있는 절골 사는 아무개네도 한 마리, 서젯골 사는 아무개네도 한 마리, 이렇게 한 마리씩 다섯 마리를 다 안아다 주었다.

이런 이야기 끝에, 간난이 할아버지는 지금 자기네 집에 기르는 개가 그 신둥 이의 증손녀라는 말과 원체 종자가 좋아서 지금 목넘이 마을에서 기르는 개란 16,461자

개는 거의 다 이 신둥이의 증손이 아니면 고손이라고 했다. 크고 작은 동장네 두 집에서까지도 요새 자기네 개가 낳은 신둥이 개의 고손자를 얻어 갔다는 말도 했다. 이런 말을 하는 간난이 할아버지는 이제는 아주 흰서릿발이 된 텁석부리 속에서 미소를 띠우는 것이었다.

16,567자

    내가, 그 신둥이 개는 그 뒤에 어떻게 됐느냐고 물었더니, 간난이 할아버지는 금세 미소를 거두며, 그 해 첫겨울 어느 사냥꾼의 총에 맞아 죽었다는 소문이 있었는데, 사실 그 후로는 통 보지를 못했다는 것이었다. 나는 공연한 것을 물어 보았구나 했다.

16,664자

총 글자 수 | 16,664

소요 시간	1회: 분 초	2회: 분 초	3회: 분 초
	이해도: %	이해도: %	이해도: %

핵심 내용 영상 처리 기법

목넘이 마을의 개 (이해도 테스트)

1 목넘이 마을에 나타난 개는 황톳물이 들어 누르칙칙한 털이 되어 있으나 본래 어떤 색인가?

① 검정색　　② 누런색　　③ 흰색　　④ 점박이

2 다음 중 원래 목넘이 마을의 개가 아닌 것은?

① 누렁이　　② 신둥이　　③ 바둑이　　④ 검둥이

3 이 글에서 나오는 절가는 누구를 말하는가?

① 머슴　　　　　　　② 동장네 형제
③ 박 초시　　　　　　④ 김 선달

4 신둥이를 미친개라 하며 동장네 형제가 쫓던 중 밭에서 삽을 들고 쫓아간 사람은?

① 간난이네 할아버지　② 박 초시
③ 절가　　　　　　　④ 김 선달

5 미친개로 오인되어 결국 죽게 된 개는 어느 개인가?

① 누렁이, 바둑이　　② 검둥이, 바둑이
③ 검둥이, 누렁이　　④ 바둑이, 신둥이

6 간난이네 할아버지가 나무하고 내려오다가 발견한 강아지는 모두 몇 마리인가?

① 3마리　　② 4마리　　③ 5마리　　④ 6마리

7 신둥이는 소문에 결국 누구에 의해 죽었다고 했는가?

① 김 선달　　　② 사냥꾼　　　③ 동장네 형제　　　④ 절가

8 이 소설에서 신둥이라는 개를 통하여 나타내고자 하는 것은 무엇인가?

① 일제하에 우리 민족의 편안과 자유로움
② 일제하에 우리 민족의 배고픔과 단결심
③ 일제하에 우리 민족의 행복과 즐거움
④ 일제하에 꿋꿋이 버텨온 우리 민족의 강한 생명력

◀참고▶
- 풍구 : 곡물에 섞인 쭉정이, 겨, 먼지 따위를 날려서 제거하는 농기구(곡물 선별기).
- 구유 : 소나 말 따위의 가축들에게 먹이를 담아 주는 그릇. 큰 통나무나 큰 돌을 길쭉하게 파내어 만든다.
- 홰 : 화톳불을 놓는 데 쓰는 물건. 갈대, 싸리 따위를 묶어 불을 붙여서 밤길을 밝히거나 제사를 지낼 때 사용.
- 절가 : 자손이 끊어져 상속자가 없음. 또는 그런 집안.

[부록] 속독 숙달 훈련 기록표

1 책 읽고 소요시간 기록

2 매일 숙달 실전 책 훈련

3 내용이 쉬운 책으로부터 속독 연습

4 활자가 큰 것부터 시작하여 차츰 활자가 작은 것으로 훈련할 것

5 책을 읽고 독후감 쓰기

소설 예문 정답

*목넘이 마을의 개	1.③ 2.② 3.① 4.④ 5.② 6.③ 7.② 8.④
*성황당	1.③ 2.④ 3.② 4.① 5.② 6.③

읽은 책 목록

The Super Speed Reading

| 학교 : | 학년 : | 성명 : |

월/일	권수	책 명	소요 시간
/	1		
/	2		
/	3		
/	4		
/	5		
/	6		
/	7		
/	8		
/	9		
/	10		
/	11		
/	12		
/	13		
/	14		
/	15		
/	16		
/	17		
/	18		
/	19		
/	20		
/	21		
/	22		
/	23		
/	24		
/	25		

읽은 책 목록

| 학교 : | 학년 : | 성명 : |

월/일	권 수	책 명	소요 시간
/	26		
/	27		
/	28		
/	29		
/	30		
/	31		
/	32		
/	33		
/	34		
/	35		
/	36		
/	37		
/	38		
/	39		
/	40		
/	41		
/	42		
/	43		
/	44		
/	45		
/	46		
/	47		
/	48		
/	49		
/	50		

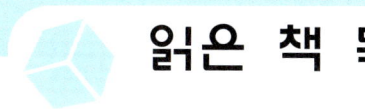
읽은 책 목록

학교 :   학년 :   성명 :

월/일	권수	책 명	소요 시간
/	51		
/	52		
/	53		
/	54		
/	55		
/	56		
/	57		
/	58		
/	59		
/	60		
/	61		
/	62		
/	63		
/	64		
/	65		
/	66		
/	67		
/	68		
/	69		
/	70		
/	71		
/	72		
/	73		
/	74		
/	75		

 # 독후감 쓰기

독 후 감	
기록한 날	년 월 일 학년 반 성명
제 목	

기억하고 싶은 글이나 인상적인 장면

▶ 독서에도 방법이 있다. 수동적 독서법은 효과가 적다.
　　　　　　　　　　　　읽은 것을 눈 앞에 그려 보도록 해야 한다.

독후감 쓰기

The Super Speed Reading

독 후 감	
기록한 날	년 월 일 학년 반 성명
제 목	

기억하고 싶은 글이나 인상적인 장면

▶ 독서에도 방법이 있다. 수동적 독서법은 효과가 적다.
　　　　　　　　　읽은 것을 눈 앞에 그려 보도록 해야 한다.

속독 검정 인증 급수   The Super Speed Reading

> ✦ 1분당 글자 수를 산정하여 이해도 70% 이상 합격!
> ✦ 책을 속독으로 빨리 읽었다 할지라도 이해도 70% 이하이면 불합격!
> ✦ · 1분간 읽은 글자 수 산출 공식 : 총 글자 수 ÷ 소요 시간(초) × 60
>   · 고등학교 교과서 독서책 기준(이해도 : 주관식, 객관식) 포함하여 문제풀이 70% 이상시 합격 등급으로 인정함.
>   · 중 · 고등학생이 읽어야 할 소설을 기준으로 함.
>   ◀참고▶ 국판의 책으로 기준하여 1줄이 약 25자이며, 한 쪽은 약 600자 정도임.

최특단(最特段)	특단(特段)	9,001자~10,000자 이상
최고단(最高段)	고단(高段)	8,001자~ 9,000자 사이
	1단	7,001자~ 8,000자 사이
속독 고(高)	1급	6,001자~ 7,000자 사이
	2급	5,001자~ 6,000자 사이
속독 상(上)	3급	4,001자~ 5,000자 사이
	4급	3,001자~ 4,000자 사이
속독 중(中)	5급	2,001자~ 3,000자 사이
	6급	1,001자~ 2,000자 사이
속독 초(初)	7급	901자~ 1,000자 사이
	8급	801자~ 900자 사이

전국 서점 속독 베스트셀러

초스피드 속독법

저자 손동조 원장 / 496p / 15,000원 / 도서출판 업투

국내 최초 최고의 속독훈련 실용서!!

- 1단계~36단계 완성비법 공개
- 눈 체조 운동으로 시력 향상
- 학교 및 각 학원에서 교재 활용
- 학부모 사교육비 절감
- 대상 : 직장인, 자격증 준비생, 회사 간부, 초·중·고 및 수능 준비생

TEL: 844-0511(代)
FAX: 844-8177
www.cyber.co.kr

수능점수 100배 따라잡기
마인드 속독법

정가 : 15,000원

지은이 : 손 동 소
펴낸이 : 최 한 숙
펴낸곳 : up to 도서출판 업투

주 소 : 경기도 파주시 교하읍 문발리
　　　　출판문화정보산업단지 536-3
전 화 : (031)955-0805
팩 스 : (031)955-0510
등 록 : 1978.9.18 제3-115호

2003. 7. 7	초판1쇄인쇄
2003. 7. 14	초판1쇄발행
2004. 5. 6	초판2쇄인쇄
2005. 1. 15	초판3쇄인쇄
2007. 1. 30	초판4쇄인쇄

ⓒ 2003~2007 손동조　　ISBN 978-89-7067-234-2

이 책의 어느 부분도 저작권자나 업투 발행인의 승인 문서 없이 일부 또는 전부를 사진복사나 디스크 복사 및 기타 정보 재생 시스템을 비롯하여 현재 알려지거나 향후 발명될 어떤 전기적, 기계적 또는 다른 수단을 통해 복사하거나 재생하거나 이용할 수 없음.

※ 파본은 구입서점에서 교환해 드립니다.

독자 상담 서비스 : 080-544-0511　　홈페이지 : www.cyber.co.kr